Souad Mekhennet, Claudia Sautter, Michael Hanfeld
Die Kinder des Dschihad

Souad Mekhennet, Claudia Sautter,
Michael Hanfeld

DIE KINDER DES DSCHIHAD

Die neue Generation des
islamistischen Terrors in Europa

Mit 19 Abbildungen im Text

Piper
München Zürich

ISBN-13: 978-3-492-04933-7
ISBN-10: 3-492-04933-8
3. Auflage 2006
© Piper Verlag GmbH, München 2006
Satz: seitenweise, Tübingen
Druck und Bindung: Clausen & Bosse, Leck
Printed in Germany

www.piper.de

Inhalt

Vorwort

Die Frage, die ein Polizist einem Fünfjährigen bei einer Hausdurchsuchung in Süddeutschland stellte, war unverfänglich gemeint. Der Beamte wollte dem Jungen die Angst nehmen, als seine Kollegen die Wohnung seiner Eltern auf den Kopf stellten und seinen Vater vorübergehend festnahmen: »Was willst du einmal werden, wenn du groß bist?« Die Antwort kam ohne Zögern: »Wenn ich groß bin, möchte ich ein Mudschahed werden wie mein Vater und Ungläubige töten.«

Ein Fünfjähriger will töten. Er lebt mitten in Deutschland und will in den Krieg ziehen. Er ist eines der »Kinder des Dschihad«, um die es in diesem Buch geht. Sie bereiten sich von der Wiege an auf einen Krieg vor, von dem einige von ihren Vätern, die meisten aber in der Moschee gehört haben. Sie lernen, dass dieser Krieg jetzt schon stattfindet, dieser »heilige Krieg«, der Dschihad, dessen Definition man erst einmal anerkennen muss. Die Bedeutung des Begriffs ist umstritten, er ist eine Verkürzung. Dem arabischen Wortsinn nach bedeutet Dschihad so viel wie »umfassende Anstrengung und Bemühen um den Glauben«. Und doch meinen die meisten, die das Wort heute in den Mund nehmen, nichts anderes als Krieg. Krieg zwischen den Kulturen, Krieg zwischen den Konfessionen. Ein Krieg, in dem jedes Mittel recht ist und es keine Unbeteiligten gibt. Nur wenn

Der »Kleine Mudschahed« – ein Video für Kinder, das bei Hausdurchsuchungen in Süddeutschland gefunden wurde.

man ihn als gegeben annimmt, nur wenn man ihn als historisch gegebene Tatsache verinnerlicht, die einem keine andere Wahl lässt, als den Geboten seines Glaubens zu folgen, ist zu verstehen, warum viele, vor allem junge Muslime auf der ganzen Welt der Überzeugung sind, es sei ihre persönliche Pflicht, an diesem Krieg teilzunehmen.

Warum sie glauben, keine Wahl zu haben, sondern in eine Konstellation geworfen zu sein, die ihre Gegner, die »Ungläubigen«, vorgegeben haben, das wollten wir herausfinden. Wir haben uns gefragt, woher diese Überzeugung stammt. Wer sie predigt und warum die Propaganda verfängt. Wir haben uns gefragt, warum junge Menschen, die in Europa aufwachsen, die hier als Kinder der zweiten oder dritten Ein-

Der fünfjährige »Mudschahed« richtet wie selbstverständlich die Pistole gegen die »Ungläubigen«.

wanderergeneration geboren sind, die anscheinend bestens integriert sind und die Chance haben, aus ihrem Leben etwas zu machen, sich »re-islamisieren«. Warum sie radikalen Predigern folgen. Warum sie, statt einen bürgerlichen Beruf zu ergreifen und eine friedliche Existenz zu führen, lieber »Märtyrer« werden wollen. Warum sie sich von der Gesellschaft abwenden, die ihnen ein Maß an Freiheit und Toleranz beschert, das es in keinem islamischen Land gibt. Liegt es an ihnen? Oder liegt es an unserer Gesellschaft? Wollen sie hier nicht Fuß fassen oder können sie es nicht und stoßen auf Barrieren, die sie nicht überwinden können?

Viele derer, die wir gesprochen haben, schätzen die Freiheiten des Westens, das haben wir immer wieder erfahren. Sie verachten aber zugleich eine Gesellschaft, die ihre Reli-

Ein »Mudschahed« muss nicht nur kämpfen, sondern von klein auf den Koran studieren …

gion angeblich mit Füßen tritt, die die Freiheit höher schätzt als den Glauben. Sie verachten eine Gesellschaft, die scheinbar keinen inneren Halt besitzt außer dem Materialismus, die sich auf strafrechtliche Normen, nicht aber auf kulturelle Leitbilder verständigen kann.

Das beste Beispiel dafür ist der inzwischen weltberühmte Imam Abu Laban aus Kopenhagen, der den Protest gegen die Mohammed-Karikaturen der dänischen Zeitung *Jyllands-Posten* anführte. Um nichts als die Integration der Menschen seiner Gemeinde gehe es ihm und sei es ihm schon immer gegangen, sagt er. Und erst zu dem Zeitpunkt, zu dem er erkannt habe, dass die Gesellschaft und insbesondere die politische Klasse, angeführt von der Regierung, ihm und den Muslimen nicht ein Mindestmaß an Respekt entge-

... und er hat ein Vorbild, dem er nacheifert: Seinen Vater, der mit modernen Waffen kämpft.

genzubringen gewillt sei, habe er sich zu dem Schritt entschlossen, den Protest in die arabische Welt zu tragen. Was
die bekannten Folgen zeitigte.

Man kann den Beteuerungen Abu Labans und anderer
Glauben schenken oder nicht, ernst nehmen sollte man sie
auf jeden Fall. Sie machen zumindest deutlich, wie breit das
Spektrum des Islam ist, der in der öffentlichen Wahrneh-
mung nicht selten als Einheit gesehen wird, als gegen den
Westen und gegen die Demokratie gerichtete Einheit.

Wir haben mit den »Kindern des Dschihad« selbst gesprochen. Mit einer Generation junger Muslime, die keine Heimat
hat – außer ihrer Religion. Ihre Staatszugehörigkeit ist der
Islam, von den Zielen und Werten ihrer Elterngeneration hal-

ten sie nichts. In ihren Augen haben ihre Eltern die falschen Ziele verfolgt, nämlich sich anzupassen. Der Generationenkonflikt ist unverkennbar, und er ist unverkennbar einer der Auslöser der Radikalisierung. Wir haben uns auch mit den Familien von Attentätern und Verdächtigen unterhalten.

Nicht wenige unserer Gesprächspartner verfolgen allerdings handfeste politische und radikale Ziele. Ihnen geht es nicht um Respekt, nicht um Gleichbehandlung, sondern um die Errichtung einer staatenübergreifenden islamischen Nation, des Kalifats. Mit ihnen, wie etwa Vertretern der islamistischen Partei Hizb-ut-Tahrir, die in ganz Europa aktiv, in Deutschland aber verboten ist, haben wir uns zum Teil unter konspirativen Umständen getroffen. Wir haben mit Sympathisanten, Mitläufern und mit Kämpfern gesprochen, die im Irak oder in Afghanistan waren. Wir haben radikale Prediger im Libanon, in Großbritannien und Deutschland besucht. Wir mussten Autos und Handys wechseln, um an manche Gesprächspartner heranzukommen, die aus ihren politischen Zielen keinen Hehl, aber eine Pause machen, sobald ihnen die Frage gestellt wird, ob der Terror, der überwiegend zivile und im Irak und in Afghanistan zumeist muslimische Opfer fordert, berechtigt ist und ob sie ihn womöglich unterstützen. Da werden schnell Verschwörungstheorien angeboten, wird etwa in Frage gestellt, dass die Anschläge vom 11. September tatsächlich von Al Qaida verübt worden sind – es könnten ja auch westliche Geheimdienste gewesen sein, die durch eine solche Tat die Muslime in Misskredit bringen wollten.

Besucht haben wir islamische und islamistische Kreise in Deutschland, Dänemark, Großbritannien, den Niederlanden, in Jordanien, dem Libanon, in Marokko, Afghanistan und Pakistan. Wir haben uns mit der »Ulmer Gruppe«

beschäftigt, eine der größten islamistischen Zellen in der Bundesrepublik; wir sind dem Karikaturenstreit in Kopenhagen nachgegangen und haben erlebt, wie dieser die dänische Gesellschaft polarisiert. Sieht man für einen Augenblick von den Terrorzellen ab, die nichts anderes im Sinn haben, als Gewaltakte wie jene in London und Madrid zu wiederholen, erscheint uns die Situation in Dänemark besonders verfahren. Den notwendigen Dialog, der verhindern könnte, dass sich Muslime weiter radikalisieren, gibt es hier so gut wie gar nicht mehr. Die Konfrontation scheint festgefroren und es scheint kein Weg hinauszuführen, wozu, wie wir darstellen wollen, alle Beteiligten beitragen: Dänemark als Negativbeispiel für ganz Europa.

Doch wir machen uns nichts vor, was die Dialogbereitschaft mancher unserer Kontaktleute angeht: Sie ist nicht vorhanden. Viele, deren Vita wir beschreiben, bringen die Toleranz Andersgläubigen gegenüber nicht auf, die sie für sich einfordern. Sie sind im Krieg und wollen gar nicht mehr heraus, wollen auch keinen Unterschied machen zwischen Individuen und Staaten und der Politik des einen oder des anderen Landes. Der Mörder des holländischen Filmemachers Theo van Gogh, Mohammed Bouyeri, scheint mit sich im Reinen, während seine Familie in Isolation lebt, getrennt nicht nur von der holländischen Gesellschaft, sondern auch von ihrer mehrheitlich muslimischen Nachbarschaft. Diese Gemeinde hat der Mord, der ein Fanal sein sollte, vollkommen auseinander gerissen.

In Pakistan haben wir der Taliban-Hochschule in Akora Khattak einen Besuch abstatten können. Dort sind bislang nur wenige Journalisten vorgelassen worden. Diese Madrassa (Koranschule) als Lehranstalt des Terrors zu bezeichnen wäre sicherlich falsch. Doch macht ihr Curriculum deutlich, mit welchem Weltbild die Jungen, die hier zur

Schule und dann zum Studium zumeist nach Saudi-Arabien gehen, ausgestattet werden. Es ist ein geschlossenes Weltbild, das nur die muslimische und die Welt der Ungläubigen kennt, zwischen denen es kein Miteinander, ja nicht einmal ein Nebeneinander geben kann, sondern nur die Konfrontation. »Kinder des Dschihad« sind auch die Jungen, die diese Schule durchlaufen.

Mit dem Internet und mit den Medienstrategien der Islamisten beschäftigen wir uns ebenfalls. Dass der Terror von der Grausamkeit seiner Anschläge, seiner Allgegenwärtigkeit und der medialen Verbreitung seiner Botschaft lebt und nur wirken und einschüchtern kann, wenn alle Welt sieht, dass seine Protagonisten ohne Rücksicht auf Verluste handeln, ist keine neue Erkenntnis. Wie breit allerdings das Angebot, wie ausgefeilt die Erziehung zum Hass und wie genau die Anleitung zum Terror ist – für jeden erreichbar –, das vermag doch zu überraschen. Die Kämpfer des Dschihad erscheinen nirgends strahlender als hier, wo ihre Taten verklärt und ihrer Opfer verhöhnt werden und Comicstrips Kindern vermitteln, dass es kein höheres Ziel für einen Muslim geben kann, denn als Dschihadi loszuziehen und womöglich als Märtyrer zu fallen.

Eingeflossen in unsere Reportagen sind auch Erkenntnisse der Geheimdienste und der Polizeibehörden in Europa und in der islamischen Welt, so wir Einblick nehmen konnten. Etliche der Quellen, bei denen wir für unsere Recherchen Bestätigung fanden, müssen anonym bleiben, auf allen Seiten.

Dies ist ein Reportagebuch, nur in den Kapiteln und Absätzen, die allgemeine historische Darstellungen betreffen, haben wir uns auf bekannte Daten und Buchwissen verlassen, eine Liste ausgewählter Literatur war uns dabei sehr hilfreich. Die Porträts, Schilderungen von den Orten des Geschehens und Interviews haben wir im Lauf der vergangenen drei Jahre selbst zusammengetragen.

Die Idee zu diesem Buch ist im Sommer 2005 entstanden, als wir aus unterschiedlichen Gründen und Perspektiven beobachteten, dass sich viele die Frage stellen: Woher kommt der Terror? »Warum hassen sie uns?«, fragte eine Hinterbliebene eines der Opfer des 11. September. Warum stürzen sich junge Männer ins World Trade Center, sprengen Verkehrsmittel in London und Madrid in die Luft und reißen tausende von Menschen in den Tod? Es sind viele Erklärungen angeboten worden – auf intellektueller Ebene, Huntingtons These vom Kampf der Kulturen wird hin- und hergewendet. Doch was uns fehlt, was überhaupt fehlt sind Erklärungen, die bei denen ansetzen, über die wir reden und die uns so rätselhaft sind. Was geht in ihren Köpfen vor? Wir haben zu unserem Gegenstand ein ambivalentes Verhältnis, weil es uns nicht nur intellektuell beschäftigt. Wir wollen denjenigen, die den Terror predigen, und denen, die diesen Terror auf der anderen Seite brauchen, um ihre Politik zu machen, nicht das Feld überlassen. Und wir wollen nicht zusehen, wie der Graben tiefer wird. Die »Kinder des Dschihad« betreffen uns persönlich.

Souad Mekhennet musste sich als in Deutschland geborene und aufgewachsene Muslima seit jeher mit dem Generalverdacht auseinander setzen, dass die Gleichung lautet Moslem = Gefahr. Oder, bei Wohlmeinenderen, dass sie die geborene Übersetzerin radikalen Denkens sein müsste – allein, weil sie Muslima ist. Hinter diesen Vorstellungen verbirgt sich eine unterschwellige Abschottung, die in unserem Land ziemlich ausgeprägt ist. Viel ausgeprägter als zum Beispiel bei den Amerikanern. Was unseres Erachtens damit zu tun hat, dass die Amerikaner wissen, wer sie sind – und die Deutschen wissen es nicht. Die Vereinigten Staaten sind als Einwanderungsland entstanden, für uns, oder zumindest für weite Teile von Politik und Gesellschaft in Deutschland, ist es bis heute eine schwer hinzunehmende Tatsache, dass wir seit Jahrzehnten ein Einwanderungsland sind und uns in Zukunft noch viel stärker mit diesem Umstand auseinander setzen müssen. Souad Mekhennet arbeitet als Journalistin unter anderem für die *New York Times*. Sie kommuniziert mit ihren Reportagen in diesem Buch in zwei Richtungen: In die Gesellschaft, in die sie 1978 geboren wurde – die deutsche. Und in den Kulturkreis, dem sie selbstverständlich zugerechnet wird und mit dem sie tatsächlich ihre kulturellen und religiösen Wurzeln verbindet.

Claudia Sautter hat sich als ehemalige Nordafrika-Korrespondentin der *ARD* über Jahre hinweg mit den islamistischen Gruppierungen im Maghreb beschäftigt. Sie hat aber auch die Vielschichtigkeit und den kulturellen Reichtum der arabischen Gesellschaften kennen und lieben gelernt, die vielen bei uns fremd, bedrohlich, aus einem Guss, monolithisch und in jeder Hinsicht unfrei und gefährlich erscheinen. In ihrer Arbeit und den beruflichen wie persönlichen Beziehungen hat sie erlebt, wie flach und falsch dieses Bild ist. Und nicht nur deshalb liegt ihr viel daran, dass wir nicht in die Feind-Falle laufen, dass wir zwischen Osama Bin Laden auf der einen und dem »Kreuzzug gegen den Terror« auf der anderen Seite nicht vergessen, was uns mit den islamischen Ländern verbindet.

Michael Hanfeld hat sich als Medienredakteur der *Frankfurter Allgemeinen Zeitung* in den letzten Jahren beruflich mehr und mehr mit den arabischen Medien und mit dem Internet befasst. Gepackt hat ihn die Geschichte des deutschen Bundeswehrarztes Reinhard Erös, der Mitte der 80er Jahre mit seiner Familie nach Afghanistan ging, um die von den Russen bekämpften Zivilisten und Mudschaheddin medizinisch zu unterstützen. Ende der 90er Jahre erkannte der Bundeswehrarzt, dass die Not der Afghanen unter den Taliban noch größer geworden war. Also trank er »Tee mit dem Teufel« (wie auch sein Buch über diese Zeit heißt), will sagen: handelte den Taliban ab, dass er Kliniken und Schulen errichten durfte – vor allem für Mädchen. Auf den Spuren dieses Mittlers zwischen den Fronten hat Michael Hanfeld das Paschtunen-Gebiet in Afghanistan und im Norden Pakistans bereist. Die Schönheit des Landes und die Anmut der Menschen, die seit 25 Jahren einen Freiheitskampf gegen fremde Unterdrücker und gegen islamische Radikale wie die Taliban führen, hat ihn nachhaltig beeindruckt.

Für uns alle ist die Auseinandersetzung mit der islamischen Welt mit diesem Buch nicht beendet.

Souad Mekhennet, Claudia Sautter, Michael Hanfeld
Frankfurt am Main, im Juli 2006

Kapitel 1
Dänemark und der Karikaturenstreit

Am 30. September 2005 erscheint die dänische Zeitung *Jyllands-Posten* mit einer Sonderseite. Zwölf Karikaturisten hatten im Auftrag des Kulturredakteurs des Blatts, Flemming Rose, den Propheten Mohammed gezeichnet. Er tritt in ganz unterschiedlicher Form auf, als Turbanträger mit einer Bombe auf dem Kopf oder aber auch als Schuljunge, der vor einer Tafel steht und sich über die Aktion der *Jyllands-Posten* lustig macht. Was für eine seltsame Idee das doch sei, schreibt der gezeichnete Mohammed an die Tafel, welche sich die Zeitung da ausgedacht habe. Wie seltsam sich diese Geschichte danach wirklich entwickeln sollte, konnte der Karikaturist zu diesem Zeitpunkt nicht ahnen. Vor allem nicht, dass er und seine elf Kollegen von diesem Tag an bedroht würden und unter Polizeischutz untertauchen müssten.

Veranlasst hat Flemming Rose die Karikaturen-Seite, weil er zufällig mitbekam, dass der dänische Kinderbuchautor Kaare Bluitgen lange Zeit vergeblich nach jemandem gesucht hatte, der für sein Kinderbuch über den Propheten Mohammed Zeichnungen angefertigt hätte. Niemand sei bereit dazu aus Furcht vor den Konsequenzen, aus Angst, von Muslimen bedroht zu werden, klagte der Autor. Schließlich fand sich doch ein Zeichner, das Buch zu illustrieren, allerdings unter der Maßgabe, dass er anonym bleibe.

Die *Jyllands-Posten* nimmt sich des Themas an, es erscheint eine ganze Reihe von Beiträgen, die sich gegen den Umstand richten, dass Nicht-Muslime sich den Ge- und Verboten des Islam beugten, weniger aus Überzeugung oder aus empfundenem Respekt der Religion gegenüber, sondern aus schierer Furcht vor den Konsequenzen. Und dann beschließt der Kulturredakteur Flemming Rose, gestützt von seinem Chefredakteur Carsten Juste, die Probe aufs Exempel zu machen und zu zeigen, wie weit die Selbstzensur in Dänemark und insbesondere in der dänischen Presse beim Thema Islam inzwischen reicht. Rose fordert 40 Karikaturisten auf, den Propheten zu zeichnen; zwölf Zeichner willigen ein, an seiner Aktion mitzuwirken. Am 30. September 2005 ist die Sonderseite im Blatt: Die *Jyllands-Posten* fordert im Namen der Pressefreiheit die Muslime heraus – mit der denkbar größten Provokation, die in westlichen Augen zunächst als eine solche vielleicht gar nicht erscheint.

Die Redaktion sei sich darüber im Klaren gewesen, schreibt die Zeitung im Rückblick, in einer Selbsterklärung im Februar 2006, dass »die Zeichnungen in bestimmten Kreisen Zorn auslösen würden«. Doch sei es »in Dänemark seit jeher üblich, dass politische und religiöse Autoritäten von Zeitungszeichnern kommentiert werden – und häufig in satirischer Form. Würde man davon absehen, etwas abzubilden, das Moslems heilig ist, wäre gerade dies Ausdruck einer diskriminierenden Behandlung von Moslems.«

In den ersten Tagen haben die Karikaturen eine noch überschaubare Wirkung. Die Proteste der Muslime in Dänemark bleiben nicht aus, doch sie halten sich in Grenzen. Am 9. Oktober fordern Sprecher der »Islamischen Glaubensgemeinschaft in Dänemark« von der *Jyllands-Posten* eine Entschuldigung für die Karikaturen. Das Blatt verteidigt seine Publikation. Am 14. Oktober gibt es eine Demonstration von Muslimen in Kopenhagen, auf der schon nicht nur von der Zeitung eine Entschuldigung verlangt, sondern auch der Ministerpräsident Anders Fogh Rasmussen aufgefordert wird, öffentlich Buße zu tun und – das Blatt zu bestrafen. Rasmussen wehrt sich gegen den Anspruch und erklärt, dass Dänemark eine Demokratie sei und zu dieser als eines der höchsten Güter die Presse- und Meinungsfreiheit zähle. Insofern könne und wolle er die Zeitung nicht maßregeln. Deshalb lehnt er es auch wenige Tage später, am 19. Oktober, ab, die Botschafter von elf muslimischen Ländern zu empfangen, die ihren Protest formulieren und ihn auffordern wollten, gegen *Jyllands-Posten* vorzugehen. Damit ist der politische Eklat perfekt. Doch die Sache geht noch weiter. Ende November setzt sich eine fünfköpfige Gruppe von Muslimen von Kopenhagen aus gen Kairo in Marsch. Sie tragen ein rund vierzigseitiges Dossier bei sich, das der Imam Ahmed Abu Laban zusammengestellt hat. Es enthält nicht nur die umstrittenen Karikaturen aus der *Jyllands-Posten,* sondern auch Drohbriefe an die Gemeinde und eine ganze Reihe weiterer, den Propheten Mohammed generell herabwürdigender Darstellungen. Das Dossier soll seine Wirkung nicht verfehlen.

Der Imam Abu Laban und seine Liste

Spiritus Rector der Aktion, die nun folgte und zu teilweise gewaltsamen Protesten in der islamischen Welt mit einigen Dutzend Todesopfern führte, ist der Imam Abu Laban. Seine Gemeinde ist nicht die größte in Dänemark und er ist auch keiner der echten Hardliner, die, wie etwa die Organisation Hizb-ut-Tahrir, für die Einführung des Kalifats eintreten und die Demokratie nur so lange schätzen, wie sie ihnen

Abu Laban in seinem Kopenhagener Büro.

für ihren Kampf nützlich ist. Abu Laban lebt vielmehr seit langem in Dänemark und hält sich zugute, dass es ihm um nichts anderes gehe als die Integration der von ihm vertretenen Muslime.

Sein Hauptquartier unterhält Abu Laban in Kopenhagen am Rand eines Gewerbegebiets. Die Kreuzung Dorthevaj 45 ist eine zugige Ecke, um das »Zentrum für Integration«, das der Imam leitet, fegt der Wind. Sein Anwesen liegt zwischen Wohnblöcken und Baustoffhöfen. Die Moschee im Hinterhof erkennt man von außen nicht als Gotteshaus. Der gelbe Klinkerbau war einmal ein Weinlager. Am Eingang gibt es drei Klingeln, kein Namensschild, die Tür ist angelehnt.

Abu Laban ist ein untersetzter Mann, sein Blick ist freundlich, sein Händedruck fest. Der Einundsechzigjährige ist stolzer Vater von fünf Töchtern und zwei Söhnen, und er ist zum ersten Mal Großvater geworden. Geboren wurde er 1946 in Palästina, kurz vor der Gründung Israels, seine Frau stammt aus Damaskus. Aufgewachsen in Ägypten, hat er als Ingenieur für eine Ölfirma gearbeitet, Prediger war er zunächst nebenbei. 1984, da war er Imam in Nigeria, fragten ihn Freunde, ob er nach Dänemark kommen wolle. Die Gemeinde in Kopenhagen brauchte einen Imam. Abu Laban kam, predigte und kümmerte sich, wie er sagt, um die Integration seiner Leute. Dabei sei er stets um praktische Lösungen bemüht und darum, dass die Mitglieder seiner Gemeinde sich für das Leben um sie herum interessierten, zum Beispiel die dänische Presse läsen. »Wir sind dänische Staatsbürger«, sagt er im Gespräch immer wieder. »Ich bin froh, dass ich in einer Demokratie lebe.« In einer Demokratie, in der Meinungsfreiheit herrscht wie in fast keinem arabischen Land.

Doch haben die Demokratie und die Meinungsfreiheit, der sich Abu Laban erfreut, nach seinem Verständnis auch Grenzen. Die Freiheit endet, wo die Beleidigung des Islam und erst recht die des Propheten beginnt. Das Bilderverbot, das gebietet, den Propheten nicht nur nicht zu karikieren, sondern ihn grundsätzlich nicht abzubilden, gilt dem Imam als absolut. »Das ist unsere religiöse Tradition«, sagt er. Und: »Wir glauben an die Pressefreiheit, doch hat die Presse eine Verantwortung. Wenn man Menschen provoziert, zeugt das nur von schlechtem Geschmack. Diese Art von Pressefreiheit ist kontraproduktiv.« Zudem zeuge die Zurücksetzung der Muslime von einer herrschenden Doppelmoral. Auf die Frage, ob es aber nun nicht erst seine Reaktion gewesen sei, die den »Karikaturenstreit« aus dem Ruder laufen ließ und zu anhaltender Gewalt in der arabischen Welt mit etlichen – muslimischen – Toten führte, reagiert der Imam laut, deut-

lich und beleidigt. In seiner Freitagspredigt habe er sich ausdrücklich gegen gewalttätigen Protest ausgesprochen: »Wir
stehen nicht in Opposition zum dänischen Staat. Wir ver-
dammen die Gewalt, wir sind froh, dass es in Dänemark
und in Europa keine gewalttätigen Proteste gibt. Botschaften
zu erstürmen, das ist nicht unser Ziel. Wir wollen einen intel-
lektuellen Diskurs. Die Regierung muss mit uns reden. Wir
lassen uns nicht länger wie Kindergartenkinder behandeln.«
Seit mehr als 20 Jahren würden die Muslime in Dänemark
jetzt schon unterdrückt, nun sei es an der Zeit, denjenigen,
die dafür verantwortlich seien, »die Maske der Überheblich-
keit vom Gesicht zu reißen«.

Bei Abu Laban gibt es Instantkaffee, Tee, Wasser und
Limonade. Er holt das Dossier hervor, mit dem er Ende
November, Anfang Dezember 2005 eine fünfköpfige Delega-
tion losgeschickt hat. Die »Akte zu den Bildern des Propheten Mohammed« enthält nicht nur die Zeichnungen aus der
Jyllands-Posten. Es gibt eine weitere Seite aus einer anderen
Zeitung, die Darstellungen versammelt, die den Islam herab-
würdigen. Das AP-Foto des Mannes mit Schweinenase und
Schweineohren ist auch dabei, dessen Herkunft nach der
Reise bald geklärt wurde. Mit Mohammed hat das Foto
nichts zu tun. Es zeigt vielmehr einen Mann, der im Spät-
sommer 2005 in Südfrankreich auf einer Landwirtschafts-
messe an einem Schweine-Quiek-Wettbewerb teilgenommen hatte. Die Nachrichtenagentur AP protestierte gegen
die Verwendung dieser Aufnahme. Dem entgegnet Abu
Laban, dass dieses Bild bei seiner Organisation gemeinsam
mit einem Schmähbrief angekommen sei, also habe es doku-
mentarischen Wert und liege der Akte bei – der Prophet
Mohammed als Schwein. Die nächste Seite des Dossiers zeigt
einen gebückten Mann, der von einem Hund bestiegen wird.

Die Muslime aus Kopenhagen reisen mit dem Papier

zunächst nach Kairo und dann nach Beirut. Abu Laban selbst ist nicht dabei. Ihm geht es, wie er sagt, um eine Verurteilung der Karikaturen durch den Großscheich Mohammed Said Tantawi, den obersten Gelehrten der Al-Azhar-Universität, dessen Auslegungen des Korans, dessen Stellungnahmen zu allen Lebensfragen der Gläubigen von großem Gewicht sind. Sechs Tage sind Abu Labans Leute in Kairo und sie bekommen, was sie wollen: die Verurteilung der Karikaturen von höchster geistlicher Seite.

Tantawis Stellungnahme geht an das ägyptische Außenministerium und dieses übermittelt sie dem dänischen Botschafter. So gerät der Protest zur diplomatischen Krise. Was dann kommt, Eklat, Unruhen, Plünderungen und Tote, damit will Abu Laban nichts zu tun haben. Doch soll man ihm abnehmen, dass er nicht wusste, welche Folgen dies haben könnte? »Ich habe Politik im Blut«, meint er bei einer anderen Gelegenheit. Und genau so ist es: Abu Laban hat als kleiner Imam den Staat Dänemark herausgefordert.

Folgt man Abu Laban, dann hat die *Jyllands-Posten* einen beträchtlichen Anteil an der Eskalation. Er habe, sagt er im Gespräch, über Mittelsmänner vor der Veröffentlichung der Zeichnungen gewarnt. Direkt nach dem Erscheinen der Karikaturen am 30. September habe er versucht, die Zeitung davon zu überzeugen, gemeinsam mit dänischen Universitäten ein »Mohammed-Seminar« abzuhalten. Es gab sogar ein persönliches Treffen mit dem Kulturredakteur Flemming Rose. Er habe ihn ganz sympathisch gefunden, erzählt Abu Laban. Er könne sogar verstehen, worauf Roses Kampf gegen die Zensur beruhe – auf der Erfahrung des Journalisten, der lange Zeit Korrespondent in Moskau war, mit der Unterdrückung der Pressefreiheit in Osteuropa während des Kalten Kriegs. Doch rechtfertige das noch lange nicht die Beleidigung des Propheten. Abu Laban trifft also Flemming Rose, er schreibt an den Kultusminister, doch es passiert angeblich – nichts. Auch die Botschafter von elf islamischen Ländern können nichts ausrichten, denn der dänische Ministerpräsident verweigert sich einem Gespräch. Erst dann, sagt Abu Laban, habe er seine Karikaturen-Truppe in Marsch gesetzt. 60 000 Kronen werden in den islamischen Gemeinden in Dänemark für diesen Zweck gesammelt, insgesamt 27 muslimische Organisationen haben die Mission unterstützt. »Die Leute sind bereit, ihre Autos zu verkaufen«, erzählt Abu Laban. Es sei auch genügend Geld da, um Dänemark vor dem Europäischen Gerichtshof für Menschenrechte zu verklagen.

Die *Jyllands-Posten* und ihr »journalistisches Projekt«

Für die *Jyllands-Posten* erklärt ihr Chefredakteur Carsten Juste am 30. Januar 2006, er bedaure die Folgen des Karikaturenstreits, doch stehe er zu der Veröffentlichung. Sie habe weder gegen dänisches Gesetz noch gegen die dänische Presseethik verstoßen. Seine Botschaft schickt Juste auf Dänisch, Englisch und Arabisch über das Internet. Am Tag zuvor habe der Redakteur Flemming Rose auf dem arabischen Nachrichtenkanal *Al Dschazira* ebenfalls bedauert, dass man mit den Zeichnungen Muslime verletzt habe. Sein Bedauern wurde aber, wie *Jyllands-Posten* es darstellt, von *Al Dschazira* nicht ins Arabische übersetzt.

»In der öffentlichen Diskussion haben es einige so aufgefasst, dass sich finstere Redakteure der *Jyllands-Posten* zusammengesetzt und diskutiert hätten, wie wir denn nun so viele Moslems wie möglich beleidigen könnten. Einige haben sogar behauptet, dass es unser Wunsch gewesen wäre, einen Konflikt zu provozieren und die Integration zu stören«, erklärt der Chefredakteur am 18. Dezember 2005 in einem Interview mit seinem eigenen Blatt. Doch das sei »vollkommen falsch«. Es sei vielmehr darum gegangen, »zu untersuchen, ob es in Dänemark Selbstzensur gibt«: »Ich erlaube mir, dies ein journalistisches Projekt zu nennen. Ein ganz und gar lauteres und anständiges journalistisches Projekt. Wir wollten untersuchen, ob sich dänische Zeitungszeichner trauen, Mohammed zu zeichnen, oder ob sie sich das nicht trauen.«

Es traute sich bekanntlich eine Minderheit, das nach eigenem Verständnis mutige Dutzend, das dafür einen hohen Preis zahlen sollte. Und das die Angelegenheit nach dem Proteststurm auch ganz unterschiedlich einschätzt. Die *Jyllands-Posten* bringt dazu ein Gespräch mit jenem Zeichner, der Mohammed mit einer Bombe auf dem Kopf dargestellt hatte. Er verteidigt sein Werk: »Die Karikatur bezieht sich nicht auf den gesamten Islam, sondern nur auf die Aspekte der Religion, die offensichtlich zu Gewalt, Terrorismus, Tod und Vernichtung anregen. Und somit auf das fundamentalistische Gedankengut des Islam.« Es sei wichtig gewesen, dies durch die Karikaturen gezielt darzustellen: »Wenn eine Religion zum religiösen Faschismus ausartet, werden wir mit totalitären Tendenzen konfrontiert, die es früher im Faschismus und Nationalsozialismus gab. Eine Situation, wo Menschen gezwungen werden, nachzugeben und sich einem Regime unterzuordnen.« Er respektiere den Islam, nicht aber jene Version dieser Religion, »welche die Terroristen mit geistigem Zündstoff versorgt«. Die zunehmende Religiosität verursache generell »mehr Intoleranz und Beschränktheit«, der »religiöse Obskurantismus« gewinne an Boden, wodurch er – »als alter Atheist« – sich in seiner Haltung nur bestätigt fühle.

Nicht ganz so kämpferisch gibt sich ein anderer der zwölf

Zeichner, der sich in der *Frankfurter Allgemeinen Zeitung* äußerte. Auch er muss anonym bleiben, da er Morddrohungen erhalten hat und unter Polizeischutz steht. »Aus kleinen Bildern«, sagt dieser Karikaturist, sei »ein großer Wahnsinn« erwachsen. Als naive Dänen hätten sie nicht mit derartigen Folgen gerechnet. Und aus der massenhaften Weiterverbreitung der Zeichnungen im Internet erwachse den zwölf Karikaturisten eine fortwährende Lebensgefahr. Es sei alles aus der Spur gelaufen. Inzwischen gehe es nicht mehr um Religion, sondern um Politik. Das kleine Dänemark sei gar nicht in der Lage, gegen den »Wahnsinn«, der aus den Mohammed-Bildern erwachsen sei, anzukämpfen. Dabei hätten weder er noch seine Mitzeichner jemanden in seinen religiösen Gefühlen verletzen wollen. Doch müsse, wer in Dänemark lebe, sich politische Karikaturen gefallen lassen, das gelte nicht nur für den Islam, sondern ganz selbstverständlich auch für die anderen Religionen.

Todesdrohungen und Aufstände

Doch selbstverständlich ist nach dieser Aktion nichts. Auch ein halbes Jahr nach der Veröffentlichung der Karikaturen kontrolliert die dänische Polizei zweimal täglich die Häuser der Zeichner, sie stehen elektronisch in direkter Verbindung mit den Ordnungskräften, die Angst, dass es einem von ihnen so ergeht wie dem holländischen Filmemacher Theo van Gogh, ist groß. Eine der gegen ihn gerichteten Todesdrohungen, berichtet ein Zeichner, sei »direkt aus Mekka« gekommen, sie habe die Namen aller zwölf Karikaturisten aufgeführt und den Kulturredakteur der *Jyllands-Posten*, Flemming Rose, benannt. Eine andere Todesdrohung kommt von einer islamischen Jugendorganisation aus

Pakistan. Doch das ist nicht alles: Ein Minister des indischen Bundesstaats Uttar Pradesh verspricht eine Belohnung von elf Millionen Dollar für die Ermordung der dänischen Zeichner. »Die Person, die den Propheten beleidigt hat, verdient es nicht zu leben, und jeder – ungeachtet welcher Nationalität –, der den Karikaturisten eliminiert, wird mit Geld belohnt und mit Gold aufgewogen«, sagt der Minister Haji Yakub Quereshi. Die Vereinigung der Goldschmiede in der pakistanischen North-West Frontier Province setzt ein Kopfgeld von einer Million Dollar aus.

Dies alles vollzieht sich erst im Februar 2006, fünf Monate nach der Veröffentlichung der Karikaturen und mehr als drei Monate nach der Reise von Abu Labans Emissären gen Kairo und Beirut. Es hat offenbar eine Weile gedauert, bis sich verschiedene islamische Staaten darauf besannen, wie sie den Protest gegen die Karikaturen vorantreiben und für ihre eigenen Zwecke instrumentalisieren konnten. Ende Januar hat Saudi-Arabien einen Boykott dänischer Produkte ausgerufen. Am 3. Februar randalieren rund 300 indonesische Islamisten in der Lobby eines Gebäudes in Jakarta, in dem die dänische Botschaft untergebracht ist. Am Tag darauf setzen tausende von Demonstranten die dänische und die norwegische Botschaft in Damaskus in Brand, am 5. Februar geschieht dasselbe in Beirut, es kommt zu ersten Todesopfern. Wiederum einen Tag später greifen rund 200 Demonstranten die Botschaft Österreichs – das zu dieser Zeit den Vorsitz im EU-Ministerrat führt – in Teheran an, die Angriffe setzen sich am nächsten Tag fort. Der Iran bricht wegen der Karikaturen seines Handelsbeziehungen zu Dänemark ab. Die auflagenstärkste Zeitung des Landes, *Hamschahri,* ruft einen Karikaturen-Wettbewerb zum Holocaust aus, um die Meinungsfreiheit des Westens zu testen. In Afghanistan sterben beim Sturm auf einen Stützpunkt der

Nato-Truppen vier Menschen, es kommt zu weiteren Demonstrationen, Unruhen oder Übergriffen in Bangladesch, im Gaza-Streifen, in Indien, Indonesien, dem Irak, in Hongkong, dem Jemen, dem Libanon, in Pakistan, auf den Philippinen, in Somalia, Sri Lanka und Thailand, die Zahl der Toten steigt auf mehr als zehn, die Zahl der Länder, die sich dem Boykott dänischer Produkte anschließen, auf mehr als fünfzehn. Auch in europäischen Hauptstädten kommt es zu zahlreichen Demonstrationen mit tausenden von Teilnehmern, die jedoch zumeist friedlich bleiben. Der als gemäßigt geltende Imam Scheich Mohammed Al Sherief sagt jedoch in Kairo, er habe »keinen Zweifel«, dass es in der dänischen Hauptstadt Kopenhagen Selbstmordanschläge geben werde wie zuvor am 11. September in New York und darauf in Madrid und London – falls sich der dänische Ministerpräsident Rasmussen nicht »deutlich« für die Karikaturen entschuldige und die »Schuldigen« nicht bestraft würden.

Die *Jyllands-Posten* hatte sich zu diesem Zeitpunkt bereits aus ihrer Sicht entschuldigt, als sie darauf verwies, dass sie die Gefühle der Muslime nicht habe verletzen wollen. Rasmussen war in dem arabischen Nachrichtensender *Al Arabija* aufgetreten und hatte sich »äußerst bestürzt« darüber gezeigt, wie viele Muslime die Karikaturen als Beleidigung empfänden.

Die Gewalt nimmt jedoch kein Ende. Am 18. Februar erschießt die libysche Polizei elf Demonstranten bei einer gewalttätigen Kundgebung vor dem italienischen Konsulat in Bengasi. Der Mörder eines katholischen Priesters im türkischen Trabzon gibt an, er sei bei seiner Tat von der »Beleidigung des Propheten Mohammed in westlichen Medien« beeinflusst gewesen. In Nigeria kommt es landesweit zu Ausschreitungen, bei denen 18 christliche Kirchen zerstört und mindestens 15 Menschen getötet werden, darunter drei

Kinder und ein katholischer Priester. Erst zu diesem Zeitpunkt rufen 40 führende islamische Gelehrte in Kairo zu einer Beendigung der Proteste auf. Der Großscheich der Al-Azhar-Universität, Mohammed Said Tantawi, der Anfang Dezember Abu Labans Protestgruppe empfangen hatte, fordert schließlich, ein weltweit gültiges Verbot von Beleidigungen religiöser Empfindungen zu verkünden.

Eines solchen Verbots bedurfte es aber gar nicht. Denn fernab der Gewalt auf der Straße bekommen etliche Journalisten auch so zu spüren, was es heißt, den Propheten zu beleidigen. So gibt Anfang Februar der Chefredakteur der christlichen norwegischen Zeitung *Magazinet*, Vebjörn Selbekk, kund, er bedauere den Nachdruck der Mohammed-Karikaturen in seinem Blatt – er hatte dutzende von Morddrohungen erhalten. Der Chefredakteur von *France Soir* wird, weil er die Zeichnungen übernahm, umgehend gefeuert, nicht anders geht es dem Chefredakteur einer jordanischen Wochenzeitung, der sich in einem Artikel zwar gegen die Karikaturen ausgesprochen, sie zu Dokumentationszwecken aber abgedruckt hatte. So verfahren etliche Zeitungen auch in Frankreich und Deutschland – weshalb sich der Protest sogleich auf die betroffenen Länder, in denen die Zeitungen erscheinen, und auf deren Regierungen ausweitet, bis schließlich im pakistanischen Peshawar nicht nur eine Puppe des dänischen Ministerpräsidenten Rasmussen, sondern auch eine des deutschen Vizekanzlers Franz Müntefering symbolisch gehängt wird. Nach Angaben der Organisation Reporter ohne Grenzen werden allein 13 Publikationen in Algerien, Marokko, Jordanien, Jemen, Malaysia und Indonesien wegen des Nachdrucks der Karikaturen zeitweise oder auf Dauer eingestellt, in Syrien, im Jemen und in Algerien seien insgesamt sieben Journalisten sogar in Haft genommen worden. In Russland schließt die Stadtregierung von Wolgograd die Lokalzeitung *Gorodskije Westi,* weil diese eine Karikatur gebracht hatte, die Moses, Jesus und Buddha vor einem Fernseher zeigt. Auf dem Bildschirm ist zu sehen, wie sich zwei Gruppen aufgebrachter Demonstranten bedrohen und mit Steinen bewerfen. »Also, das haben wir sie nicht gelehrt«, ist dem gezeichneten Moses als Text in den Mund gelegt. Auch dagegen haben muslimische Organisationen protestiert, die Kreml-Partei »Einiges Russland« fordert die Entlassung der Chefredakteurin. Der Berliner *Tagesspiegel* schließlich bekommt zu spüren, dass man nicht einmal den Propheten Mohammed karikieren muss, um ins Fadenkreuz zu geraten. Wegen eines Bildes, das iranische Fußballspieler mit Bombengürteln zeigt, zettelt die iranische Regierung einen Protest an, der sich nahtlos an die Brachialpolemik anschließt, mit welcher Teheran auf die Kritik der Bundesregierung, insbesondere der Bundeskanzlerin Angela Merkel, an ihrem Atomprogramm reagiert. Am 20. März unternimmt ein aus Pakistan stammender Student einen Attentatsversuch auf den Chefredakteur der *Welt,* Roger Köppel. Dessen Zeitung hatte, wie andere, einige der Karikaturen nachgedruckt. Anfang Mai erhängte sich der Student in dem Berliner Untersuchungsgefängnis Moabit. Amir C., so teilte die Berliner Staatsanwaltschaft mit, sei, mit einem Messer bewaffnet, in das Springer-Haus eingedrungen und dort von Pförtnern und Polizisten überwältigt worden. In der Untersuchungshaft erhängte er sich mit einer aus seiner Kleidung gebastelten Schlinge an den Fenstergittern seiner Zelle. Der angehende Textilingenieur war nach Angaben eines Sprechers der Staatsanwaltschaft erst am Morgen des 20. März aus Mönchengladbach nach Berlin gekommen. Der stellvertretende pakistanische Botschafter, Khalid Usman Qaiser, sagte, der Student schien noch guten Mutes gewesen zu sein, als er im April mit Mitarbeitern der Botschaft gesprochen habe. In Pakistan sorgte der Vorfall für größeres Aufsehen, Angehörige des Studenten erhoben den Vorwurf, Amir C. sei von der deutschen Polizei gefoltert worden. Im Mai 2006 wurde bekannt, dass sich eine Gruppe von zwölf gedungenen Mördern, ausgestattet mit gefälschten iranischen und afghanischen Pässen, auf dem Weg nach Europa befinden soll, um die Zeichner der *Jyllands-Posten* zu töten.

Binnen weniger Wochen ist die Welt wegen zwölf scheinbar nichtiger Karikaturen aus den Fugen geraten. Falls jemand ein schlagendes Beispiel für den von Samuel Huntington erwarteten Kampf der Kulturen sucht, die euphemistisch als »Karikaturenstreit« annoncierte internationale Krise wäre dazu angetan. Dabei gibt es Protest und Kritik auch in zivilisierten Bahnen. So macht ein dänischer Zeichner der *Jyllands-Posten* etwa den Vorwurf, sie messe mit zweierlei Maß. Er habe der Zeitung im April 2003 Karikaturen von Jesus angeboten. Das Blatt habe den Abdruck mit der Begründung abgelehnt, die Bilder seien zu umstritten. Der wahre Grund aber sei, meint zumindest der Zeichner, dass die Zeitung die Gefühle ihrer christlichen Leser weit höher bewerte als die der Muslime. Die *Jyllands-Posten* entgegnet jedoch, man habe die Entwürfe damals aus Qualitätsgründen abgelehnt. Doch lässt sich das Blatt auch harte Kritik gefallen. So ist Mitte Februar auf der ersten Seite die Forderung des ehemaligen dänischen Außenministers Uffe Ellemann-Jensen zu lesen, dass der Chefredakteur, Carsten Juste, zurücktreten müsse. Juste habe schließlich selbst eingestanden, dass er die Reaktionen auf die Karikaturen unterschätzt habe. »Wenn man einen solchen fatalen Fehler zugibt, der bereits etliche Menschenleben gekostet hat, ist man seiner Aufgabe nicht gewachsen«, meint Ellemann-Jensen. Der Chefredakteur lehnt die Rücktrittsforderung selbstverständlich ab.

Der Konflikt ist nicht gelöst

Auch wenn die Gewalttätigkeiten wieder abgeflaut sind und allein die Chronologie der Ereignisse verrät, in welcher Weise die Karikaturen von einigen Regimes für Machtdemonstrationen instrumentalisiert worden sind – etwa in Syrien, wo Demonstrationen nicht stattfinden, wenn die Regierung es nicht will oder wenn sie diese nicht selbst initiiert hat –, erscheint der Karikaturenstreit als nach wie vor ungelöst. Bei genauerer Betrachtung gibt es eine – wenn auch windelweiche – Entschuldigung der *Jyllands-Posten* und auch ein Einsehen der dänischen Regierung. Doch wollen diejenigen, die den Fall im Namen aller Muslime verfolgen, mehr. Davon legt nicht zuletzt eine »Dialog-Konferenz« Zeugnis ab, die das dänische Außenministerium gemeinsam mit dem Dänischen Institut für Internationale Politische Studien (DIIS) Anfang März in Kopenhagen abhält. Geladen sind führende Vertreter der arabischen Welt und 50 ausgewählte Jugendliche aus Dänemark und verschiedenen arabischen Ländern. Sie treffen sich im Kopenhagener Regierungsviertel, in einem Tagungshaus des Außenministeriums am Hafen. Der Imam Abu Laban ist nicht geladen.

Und doch wird in dem ehemaligen Speichergebäude an der Strandgade 27b mit Blick auf das Wasser den Dänen gepredigt, wie es dem Imam gefallen hätte. Denn Tareq Al Suweidan, der Chef des in Kuweit ansässigen Satellitensenders *Al Resalah* (Die Botschaft), hat einen denkwürdigen Auftritt. Seine Botschaft an das dänische Volk lautet: Ihr habt die ganze muslimische Welt beleidigt. Ihr habt den Glauben von anderthalb Milliarden Menschen in den Dreck gezogen. Ihr habt euch am Propheten vergangen. Hättet ihr meine Mutter beleidigt, wäre das schlimm. Doch dies ist viel, viel schlimmer. Eure Regierung hat versagt. Tut etwas dagegen. Wir erwarten eine offizielle Entschuldigung eures Premierministers. Sonst wird der Boykott niemals enden.

Die Initiatoren der Konferenz erwarteten wohl etwas ganz anderes. Mit dem arabischen Fernsehprediger Amr Khaled, der als aufgeklärt und gemäßigt gilt und mit seinen Shows auf dem Sender *Iqraa* eine riesige Gemeinde in der arabischen Welt und in Europa begeistert, haben sie als Mitorganisator auf jemanden gesetzt, von dem man ausgleichende Worte gewohnt ist. Seine Organisation namens »Life Makers« tut Gutes und redet darüber, erklärt, wie man als Muslim leben soll, und glaubt an die eine muslimische Nation, die Umma, und ist damit bei jungen Muslimen in der arabischen Welt und in Europa gleichermaßen erfolgreich. Amr Khaled ist der Fernsehpredigerstar der islamischen Welt. Dem schicken Hardliner aus Kuwait will er die Show von Kopenhagen schließlich nicht überlassen. Als sich nach der fulminanten Pressekonferenz die Kamerateams auf Al Suweidan stürzen, steht Amr Khaled noch daneben, die Hände in den Taschen seines grauen Anzugs, und trippelt mit den Füßen. Nach seiner netten Einleitung, die vom Wert des Dialogs um des Dialogs willen handelt, schaltet er blitzschnell um und wiederholt, was der Senderchef Al Suweidan vorgelegt hat. Und schließlich hecken die beiden für das Ende der Konferenz noch einen echten Coup aus. Während die ahnungslosen Dänen auf dem Podium und davor nur staunen oder betretene Miene machen können, arbeiten Al Suweidan und Amr Khaled gegeneinander und dann miteinander ihre Agenda ab. Sie wurden in der arabischen Welt heftig dafür kritisiert, dass sie überhaupt nach Kopenhagen gegangen sind. Jetzt reden sie Tacheles. Vor dem ausgesuchten jugendlichen Vorzeigepublikum, das einem vorkommt wie das Kanonenfutter im Kampf der Kulturen, fordern Al Suweidan und Amr Khaled die dänische Regierung in einer Resolution auf, den Islam in den Lehrplan der dänischen Schulen aufzunehmen, aufklärende Sendungen ins Fernsehen und ins Radio und entsprechende Artikel in die Zeitungen zu bringen und ein islamwissenschaftliches Institut in Kopenhagen zu gründen. Abgesprochen ist das mit niemandem, schon gar nicht mit dem dänischen Bischof Karsten Nissen, der ebenfalls an der Konferenz teilnimmt und gerade noch feststellen kann, dass diese Resolution mit ihm nicht abgesprochen sei und er sie daher – ad hoc – auch nicht mir nichts, dir nichts unterstützen könne. Die dänischen Politiker und Pressevertreter verlassen das Feld wie ein geschlagenes Team, das nach einer Heimniederlage absteigen muss. Niemand, hat man ihnen an diesem Tag klar gemacht, wird den Dänen vergeben, wenn sie sich nicht offiziell entschuldigen. Sie werden in Kollektivhaftung genommen und von der arabischen Welt an den Pranger gestellt und ausgeschlossen.

Abu Laban, der nicht in Kairo und nicht in Beirut und auch nicht auf der Konferenz in Kopenhagen war – und doch überall dabei ist –, erzählt lange und ausführlich aus seinem Leben. Es erscheint wie ein einziges Ringen um Integration. Man hat beinahe den Eindruck, er sei müde, wozu das Gerücht passen würde, dass er seine Gemeinde darum gebeten haben soll, ihn als Imam abzulösen. Abu Laban wirkt nicht wie jemand, dem an Eskalation gelegen ist. Europa müsse verstehen, was die dritte und vierte Generation der muslimischen Einwanderer wolle, sagt er, und Europa müsse klarstellen, dass es seinerseits bereit sei, die Muslime, die hier bleiben wollen, als Muslime zu akzeptieren. »Wir schreiben Geschichte, die Leute in diesem Land sind aufgewacht«, sagt er zum Abschied. Es besteht wohl kein Zweifel, dass er damit Recht hat.

Kapitel 2
Der Weg in den Dschihad

Am Morgen des 15. Februar 1989 verließ der letzte russische Soldat Afghanistan. Generalleutnant Boris Gromow, der Oberbefehlshaber der Roten Armee am Hindukusch, überquerte die »Freundschaftsbrücke«, die über den Grenzfluss Amu-Darja führt, zu Fuß. Mehr als neun Jahre Krieg hatten über 1,2 Millionen zivile Opfer und 15 000 gefallene Rotarmisten gefordert, fünf Millionen Afghanen waren ins Ausland geflüchtet, die meisten von ihnen nach Pakistan. Doch das Resümee, das der russische General zog, wusste davon nichts. Die Sowjetunion, sagte er, habe ihre »internationalistische Pflicht« erfüllt. Er empfinde »Freude darüber«, sagte er, dass seine Soldaten diese Aufgabe gelöst hätten. Gromow war für seinen symbolischen Auftritt eigens von dem usbekischen Grenzort Termes, wo er die Nacht zuvor verbracht hatte, zum anderen Ufer zurückgekehrt, um als letzter russischer Soldat Afghanistan zu verlassen. Die Sowjetbürger, meinte Gromow, würden von diesem Tag an stets jener Rotarmisten ehrend gedenken, die in diesem Krieg gefallen seien. Man habe gar nicht daran gedacht, einen militärischen Sieg zu erringen, ließ die sowjetische Armeeführung verlauten. Es sei allein darum gegangen, »die Rebellen daran zu hindern, auf dem Boden eines befreundeten Volkes nach eigenem Gutdünken zu verfahren«. So wurde eine katastrophale militärische Niederlage verbrämt. »Wir verlassen Af-

ghanistan, nachdem wir dort alle Voraussetzungen für ein
Ende des Blutvergießens geschaffen haben«, sagte General
Jewgenij Popow. Über die getöteten und geflohenen Afghanen verlor er kein Wort. Drei Jahre später sollte das von den
Russen hinterlassene Najibullah-Marionettenregime endgültig kapitulieren. Die »Voraussetzungen für ein Ende des Blutvergießens« hatte die Rote Armee mitnichten geschaffen.

Der Rückzug der Sowjets war nicht das Ende, er war bloß
eine Etappe eines Kriegs, der Afghanistan mehr als 25 Jahre
lang gefangen halten sollte. Im Grunde dauert er bis heute
an. Das Land ist seit dem Einmarsch der Amerikaner im
November 2001 und der sich anschließenden Machtüber-
nahme einer gewählten Regierung zwar weitgehend befrie-
det, für nicht wenige der Mudschaheddin, insbesondere die
Taliban, ist der Kampf jedoch noch lange nicht beendet.
Und nicht nur in Afghanistan. Sie führen den Dschihad,
den heiligen Krieg, an vielen Fronten weiter, vor allem im
Irak, auch wenn ihr Kampf sich heute auch gegen Muslime
richtet und mit großer Mehrheit zivile Opfer fordert.

Nicht nur für die Taliban und die heutigen Dschihadis hat
der heilige Krieg der Gegenwart mit dem Einmarsch der
Roten Armee in den Weihnachtstagen des Jahres 1979 begonnen – militärisch. Fremde Truppen, ein Heer der Ungläubigen, nahmen ein muslimisches Land ein. Das war ein weiterer zentraler Angriff auf die Umma, auf die gemeinsame
Nation aller Muslime. Der erste war – nach dem Verständnis
der Islamisten, und nicht nur dieser – die Gründung des
Staates Israel im Jahr 1948. Als Reaktion darauf entstanden
Jahrzehnte später die Hamas, die Hisbollah und der Palästi-
nensische Islamische Dschihad, damals begann der Kampf
der Palästinenser um ihren Staat.

Historisch fing der Kampf der Kulturen für die Muslime
vor fast einem Jahrtausend an, mit den Kreuzzügen des Mit-

telalters, die 1095 mit dem Aufruf von Papst Urban II., den Christen in Jerusalem zu Hilfe zu eilen, begonnen hatten und 1291 mit dem Rückzug der Kreuzritter aus der Stadt Akkon ihr Ende fanden. Wollte man es genau nehmen, müsste man jedoch bis zum Tod des Propheten Mohammed im Jahr 632 nach Christus zurückgehen, um die Geschichte der Kreuzzüge und des Dschihad zu verfolgen. Denn damals begann das kriegerische Ausgreifen des Islam. Die Muslime eroberten weite Teile des Byzantinischen Reichs, warfen die sassanidischen Perser und die Westgoten in Spanien nieder. Sie eroberten Al Andalus und hielten es für rund 800 Jahre. Die Balearen, Sardinien, Sizilien, Kreta, Zypern, Teile Süditaliens bekamen sie unter ihre Kontrolle, 1389 schlugen die Türken die europäischen Heere auf dem Amselfeld, sie marschierten sechsmal auf Konstantinopel, das sie 1453 schließlich eroberten, 1683 standen sie vor den Toren Wiens, das sie nicht einnehmen konnten, weil der polnische König Sobieski den Großwesir Kara Mustafa Pascha schließlich besiegte. Im Zeitalter des Kolonialismus, das mit Napoleons Expedition nach Ägypten 1798 begann, wurde hingegen die muslimische Welt von den Europäern erobert. Seither befinden sich die Muslime nach dem Verständnis der Fundamentalisten in der »Reconqista«, in der Rückeroberung ihres einstigen Terrains, zu dem weite Teile Spaniens gehören, oder im Dschihad, den der vorletzte osmanische Sultan, Mehmet V. Resad, schon 1914 zu Beginn des Ersten Weltkriegs ausrief. Damals fand sein Appell wenig Gehör, in der Zeit nach dem Zweiten Weltkrieg, besonders mit Israels Staatsgründung, hat sich das geändert, der Kampf der Palästinenser um ihr Land bildet das erste zeitgenössische Datum jener Folie, vor der die Apologeten des Dschihad ihr Geschichts- und Weltbild ausbreiten.

Einen Schub, der bis heute fortwirkt, erhielt der islamische Fundamentalismus zweifellos in den 70er Jahren durch die Auseinandersetzung mit dem Schah-Regime. Dessen Niedergang und die Gründung der Islamischen Republik Iran durch Ayatollah Khomeini markierte 1979 den ersten großen Sieg für die gemeinsame islamische Sache. Ein westlich orientiertes Regime war besiegt worden, die Ideale des Westens hatten sich als leere Versprechen erwiesen, da sich in den muslimisch geprägten Ländern sozialer Fortschritt und Wohlstand, wie sie westlich orientierte oder sozialistische Regime zu bieten schienen, nicht eingestellt hatten. Muslimisch-orthodoxe Denker wie Hassan Al Banna und Sayyid Qutb fanden mit der Beschwörung einer islamischen Revolution vor allem bei der Jugend Zuspruch, weder Kapitalismus noch Sozialismus, so stellten sie es dar, hatten die muslimischen Gesellschaften vorangebracht.

Zwischen 1979 und 1992 unterlagen also zwei »fremde« Regime, der von den Vereinigten Staaten gestützte Schah und die von der Sowjetunion getragene afghanische Regierung, dem islamischen Widerstand. Beides bestärkte die Islamisten in der Gewissheit, einen siegreichen Kampf zu führen. Khomeinis islamische Revolution strahlte auf die gesamte muslimische Welt aus, die Koranschulen in Iran und Pakistan bekamen internationalen Zulauf. In Saudi-Arabien stärkte es den Wahabismus, der sich als sunnitische Alternative in seiner radikalen Auslegung des Koran mit dem schiitischen Regime in Teheran zu messen verstand. In Südostasien schließlich breitete sich unter den muslimischen Gemeinden das Bewusstsein aus, Teil einer größeren, weltumspannenden islamischen Nation zu sein.

Diese kämpfte in Afghanistan eine militärisch weit überlegene Armee nieder. Zwar mögen die so genannten »Afghanischen Araber«, die an diesem Krieg teilnahmen, unter ihnen Osama Bin Laden, numerisch wenig bedeutend erscheinen – Schätzungen reichen von 2500 bis 25 000 arabischen Kämpfern –, ihre ideologische Bedeutung war jedoch umso größer. Sie waren die Avantgarde einer islamischen Revolution, als deren Träger sich Al Qaida versteht. Und sie fanden nach Afghanistan in Bosnien das nächste Schlachtfeld vor, einen Krieg, der den Balkan, den Mittleren Osten und die muslimische Welt mit einem Mal in ihrem Sinne verband. Die Afghanistan-Kämpfer, die in ihren Heimatländern – in Ägypten, Algerien, den Golf-Staaten, Libyen, dem Sudan und Jemen – von den Regimes als Bedrohung und potenzielle Keimzelle eines nationalen islamischen Aufstands empfunden wurden, waren wieder Mudschaheddin; sie waren Verteidiger des Islam, ihrer unterdrückten Glaubensbrüder, und kämpften einen gerechten Krieg. Der sich umgehend in Kaschmir, im Sudan, in Tschetschenien und Tadschikistan fortsetzen ließ.

Auch in Bosnien waren die internationalen islamischen Krieger eine kleine Gruppe von 500 bis 1000 Kämpfern, die meisten stationiert im bosnischen Zenica. Doch waren sie von allen Kriegsparteien gefürchtet, wie die Zeitschrift *Jane's Defense Weekly* festhielt, von den bosnischen Muslimen, den Kroaten und Serben gleichermaßen. Eine Gruppe von rund 300 »Afghanischen Arabern« formierte sich in der so genannten Guerilla, die gemeinsam mit dem dritten bosnischen Armeecorps in Zenica kämpfte. Die Freiwilligen kamen aus der ganzen Welt, unter ihnen der Anführer der algerischen Islamischen Heilsfront, Kamar Kharban, oder der saudische Kommandeur Abu Abd Al Aziz, beides Veteranen des Afghanistan-Kriegs. Sie kämpften nicht nur, sie sorgten auch für finanzielle Unterstützung und militärischen Nachschub. Abu Abd Al Aziz warb zum Beispiel in Kuwait Gelder für die bosnischen Muslime ein, genauso wie er es zuvor getan hatte, um die Afghanen im Kampf gegen die Russen zu unterstützen. Auch aus den Vereinigten Staaten kam Hilfe. Das Al Kifah-Center in New York warb Freiwillige und Geld für den Krieg in Bosnien ein. Gegründet hatte das Zentrum der blinde Scheich Omar Abdul Rahman, der wegen des ersten Anschlags auf das World Trade Center im Jahr 1993 inhaftiert wurde.

In Bosnien zeigte sich – wie zuvor in Afghanistan – schnell, dass, sobald der gemeinsame Feind besiegt war, die islamistischen Kämpfer nicht mehr gebraucht wurden und dass sie auch etwas ganz anderes im Schilde führten als ihre jeweiligen Waffenbrüder. So wurden die »Afghanischen Araber« unter anderem für Angriffe auf Zivilisten verantwortlich gemacht, die nichts mit dem Kriegsgeschehen zu tun hatten und auch nicht als Unterstützer der Serben gelten konnten, wie etwa der Brite Paul Goodall, der im Frühjahr 1994 ermordet wurde. Als die Amerikaner mehr und mehr den Eindruck bekamen, dass die muslimischen Kämpfer eine Gefahr für die UN-Truppen darstellten und Anschläge auf amerikanische Einrichtungen planten, erhöhten sie die gegen die vermeintlichen Verbündeten gerichteten Sicherheitsvorkehrungen. Nach dem Friedensvertrag bemühte sich die bosnische Regierung, die muslimischen Kämpfer auszuweisen. Doch gingen sie, so sie Bosnien verließen, freiwillig, entweder um im Kosovo oder in Tschetschenien weiterzukämpfen.

Mit Bosnien und Tschetschenien fand der Dschihad seine Verbindung nach ganz Europa und Deutschland. Für die Rekrutierung junger Muslime in Deutschland hatte gerade der Bosnien-Krieg große Bedeutung. Er fand quasi vor der Haustür statt und ließ es besonders einleuchtend erscheinen, dass man hier als Kämpfer seiner Glaubenspflicht nachkommen konnte. Dabei spielte nach Erkenntnissen des Verfassungsschutzes bei der Schleusung von Kämpfern durch Europa nach Bosnien eine Verbindung zwischen aus Algerien stammenden Muslimen in Deutschland und Frankreich eine Rolle. Für Frankreich stellen die Anhänger der algerischen Islamischen Heilsfront FIS die größte innen- und sicherheitspolitische Aufgabe dar. Für die deutschen Behörden aber wurde diese Verbindung spätestens zum Thema, als deutlich wurde, dass die FIS in Bosnien aktiv war. Sie verband Algerien mit Frankreich, Deutschland und Bosnien.

In Süddeutschland gab es etwa einen Autohändler algeri-scher Abstammung, der sich als Schleuser betätigte. Er stellte den Erkenntnissen der Sicherheitsdienste zufolge rei-henweise Einladungen für Muslime aus Algerien aus und bürgte für sie. Die jungen Männer reisten dann von Deutschland nach Bosnien, um dort zu kämpfen. Lückenlos nachvollziehen ließ sich die Verbindung allerdings nicht. Die Dienste wurden jedoch darauf aufmerksam, dass in deutschen Moscheen die Creme de la Creme der algerischen GIA (Groupe islamique armé) ein und aus ging und Spen-den sammelte, für die es sogar Quittungen gab.

»Zunächst bekamen wir mit, dass über die humanitäre Schiene für die Brüder und Schwestern Geld gesammelt wurde. Es fing also mit unscheinbaren Dingen an«, sagte ein Geheimdienstler im Gespräch, »zum Beispiel über eine Organisation wie ›Muslime Helfen/Muslim Aid‹, mit Sitz in Garching bei München.« Dann folgten in den Moscheen Aufrufe, den Brüdern und Schwestern in Bosnien beizuste-hen. Es wurden Flugblätter über den Dschihad verteilt. Da-nach tauchten die ersten Videos auf, die deutsche Muslime, auch Konvertiten, in Bosnien zeigten. Sie fuhren in die Dör-fer, hielten ideologische Vorträge oder – kämpften. Es wurde allgemein anerkannt, dass zu den Pflichten eines jeden Muslims zähle, durch Spenden oder im Kampf die Glaubensbrüder zu unterstützen. Plötzlich galten die Serben, als Vertreter des Christentums, schlechthin als der Gegner. Dieses Bild verfestigte sich immer mehr. Eine Moschee in Freiburg, die vor allem Araber und Türken besuchten, fungierte nebenbei als Lazarett für verwundete Bosnien-Kämpfer.

Der »Re-Islamisierung« durch Bosnien folgte der Konflikt in Tschetschenien, der die nächste Generation von Islamisten in Deutschland sozialisierte. Im Fall von vier jungen Männern konnte nachgewiesen werden, dass sie als Kämpfer nach Tschetschenien gingen, einer von ihnen war der Konvertit Hamza Fischer, der dabei sein Leben verlor. Und an die Stelle Tschetscheniens ist heute der Krieg im Irak getreten. Er zieht nach den Erkenntnissen der Geheimdienste heute die meisten Kämpfer auch aus Europa an, die, so sie zurückkehren, jene »heimischen« Terrorzellen bilden oder ihnen als Vorbild dienen, von denen die größte Gefahr ausgeht, wie man bei den Anschlägen von London und Madrid erkennen konnte. Diese Kämpfer bewegen sich durch ganz Europa und bereiten kontinuierlich Anschläge vor. Man habe zuletzt allein ein oder zwei Anschläge pro Jahr in Frankreich vereiteln können, die ähnliche Ausmaße wie London oder Madrid gehabt hätten, sagt ein Terroristenjäger: »Und es werden immer mehr.«

So verbindet sich die große historische Perspektive – scheinbar – mit kleinen lokalen Bewegungen. Und Osama Bin Laden und seiner Al Qaida ist es gelungen, sich dank der speziellen Lesart der vergangenen 50 Jahre als Fortsetzung und Zuspitzung eines seit fast 1000 Jahren währenden Kampfes der Kulturen zu einer legitim erscheinenden Kommandozentrale des Dschihad aufzuschwingen. Nach der

Lesart Bin Ladens fügt sich alles zu einem stimmigen Bild zusammen: Die Kreuzzüge, der Kolonialismus, die Gründung des Staates Israel, die Kriege in Palästina, Afghanistan, Irak, Somalia, Sudan, Bosnien und Tschetschenien. Sie sind den Islamisten Ausdruck eines sowohl vom Osten wie vom Westen her geführten imperialistischen Feldzugs gegen die Muslime. Die Toten all dieser Kriege haben Al Qaida einmal zu der zynischen Aufrechnung veranlasst, dass man nun berechtigt sei, vier Millionen Amerikaner zu töten, darunter zwei Millionen Kinder, um mit den Amerikanern gleichzuziehen. Denn deren Feldzüge hätten genauso viele Muslime das Leben gekostet. So erscheint der Kampf im Namen des Islam als globaler Verteidigungskrieg gegen den Westen und als revolutionäre Bewegung. Al Qaida ist dabei die Zentrale, ein Franchise-Unternehmen des Terrors, ein »Netzwerk im Auftrag des Propheten«, dessen einzelne Teile nicht besonders strikt miteinander verbunden sein müssen, um erfolgreich zu sein. Die lokalen Gruppen können und sollen in ihren Ländern mit dem Terror ruhig ihre eigene Agenda verfolgen, solange diese dem Sieg des Islam zuträglich ist.

Kapitel 3
Die Kinder des Dschihad

Die Kinder des Dschihad in Europa

Die Ulmer Gruppe

Wir treffen uns mit dem Ehepaar Keller* im Café Mohren-
köpfle in der Nähe des Ulmer Doms. Drei ihrer vier Kinder
konvertierten zum Islam radikaler Prägung. Seither ist das
Familienleben zerrüttet. Die Kellers sind verzweifelte Men-
schen und man sieht es ihnen an. Immer wieder bricht die
Mutter während unseres Gesprächs in Tränen aus. Ihr
Mann kann sie nicht trösten, er braucht anscheinend alle
Kraft, um selber die Fassung zu wahren.

Als der älteste Sohn Thomas 2002 konvertierte, kam er
nach Hause und zerriss alle Fotos, auf denen er zu sehen war,
auch die Familienbilder. Thomas hatte in Ulm eine neue
Familie gefunden, die »Brüder und Schwestern im Glauben«.
Den Kellers kam das wie eine Auslöschung der gemeinsamen
Geschichte vor. Dann ging er an den Schrank und zerbrach
alle CDs, denn westliche Musik ist »des Teufels«. Ohnmächtig
sahen die Eltern diesem Furor zu, sie verstanden nicht, was
im Kopf ihres damals 24-jährigen Sohnes geschah. Die Kon-
version von Thomas war der Auftakt zu einem Familiendra-

---

* Die Namen der Familie Keller wurden von den Autoren geändert.

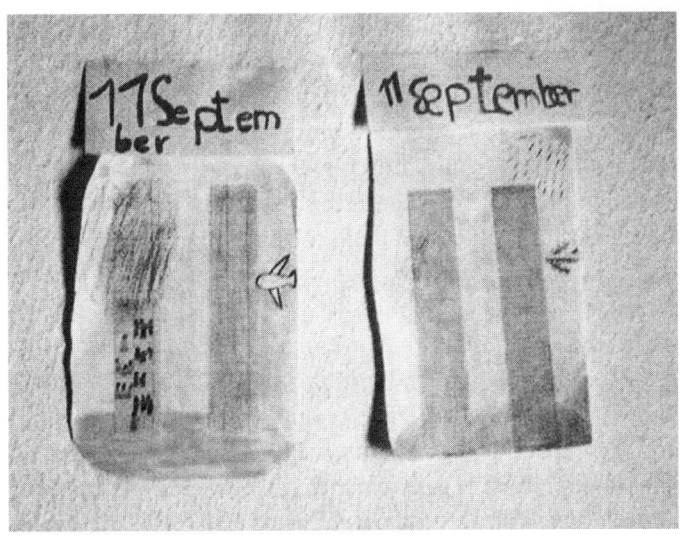

Diese Kinderzeichnungen hingen über den Betten zweier Mädchen im Vorschulalter und wurden bei einer Hausdurchsuchung in der Neu-Ulmer Szene gefunden. Die Bilder zeigen den Angriff auf das World Trade Center am 11. September 2001.

ma. Denn er bekehrte noch zwei seiner Geschwister, erst Frank, dann Mariana.

Seither verlässt die 19 Jahre alte Mariana das Haus nur noch tief verschleiert in einer schwarzen Abaja. Sie hat ihre Ausbildung zur Kindergärtnerin abgebrochen, lebt von Sozialhilfe und bei Thomas. Als sie konvertierte, wählte sie einen arabischen Vornamen, so wie es ihre Brüder zuvor getan hatten. Wochenlang fährt sie zu Schulungen in deutsche Islamzentren, die Eltern wissen nicht wo. Der heute 24-jährige Frank gehört seit Mai 2003 zu den »Brüdern«. Er hat seinen Job in einer deutschen Metzgerei gekündigt, weil er kein Schweinefleisch mehr berühren wollte. Für alle drei ist die

Zweitjüngste keine Schwester mehr, weil sie sich bislang weigert, zum »wahren Glauben« überzutreten.

Die Kellers haben drei Enkelkinder und dürfen mit ihnen nicht Weihnachten feiern. Geschenke wie Teddybären und Puppen sind als »unislamisch« verboten. Ihre Enkel dürfen auch nie ohne Aufsicht der Eltern zu Oma und Opa, denn sie sind Protestanten und damit »Ungläubige«. »Die können nicht mehr klar denken«, sagt Mutter Keller unter Tränen. Nach Ansicht ihres Mannes ist es eine Gehirnwäsche, die seine Kinder verändert hat. Wenn sie zu Hause waren, klingelte ständig das Handy. Denn die neuen »Brüder« kontrollierten nicht nur das Denken der Keller-Kinder, sondern auch jeden Schritt, den sie taten. Es war eine Überwachung, wie sie die Eltern aus der ehemaligen Sowjetunion kannten, aus der sie als Russlanddeutsche nach Baden-Württemberg ausgewandert waren. Sie wollten eine Existenz im Westen aufbauen und so werden wie ihre neuen Nachbarn, unauffällig, fleißig und gutbürgerlich. Beide fanden schnell Arbeit, sie als Verkäuferin, er als Industriemechaniker. Nie hätten sie sich vorstellen können, dass ihre Kinder ausgerechnet in Deutschland zu Randfiguren der Gesellschaft würden. Für die Kellers war das neue Leben im Westen die Erfüllung. Ihre Kinder suchen diese Erfüllung in der Abgrenzung von den Werten ihrer Eltern.

Diesem Familiendrama waren die Kellers nicht gewachsen. Sie suchten Hilfe, erst beim Jugendamt, dann bei der Polizei. »Da können wir nichts machen«, hieß es. Der Übertritt zum Islam sei nicht strafbar. »Wir standen ganz allein«, sagt Frau Keller. Am Ende unseres Gesprächs im Ulmer Café Mohrenköpfle ist der Tisch mit Taschentüchern überhäuft, in die sie ihre Verzweiflung hineingeweint hat.

Wenn Thomas zu seinen Brüdern in das Neu-Ulmer Multikulturhaus ging, kam er auf dem Weg zu den Hinterzim-

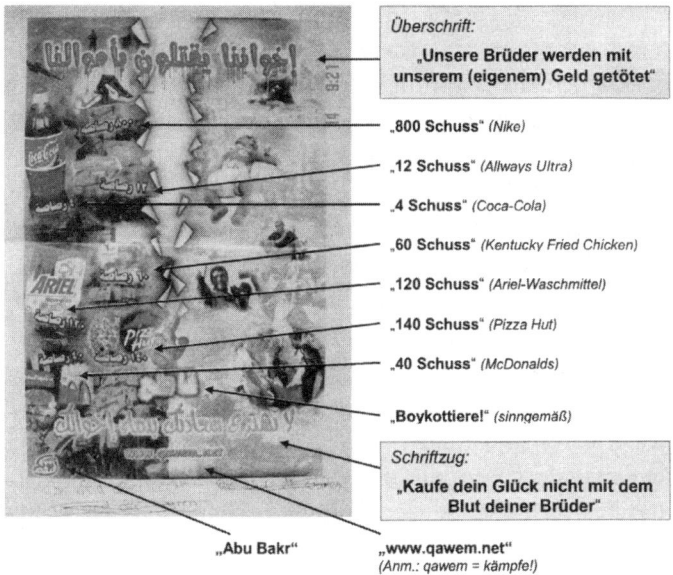

Überschrift:

„Unsere Brüder werden mit unserem (eigenem) Geld getötet"

„800 Schuss" (Nike)

„12 Schuss" (Allways Ultra)

„4 Schuss" (Coca-Cola)

„60 Schuss" (Kentucky Fried Chicken)

„120 Schuss" (Ariel-Waschmittel)

„140 Schuss" (Pizza Hut)

„40 Schuss" (McDonalds)

„Boykottiere!" (sinngemäß)

Schriftzug:

„Kaufe dein Glück nicht mit dem Blut deiner Brüder"

„Abu Bakr"

„www.qawem.net"
(Anm.: qawem = kämpfe!)

Ein Kentucky-Fried-Chicken hat den Gegenwert von 60 Schuss Munition. (Polemisches Plakat aus dem Neu-Ulmer-Multikulturhaus mit einer Liste westlicher Produkte, deren Kauf angeblich eine bestimmte Anzahl von Schüssen auf Muslime ermöglicht.)

mern an einem Plakat vorbei. »Kauf dein Glück nicht mit dem Blut deiner Brüder. Unsere Brüder werden mit unserem eigenen Geld getötet«, stand in fetten Lettern über einer Collage aus Markennamen und den dazugehörigen Produkten. Rechts daneben wurde behauptet, dass diese Waren Muslime töten. Eine Coca-Cola habe den Gegenwert von 4 Schuss Munition; ein Kentucky-Fried-Burger 60 Schuss, ein Paar Nike-Turnschuhe 800, das Waschmittel Ariel 120 und die Slipeinlage Always Ultra 12 Schuss. Am unteren Rand las der Besucher die Warnung: »Das sind Waren von Juden. Bitte diese Waren nicht kaufen oder verwenden, Ihre Moschee.« Wenn Thomas der Sinn nach geistiger Erbauung stand, konnte er sich in der CD-Sammlung des Multikulturhauses bedienen. »Bruder steh auf zum Kampf. Stell dich doch an die Spitze, um das Sterben zu besingen und den Angriff der tapferen Männer. Das Leben ist sonst nicht erstrebenswert. Was ist ein Dasein unter Demütigung? Was ist ein Leben unter Erniedrigung?« Es ist eines der »Heldengedichte«, die für Gläubige im Multikulturhaus zur Pflichtlektüre gehörten. Auch für seinen kleinen Sohn konnte Thomas Keller dort die »richtigen« Kinderbücher und Filme finden. »Kücük Mücahit«, der »kleine Mudschahed«, der schon als Fünfjähriger wie selbstverständlich eine Pistole gegen den Feind richtet. Oder das Video »Die Kinder der Al-Aqsa-Moschee«, die der Zerstörung ihres Elternhauses durch israelische Panzer hilflos zuschauen müssen. Ein kleiner Junge klammert sich verzweifelt an seinen verletzten Vater. Die Botschaft: Schon ein Kinderleben muss dem Dschihad geweiht werden. Wenn Thomas Keller sich richtig aufputschen wollte, schaute er sich die DVD mit dem Titel »Habbat« an. Auf ihr löst der Abwurf einer islamischen Atombombe über dem Atlantik eine Riesenwelle aus, die erst die Freiheitsstatue auf Liberty Island und danach die Wolkenkratzer von Manhattan zerschmettert. Über diese apokalyptischen Bilder läuft ein Text: »Die Stürme der Kühnen wüteten und zeichneten uns mit dem Dschihad die Fährte vor.« Es sind Computeranimationen des Weltuntergangs, dem nur die wahren Gläubigen entrinnen können. Bei vielen Besuchern war diese DVD besonders beliebt, denn sie verband auf spektakuläre Weise die Bildsprache Hollywoods mit der Botschaft vom heiligen Krieg.

In diesem »Multikulturhaus« in der Zeppelinstraße 35 gingen Thomas und seine Geschwister jahrelang ein und aus, manchmal blieben sie dort mehrere Tage und Nächte und waren für die Eltern unerreichbar. 1999 war der Treff in einem Gewerbegebiet von Neu-Ulm eröffnet worden und bot bis zur Schließung Ende 2005 seinen Mitgliedern einen parallelen Lebenskosmos: Ein Lebensmittelgeschäft, eine Reinigungsfirma, den Verein für Erziehung, Bildung und Sport, zwei Beratungsstellen für Konvertiten und ausländische Gäste sowie zwei Wohnungen, Gebetsräume und eine Bibliothek. Eine der Respektspersonen des Multikulturhauses war der ägyptische Arzt Dr. Yehia Yousif, der dort regelmäßig als Scheich Abu Omar predigte. Mit seinem ruhigen und bescheidenen Auftreten zog er die Zuhörer in seinen Bann. Er muss auf junge Menschen wie eine Vaterfigur gewirkt haben. In einem Gespräch mit uns vor seiner Flucht nach Saudi-Arabien präsentierte er sich als »Vermittler zwischen den Kulturen, als Brückenbauer zwischen den Religionen«. Seine »Vermittlung« ging sogar so weit, dass er für den baden-württembergischen Verfassungsschutz über Jahre als Informant gearbeitet hat. Das war ein einträglicher Nebenverdienst für ihn. »Wenn ich für den Verfassungsschutz zu Konferenzen und Seminaren von islamischen Gruppen reiste, drückte man mir 300 Euro in die Hand«, erzählt er uns. Von diesen Aktivitäten wussten seine Brüder im Multikulturhaus wahrscheinlich nichts. Völlig ahnungslos waren jedenfalls die bayerischen Sicherheitsbehörden, die Yousif bereits als »Gefährder« im Visier hatten, während er für die Kollegen im benachbarten Baden-Württemberg fleißig spionierte. Wusste denn der Verfassungsschutz in Stuttgart nicht, was ihr Informant in den Hinterzimmern des Multikulturhauses trieb? Dort verbreitete er unter www.al-imam.net sein ganz spezielles Islam-Curriculum im Internet. Die Schüler lernten nach einem Frage- und Antwort-Schema. Darf ein Moslem einen Ungläubigen zum Freund haben? Nein, denn der Moslem könnte dadurch negativ beeinflusst werden. Ist Selbstmord eine Sünde? Märtyrer sind keine Selbstmörder, da sie anderen Moslems helfen. Der Märtyrertod zum Schutz der Freiheit, Ehre, Familie, von Glauben und Besitz ist kein Selbstmord, er ist der beste Tod.

Dürfen Kinder von Moslems einen christlichen Kindergarten besuchen? Christliche Kindergärten sind die schlimmsten, da lernen sie zu dem am Kreuz beten, dann lieber kein Kindergarten. Ist Beschneidung bei Mädchen erlaubt? Wenn notwendig für die Frau oder wenn die Tradition so ist, dann nur vorsichtig und nur die Art von Beschneidung, die mild ist und nicht die ganzen Geschlechtsteile heraustrennt.

Das war der Lehrstoff eines Humanmediziners, der 1994 an der Albert-Ludwig-Universität Freiburg im Breisgau mit magna cum laude promoviert hatte und für seine Doktorarbeit mit dem Gödecke-Forschungspreis ausgezeichnet worden war.

Noch während er vom Verfassungsschutz als Informant über die Islamistenszene geführt wurde, reiste Yousifs 17-jähriger Sohn Omar im Sommer 2001 nach Pakistan. Dort besuchte er ein Lager der militanten Befreiungsorganisation Lashkar-e-Taiba, die seit Mai 2002 auf der so genannten EU-Terrorliste geführt und für einen Anschlag auf das Parlament in Neu-Delhi verantwortlich gemacht wird. In diesem Lager lernte er den Umgang mit Waffen und die Herstellung von Sprengstoffen und er schrieb in seinem Terminplaner täglich auf, was ihm die Ausbilder beibrachten. Zum Beispiel, was künftige Anschlagsziele seien: Brücken für Militärtransporte, Luftstützpunkte, Funk- und Fernsehstationen, Kraftwerke, Deiche und Brücken und auch »very important persons«. Ebenso lernte er die »Grundsätze eines Anschlags«: Geduld, freundlich zu den Brüdern und erbarmungslos zum Feind sein, Tarnung und Deckung, richtige Feuerführung und hohe Mobilität.

Während sich also der Sohn heimlich in Pakistan auf den Dschihad vorbereitete, scharte gleichzeitig sein Vater im Multikulturhaus eine kleine Elite um sich, die ebenfalls einen Kampfauftrag hatte.

Sie sollte in der deutschen Gesellschaft Gestrauchelte finden und zum wahren Glauben bekehren. Auch der arbeitslose Thomas Keller ging ihnen ins Netz. Dieser Anwerbung lag eine ausgeklügelte Strategie zugrunde. Zur Missionierung gehörte die tägliche Unterweisung in die »richtige« Koranlektüre. Besonders Begabte wurden rasch gefördert. Man bezahlte ihnen Sprachkurse für Arabisch und Pilgerreisen nach Saudi-Arabien in speziellen Konvertitengruppen. Wer diese erfolgreich absolvierte, bekam später sogar ein Religionsstudium in Saudi-Arabien finanziert. Auch Thomas war einer dieser besonders Begabten und flog Anfang 2005 für drei Wochen nach Mekka – zur Verwunderung seiner Eltern, denn ihr Ältester lebte von Sozialhilfe. Für den harten Kern um Dr. Yehia Yousif war es eine herausgehobene Pflicht, möglichst viele »Ungläubige« zum Islam zu bekehren, denn jeder Konvertit bringt den Anwerber einen Schritt näher ans Paradies. Deshalb wurde Thomas Keller täglich von seinen Glaubensbrüdern kontrolliert und überwacht, man wollte ihn auf keinen Fall wieder an die »Ungläubigen«, an seine Eltern verlieren. Deshalb malte man ihm auch das Paradies so sinnlich wie möglich aus. Er würde dort zwei Ehefrauen und Huris (Jungfrauen) haben: »Sie sind von allem Schmutz gereinigt und bei ihrem Gatten immer erwünscht. Jeden Tag werden die Bewohner des Paradieses damit überrascht, dass schöne neue Huris dazukommen«, hieß es in der Informationsschrift »Denk mal islamisch«, für die Dr. Yousif regelmäßig Beiträge schrieb.

Thomas Keller war schnell fasziniert von dieser Vorstellung des Paradieses, und um sich dort einen Platz zu sichern, warb er seinerseits um neue »Gläubige«. Wo hätte er es leichter tun können als in seiner Familie? »Ihr kommt in die Hölle und ich ins Paradies«, drohte er seinen Eltern, wenn sie nicht konvertieren würden. Seinen jüngeren Bruder und eine der Schwestern konnte er überzeugen, die Eltern bis heute nicht.

»Was ist ein Dasein unter Demütigung? Was ist ein Leben unter Erniedrigung?«, stand in einem der Heldengedichte aus der Bibliothek des Multikulturhauses. Thomas Keller findet es bis heute offensichtlich nicht demütigend und erniedrigend, von Sozialhilfe zu leben. Nur seine Eltern schämen sich dafür. Einige seiner neuen »Brüder« haben ihn sogar bestärkt, keine Arbeit zu suchen, denn Sozialhilfe schwäche den Westen und stärke den Islam. Der wahre Gläubige arbeite nicht, er bete ausschließlich. Sicherheitskreisen fiel dieses Ausbeutungsverhalten schon während der Observierung von Zielpersonen im Neu-Ulmer Multikulturhaus auf. »Sie nutzen den Sozialstaat bewusst aus«, sagte uns ein Mitarbeiter eines Dienstes. Die Profiler bemerkten noch andere typische Verhaltensmuster bei ihren Zielpersonen. Alle hatten sich in den 90er Jahren nach dem ersten Golfkrieg radikalisiert. Das Massaker von Serben an den bosnischen Muslimen in Srebrenica verlieh dieser Radikalisierung einen weiteren Schub. In süddeutschen Moscheen wurden nicht nur Spenden gesammelt, sondern auch Kämpfer rekrutiert. Dr. Yehia Yousif versorgte verletzte Bosnienkämpfer in Wohnungen, die zu einer Moschee in Freiburg gehörten. Den Fahndern war das nur aufgefallen, weil der Wasserverbrauch ungewöhnlich angestiegen war.

Ein weiteres typisches Verhaltensmuster der Zielpersonen waren häufige Reisen nach Pakistan, Afghanistan, Saudi-Arabien und Tschetschenien. Aus dieser Mobilität erklären sich auch die vielen angeblichen Passverluste und Mehrfachausstellungen oder herausgetrennte Seiten mit Einreise-Visa dieser Länder. Sie wollten die Spuren verwischen. Auch Scheinehen mit Deutschen sind bei vielen üblich, um zunächst ein Aufenthaltsrecht und später die deutsche Staatsbürgerschaft zu erlangen. Das Ehepaar Keller fürchtet, dass seine Tochter Mariana auch ein Opfer dieser Heiratsstrategie werden könnte. Im Multikulturhaus war es nämlich üblich, Ehen zu stiften. So verheiratete Yehia Yousif seine 17-jährige Tochter mit dem ebenfalls im Multikulturhaus verkehrenden Konvertiten Thomas Deffner. Er studiert Jura und Sinologie und strebt anders als Thomas Keller eine akademische Karriere an. Ihm ist sozialer Status wichtig, sowohl als Schwiegersohn von Dr. Yousif wie auch als Ratgeber in rechtlichen Fragen. Thomas Deffner genießt es, aufzufallen. Der blonde Hüne mit den blauen Augen trägt geradezu provokativ Bart und traditionelle arabische Kleidung. Auch er publiziert in der Informationsschrift »Denk mal islamisch« und nach der Flucht seines Schwiegervaters nach Saudi-Arabien hat Deffner dessen Position als Respektsperson in der Neu-Ulmer Gruppe eingenommen.

2003 wurde im Zuge eines Ermittlungsverfahrens die Wohnung der Familie Yousif in Neu-Ulm durchsucht. Es war ein Volltreffer. Die Polizei fand handschriftliche Anleitungen zum Herstellen von Sprengstoff, Abhandlungen aus dem Internet über Anthrax und Informationsmaterial über die Piloten- und Polizeiausbildung. Außerdem einen gefälschten französischen Führerschein mit dem Lichtbild des Sohnes, eine gestohlene EC-Karte und den Terminplaner von Omar. Danach wurde dem Imam der Boden in Deutschland zu heiß.

Am 28. Dezember 2005 verbot schließlich der bayerische Innenminister Günther Beckstein den Ausländerverein Multikulturhaus Ulm e.V. mit der Begründung, dass er sich gegen die verfassungsmäßige Ordnung richte und die öffentliche Sicherheit und Ordnung gefährde. Diesem Verbot waren mehrere Durchsuchungen vorangegangen, unter anderem wegen des Verstoßes gegen das Gewerbe-, Steuer- und Lebensmittelrecht. Außerdem bestand der Verdacht der Bildung einer kriminellen Vereinigung. Grundstück und Vereinsgebäude wurden beschlagnahmt, ebenso ein Konto bei der Postbank Stuttgart.

Der Familie Keller hat dieses Verbot nichts genützt. Ihre drei Kinder sind ihnen im Multikulturhaus entfremdet worden. »Thomas erzählt uns jetzt gar nichts mehr«, sagt der Vater deprimiert. Aber er kommt häufiger als früher nach Hause und schließt sich stundenlang in das Arbeitszimmer des Vaters ein. Dort steht ein Computer und im Internet findet Thomas die Gleichgesinnten, die er im Multikulturhaus nicht mehr treffen kann. Er ist immer noch arbeitslos.

Für die bayerischen Behörden waren das Verbot und die Beschlagnahme von Propagandamaterial ein Erfolg. Zwar ist ihnen Yehia Yousif nicht ins Netz gegangen, aber sie erhöhten den Druck auf die deutsche Islamistenszene. Man kann es auch anders werten: Womöglich verlagert sich die Szene in Privatwohnungen. Bei den Kellers ist das schon so. Thomas bringt regelmäßig andere »Brüder« mit nach Hause. Und die Eltern müssen draußen bleiben ...

Die »Brit Boys«

London im Juli 2005. Kurz nach den Anschlägen auf U-Bahnen und einen Doppeldeckerbus mit 56 Toten lud die islamistische Hizb-ut-Tahrir (Partei der Befreiung) zu einer Konferenz ins Royal National Hotel. Im Saal drängten sich über 1000 junge britische Muslime, die ein politisches Signal setzen wollten: »Speaking against Bush's and Blair's foreign policy is not Terrorism.« Wer gegen den Irakkrieg protestiert, ist kein Terrorist, so stand es auf dem Transparent über dem Podium. Die Veranstaltung schlug hohe Wellen in der britischen Öffentlichkeit. Wie konnten junge Muslime ausgerechnet jetzt über die Außenpolitik Amerikas und Großbritanniens zu Gericht sitzen, wo doch gerade aus ihren Reihen der Terror kam? Medien und Politiker hatten eine Verurteilung der Selbstmordattentate erwartet, aber keine Anklage.

Frauen und Männer saßen getrennt im Konferenzsaal. Bis auf eine trugen alle Kopftuch und lange Mäntel. Umso mehr fiel die junge Frau auf. Sie war geschminkt, trug Jeans und eine eng anliegende Bluse. Beauty, erfuhren wir später, ist 20 Jahre alt, Psychologiestudentin, ihre Eltern stammen aus Bangladesch. Als einer der Gastredner mit eindringlichen Worten das Leid der Muslime in Palästina, Tschetschenien, Afghanistan und im Irak beschrieb, brachen die Zuhörer in einen leidenschaftlichen, gemeinsamen Ruf aus: »Allah hu akbar! Allah hu akbar!« Was suchte diese schöne junge Frau auf dieser Veranstaltung?

»Ich bin hier, weil ich sauer bin.« Beauty sagt das mit leiser, sanfter Stimme, die so gar nicht zur aufgewühlten Atmosphäre im Saal passen will. »Warum soll ich mich für das vergossene Blut von Briten entschuldigen? Wer entschuldigt sich denn für die Toten in der islamischen Welt?« Für Beauty waren die beiden Londoner Anschläge ein Erweckungserlebnis. Seither weiß die 20-Jährige, dass sie nicht zur britischen Mehrheitsgesellschaft gehört, sondern »Bürgerin zweiter Klasse« ist. Bis zum 7. Juli, dem Tag des ersten Anschlags in London, war sie keine praktizierende Gläubige. Religion spielte in ihrem Leben keine Rolle. Danach sehr wohl. Erst als in der britischen Öffentlichkeit alle Muslime unter Generalverdacht gerieten, entdeckte Beauty den Islam. Aber nicht den traditionellen, unpolitischen Glauben ihrer Eltern aus Bangladesch, sondern den selbstbewussten, fordernden, wehrhaften, politischen Islam, wie ihn Hizb-ut-Tahrir vertritt.

Ihre Eltern wollten nicht, dass sie zu dieser Konferenz ging. Schon gar nicht in der aufgeheizten Atmosphäre nach den Anschlägen. Du sollst nicht auffallen! Du sollst dich anpassen! 19 Jahre lang hatte Beauty auf die Mahnungen ihrer Eltern gehört. Seit dem 7. Juli nicht mehr. Ihre Eltern lebten die klassische Rollenteilung. Der Vater ist Fabrikarbeiter, die Mutter Hausfrau. Sie sparten jeden Penny, um den Kindern eine Karriere im Land der ehemaligen Kolonialherren zu ermöglichen. Beauty durfte selbstverständlich auf Klassenfahrten, zum Schwimmunterricht und zu Partys ihrer weißen Schulfreundinnen. Sie sollte dazugehören. Jetzt will Beauty aber nicht mehr dazugehören: »Ich bin Muslima. Der Westen arbeitet gegen meine Religion.« Sie denkt jetzt sogar darüber nach, Kopftuch zu tragen, denn Frauen, die sich Hizb-ut-Tahrir anschließen, müssen es tun. Auch das wird ein Bruch mit der Familie. Ihre Mutter trägt in Großbritannien nie den Hijab.

An diesem Tag saßen im Royal National Hotel über 1000 junge britische Muslime, die sich wie Beauty von den Idealen ihrer Eltern losgesagt haben. Für die Beobachter dieser Konferenz lag die Parallele zu den Attentätern vom 7. Juli auf der Hand. Auch diese hatten sich in einem Akt gewalttätiger Dissidenz von der Welt ihrer Eltern gelöst.

Die Selbstmordattentäter Mohammed Sidique Khan und Shehzad Tanweer wuchsen in Beeston bei Leeds auf, Hasib Mir Hussain im benachbarten Holbeck. In beiden Vororten sind 18 Prozent der Bevölkerung asiatischen Ursprungs und die Hälfte von ihnen ist unter 30 Jahre alt. Hier schmiegen sich die kleinen roten Backsteinhäuser der britischen Arbeiterklasse aneinander und suggerieren soziale Wärme und

Zusammenhalt. Tatsächlich fallen in Beeston und Holbeck die Welten auseinander, weiße Briten auf der einen Seite, dunkelhäutige auf der anderen. Die weißen Söhne und Töchter der britischen Arbeiterklasse tragen Tattoos und einige führen Pitbulls aus. Sie schreiben schlechter Englisch als ihre asiatischen Altersgenossen. Zur Bierflasche greifen viele schon vormittags. Sie sind das Proletariat, das die britische Labour-Party längst abgeschrieben hat. Die dunkelhäutigen Söhne und Töchter der britischen Arbeiterklasse sind nicht tätowiert. Sie trinken auch nicht in der Öffentlichkeit Alkohol. Für viele von ihnen ist es eine Schande, von staatlicher Unterstützung zu leben. Viele müssen es trotzdem tun, es sei denn, ihre Eltern besitzen ein kleines Geschäft, in dem sie ihre Söhne anstellen. Sie wurden in britischen Schulen erzogen, aber sie gehören trotzdem nicht zur britischen Gesellschaft. Beide Welten existieren nebeneinander und der einzige Schnittpunkt ist der Kampf zwischen Gangs.

Auch der 30 Jahre alte Mohammed Sidique Khan war Anführer einer kleinen Gang. Die Eltern ihrer Mitglieder stammten aus Pakistan und waren Muslime. Die gemeinsame Herkunft und der gemeinsame Glaube schweißten diese Gruppe stärker zusammen als gewöhnliche britische Gangs in ihrer Nachbarschaft. Nicht auf der britischen Staatsbürgerschaft, sondern auf der Zugehörigkeit zur weltweiten Gemeinschaft der Muslime gründete ihre Identität. Anders als ihre Eltern glaubten sie nicht mehr an den Mythos der Rückkehr in ihr Herkunftsland. Und anders als ihre Eltern waren sie auch nicht mehr dankbar für die Aufnahme in die britische Gesellschaft. Sie waren ja von Geburt an Staatsbürger, sie kannten die Armut der ländlichen Heimat, die Sitten und Gebräuche ihrer Eltern und Großeltern nicht mehr. Mohammed, Shehzad und Hasib grenzten sich auch stark von den religiösen Praktiken ihrer Eltern ab. Diese glaubten noch an Wunderheiler und Magie. Für Mohammeds Gruppe zählten ausschließlich der Koran und das Leben des Propheten. Die britische Beteiligung an den Kriegen im Irak und in Afghanistan lehnten sie kategorisch ab. Denn in ihren Augen waren es Kriege gegen den Islam und damit gegen sie selbst. Sie lebten also in Beeston und Holbeck unter Feinden, im »Dar-al-Harb«, dem »Haus des Krieges«. Aus ihrer Sicht waren Anschläge gegen U-Bahnen und Busse nicht nur erlaubt, sondern eine notwendige Verteidigung gegen Angreifer. In einem vor den Anschlägen aufgenommenen Bekennervideo, das aber erst sieben Wochen danach *Al Dschazira* zugespielt wurde, erklärte Mohammed Sidique Khan auf Englisch: »Eure demokratisch gewählten Regierungen begehen fortwährend Grausamkeiten uns gegenüber, und eure Unterstützung dieser Regierungen macht euch direkt verantwortlich! Wir sind im Krieg, und ich bin Soldat!«

Mohammed Sidique, den alle nur »Sid« nannten, Shehzad Tanweer und Hasib Hussain hatten sich beim Fitness-Training näher kennen gelernt. Sid war gleich die unbestrittene Führungsfigur des Trios. Die Jüngeren schauten nicht nur wegen seines Alters zu ihm auf. Er genoss auch ihren Respekt wegen seines Engagements als Aushilfslehrer an der Hillside-Grundschule in Leeds. Sid kümmerte sich unermüdlich um die Jugendlichen in seinem Viertel, er richtete sogar mit staatlicher Förderung den verwahrlosten Trainingsraum unter der Moschee in der Hardy Street wieder her. Dort flog er allerdings schon 2002 raus, weil ältere Moschee-Mitglieder bemerkten, dass Sid nicht nur Sport betrieb. Er fing schon damals an, Jugendliche zu indoktrinieren. »Wer ihm nicht passte, durfte nicht zu seinen Trainingsstunden«, erzählte uns ein junger Pakistani in Beeston. Sid und die anderen wichen nach dem Rauswurf auf das Hamara-Gemeindezentrum aus, das in unmittelbarer Nachbarschaft zur Moschee in der Tempest Road lag. Jeden Mittwoch bot er dort einen Jiu-Jitsu-Kurs an, an dem Shehzad und Hasib regelmäßig teilnahmen. Von da an wurde aus dem Trio eine verschworene Gemeinschaft. Shehzad nahm zu diesem Zeitpunkt sein Studium im Fachbereich Sportwissenschaften an der Leeds Metropolitan University auf. Hasib, das rebellische »Nesthäkchen« der Gruppe, ging noch zur Schule und spielte leidenschaftlich Kricket. Man traf sich auch regelmäßig in der Buchhandlung Iqra zur gemeinsamen Koranlektüre und zu politischen Diskussionsrunden. Von hier aus unternahmen sie zusammen mit anderen Jugendlichen Wochenendausflüge und Wandertouren nach Schottland. Die britischen Sicherheitsdienste hatten keinen von ihnen im Visier. Nichts unterschied die drei von hunderttausenden anderer junger Muslime im Land. Und warum hätte der Inlandsgeheimdienst MI5 aufmerken sollen, als Hasib im Herbst 2004 nach Pakistan zu Studien an einer Religionsschule reiste? Er kam von dort wie verwandelt zurück, trug Bart, islamische Kleidung und wirkte in sich gekehrt. Für seine Eltern war das kein Alarmzeichen. Ganz im Gegenteil: Dankbar nahmen sie die aus ihrer Sicht positive Veränderung ihres Jüngsten zur Kenntnis. Aus dem Faulenzer und Raufbold schien ein gläubiger und guter Muslim geworden zu sein.

Auch Mohammed Sidique Khan passte nicht ins Raster potenzieller Gefährder. Seine indische Schwiegermutter Farida Patel war in der Gemeindearbeit aktiv und wurde dafür sogar in den Buckingham-Palast eingeladen. Er war Vater einer kleinen Tochter und seine Frau Hasina zum zweiten Mal schwanger. Wer hätte in ihm einen potenziellen Selbstmordattentäter vermuten sollen?

Auch Shehzad passte nicht in das Raster. Sein Vater besaß einen Fish & Chips-Imbiss, in dem er manchmal aushalf. In Beeston wurde er für seine Sportlichkeit bewundert, oft spielte er mit den Jungen aus der Nachbarschaft Fußball und Kricket. Noch vier Wochen vor seinem Selbstmordattentat vergnügte er sich mit seinem Freund Mohammed Sidique auf einer Wildwasser-Tour im Snowdonia National Park in Wales. War das womöglich ein Ablenkungsmanöver? Immerhin hatten sie gemeinsam drei Monate in Pakistan verbracht, um sich dort unter anderem in einer Koranschule unterweisen zu lassen. Wahrscheinlich wurde in Pakistan das Bekennervideo von Mohammed aufgenommen. Sicherheitskreise vermuten, dass ihnen dort auch der Auftrag für einen Anschlag in London erteilt wurde. Erst am 8. Februar 2005 waren sie nach Beeston zurückgekommen. Rechneten sie womöglich damit, dass der britische Geheimdienst aufmerksam geworden war? Wie sich später herausstellte, war ihnen niemand auf der Spur.

Am frühen Morgen des 7. Juli 2005 fuhren Mohammed, Shehzad und Hasib mit einem Mietwagen zum Bahnhof Luton. Dort wartete der 19 Jahre alte Germaine Lindsay auf sie, ein gebürtiger Jamaikaner, der vier Jahre zuvor zum Islam konvertiert war. Wie Mohammed war er Familienvater und wie die drei anderen überzeugt, in Feindesland zu leben. Auch er war mit einem Mietwagen zum Bahnhof nach Luton gekommen. Zusammen nahmen sie den Pendlerzug nach London, wo sie um 8.26 Uhr am King's Cross ausstiegen. Auf den Filmen der Überwachungskameras sahen die Fahnder später die vier lachend und scherzend, sie sahen aus wie Rucksacktouristen im Urlaub.

Dort trennten sich ihre Wege. Die Sprengsätze trugen sie in ihren Rucksäcken. Mohammed Sidique Khan sprengte sich und sechs weitere Menschen in der U-Bahn-Station

Edgware Road in die Luft. Shehzad Tanweer tötete sich und sieben weitere zwischen den Stationen Liverpool Street und Aldgate. Germaine Lindsay riss sich und 25 weitere Menschen bei Russel Square in den Tod. Alle Bomben detonierten zeitgleich um 8.50 Uhr. Nur Hasib Hussains Selbstmordattentat verlief nicht nach Plan. Die U-Bahn der Northern Line, in der er sich in die Luft sprengen wollte, hatte an diesem Tag einen Betriebsschaden und fuhr nicht. In wachsender Panik rief er kurz vor 9.00 Uhr nacheinander seine drei Mittäter an, zuerst Mohammed Sidique, dem er auf die Mailbox sprach: »Ich kann den Zug nicht kriegen. Was soll ich tun?« Alle drei konnten ihm nicht mehr antworten.

Hasib verließ also die U-Bahn-Station und suchte ein neues Ziel. Nur wo? Planlos lief er mit der Bombe im Rucksack durch die Straßen rund um King's Cross. Fast eine Stunde später nahm er den Doppeldeckerbus der Linie 30. In ihm standen dicht gedrängt verstörte Pendler, die aus den U-Bahn-Schächten kurz zuvor evakuiert worden waren.

Um 9.47 Uhr explodierte auch seine Bombe am Tavistock Square. Sie tötete außer ihm 12 weitere Fahrgäste. Als wenige Tage später die Polizei die Identität der Selbstmordattentäter bekannt gab, war die Öffentlichkeit ein weiteres Mal geschockt und ratlos. Wie konnte es geschehen, dass aus netten britischen Jungs von nebenan Terroristen wurden? Woher kam der Hass?

Die Attentäter hatten auf dem Parkplatz vor dem Bahnhof in Luton ihre beiden Mietwagen abgestellt. In einem Kofferraum fand die Polizei 16 weitere Bomben. Für welche Anschläge waren sie bestimmt? Gab es noch weitere Zellen, die auf ihren Einsatz warteten? Die Ermittlungen konzentrierten sich auf britische Muslime mit pakistanischen und karibischen Vorfahren. Die Fahnder arbeiteten zu Recht unter Hochdruck. Denn schon zwei Wochen später wurde in Londoner U-Bahnen erneut Großalarm ausgelöst. Wieder hatten vier junge britische Muslime selbst gebastelte Bomben in ihren Rucksäcken, wieder sollten drei U-Bahnen und ein Bus in die Luft gesprengt werden. Aber diesmal waren die Täter nicht asiatischer Abstammung, sondern Muslime mit ostafrikanischen Wurzeln. London hatte am 21. Juli 2005 Glück. Die Zünder versagten, niemand wurde getötet.

Zwischen beiden Gruppen gab es keine logistische Verbindung, sehr wohl aber Gemeinsamkeiten. Sie waren junge muslimische Männer, die sich aus politischen und religiösen Gründen von der britischen Gesellschaft losgesagt hatten. In ihrer Weltsicht waren die Attentate ein Akt der »Selbstverteidigung«, obwohl weder sie noch ihre Familien angegriffen wurden. Sie verteidigten stellvertretend ihre muslimischen »Brüder und Schwestern« im Irak und in Afghanistan, wo britische Truppen an der Seite der USA kämpfen. Und sie hielten es für ihre persönliche Pflicht, den Dschihad in U-Bahnen und Busse zu tragen.

Leeds im Juli 2005. In den muslimischen Vierteln geht die Angst um. Allen ist klar: Zwischen den Welten der weißen Briten und ihrer dunkelhäutigeren Nachbarn sind die Gräben noch tiefer geworden. Aber klar ist auch: Selbst zwischen den Generationen der muslimischen Einwanderer verläuft ein Graben, und diese Erkenntnis ist seit den Anschlägen nicht mehr zu verdrängen.

Die Älteren schämen sich für die Selbstmordattentate und suchen die Schuld bei sich. Ihre in Großbritannien geborenen Kinder weisen anklagend auf Downing Street No. 10. Dort, im Amtssitz des Premierministers, seien die eigentlich Schuldigen zu suchen.

Wir treffen Ahmad, einen engen Freund des Selbstmordattentäters Germaine Lindsay. Seine Familie stammt aus Ägypten. Er ist 24 Jahre alt, möchte Bauingenieur werden und studiert an der Universität von Leeds, wo er aufgewachsen ist. Mit ruhiger Stimme trägt er uns seine Theorie der Ereignisse vor. »Die Drahtzieher sitzen in der Regierung. Sie fabrizieren Anschläge, um die Menschen gegen Muslime aufzubringen. Denn der Islam steht der Globalisierung im Weg.« Mit Fakten ist Ahmad nicht zu überzeugen, nicht einmal mit Videoaufnahmen, die seinen Freund Germaine in der U-Bahn-Station zeigen. Seinen Fernsehapparat hat er schon vor längerer Zeit weggegeben, britische Tageszeitungen liest er ohnehin nicht, denn aus seiner Sicht verbreiten sie nur gedruckte Lügen. Er informiert sich ausschließlich auf islamischen Webseiten und durch *Al Dschazira*. Die Anschläge von London haben seine Weltsicht lediglich bestärkt: »Der Westen führt einen Kreuzzug gegen den Islam.«

Wir fragen Ahmad nach seiner Definition von Terrorismus: »Wer andere unterwirft und unterdrückt, so wie Bush und Blair.« Hat er Mitleid mit den Opfern der Anschläge? »Was in London passiert ist, war Irrsinn. Aber im Irak sterben jeden Tag dutzende Muslime. Wer hat Mitleid mit ihnen?«

Wer Ahmad in Leeds auf der Straße begegnet, könnte ihn für einen Graffitisprayer halten oder für einen Wiedergänger von Che Guevara. Gegen den Modetrend seiner Altersgenossen trägt er schulterlange lockige Haare, weite Jeans und bunte Hemden. Er sieht nicht aus wie der Prototyp des Islamisten. Doch seine Gedankenwelt ist genauso hermetisch verriegelt wie ihre. Wir verabschieden uns von Ahmad mit dem bangen Gefühl, dass dieser sympathisch wirkende junge Brite an einer Wegscheide steht.

Nach den Anschlägen konzentrierte sich ein Teil der

Der Prediger Omar Bakri im Kreis von britischen Anhängern in einem Hotel in Beirut.

Ermittlungen und der Medienberichterstattung auf die geistigen Brandstifter. Hatten die Attentäter Kontakte zu »Hasspredigern« in London? Hatten sie dort die einschlägigen Moscheen besucht? Einer der Verdächtigen war Omar Bakri Mohammed, ein aus dem Libanon stammender 47-jähriger Vater von sieben Kindern, der von britischer Sozialhilfe lebte. Auf Webseiten, in Chat-Rooms und privaten Zirkeln ermutigte er junge britische Muslime, sich dem »globalen Dschihad« anzuschließen, da der Westen einen Krieg gegen die islamische Welt führe. Uns gegenüber stritt er allerdings ab, zu Anschlägen in England aufgerufen zu haben. Für die englische Boulevard-Presse war Bakri dennoch schuldig. Auf der Titelseite der *Sun* stand in dicken Lettern unter seinem Photo: »Send him bak.« Es war kein Druckfehler, sondern ein Wortspiel mit seinem Nachnamen Bakri. Der drohenden Ausweisung entzog er sich Ende Juli 2005 durch Flucht in sein Herkunftsland. Die Öffentlichkeit atmete erleichtert auf: Ein Hassprediger weniger und auch weit genug weg!

Doch seine Jünger sind immer noch auf der Insel und man kann sie nicht ausweisen, weil sie gebürtige Briten sind. Ihr Meister lebt zwar jetzt in Beirut, aber seine Lehre wird durch seine Anhänger weiterverbreitet. Als wir Omar Bakri in der libanesischen Hauptstadt aufsuchten, hatte er gerade »Urlaubsgäste« aus London. Was wollten sie in Beirut? Suchten sie geistigen Zuspruch von ihrem Lehrmeister?

»Wir lernen bei ihm Arabisch«, antwortet einer mit dünnem Lächeln und wir verstehen das so: »Shaikh« Omar Bakri Mohammed hat im Libanon keine Lizenz zum Predigen.

Er erscheint mit zwei Begleitern zum Gespräch in der Lobby des Crown Plaza. Mit ihren langen Gewändern und Bärten fallen sie in dem Hotel mit internationalem Publikum aus dem Rahmen, sie ziehen fragende Blicke auf sich. Der »Shaikh« genießt diese Aufmerksamkeit sichtlich, offenbar will er Aufsehen erregen. Wer der Chef ist, wird sofort klar. Erst als er Platz genommen hat, setzen sich auch die anderen.

Bakri verbrachte die meiste Zeit seines bisherigen Lebens im Exil, zuerst in Saudi-Arabien und danach in Großbritannien, wo er sich als »Hassprediger« einen Namen machte. Das war auch dem libanesischen Geheimdienst nicht verborgen geblieben und man lud ihn gleich nach seiner Ankunft im Sommer 2005 zu einem »Gespräch« vor. Bakri erzählt die Geschichte so: »Die Beamten boten mir Kuchen, Süßigkeiten und Eiscreme an und sie waren von ausgesuchter Liebenswürdigkeit.« Ob er denn tatsächlich, wie die englische Presse behaupte, ein »Hassprediger« sei? »Ich konnte sie davon überzeugen, dass ich keiner bin und die britischen Medien lügen.« Der libanesische Geheimdienst erzählt es ein

Der 26 Jahre alte Umran aus Birmingham. »Ich kann mich mit den Attentätern sehr gut identifizieren.«

bisschen anders. Man habe ihm unmissverständlich deutlich gemacht, dass Beirut nicht London sei und Aufrufe zum Dschihad oder Hassreden gegen andere religiöse Gruppen nicht geduldet würden. Omar Bakri hat die Warnung wohl verstanden und sieht von öffentlichen Auftritten ab. Er bringt seine Botschaften anders ans Volk. Als »Stadtführer« und »Sprachlehrer« führt er Besucher aus Großbritannien durch die Palästinenserlager in Beirut und bei diesen Exkursionen ist der libanesische Geheimdienst nicht dabei. Erst als der britische Auslandsgeheimdienst misstrauisch wurde und sich bei den libanesischen Kollegen über Bakris »Stadtführungen« erkundigte, reagierte man in Beirut. Vier britischen Touristen wurde nahe gelegt, schnellstmöglich nach London zurückzukehren. Doch der »Bakri-Tourismus« hat immer noch Konjunktur, wie wir bei unserem Besuch feststellen.

Einer der Begleiter des Shaikhs ist der 26 Jahre alte Umran aus Birmingham. Er hat schon als Jugendlicher Bakris Predigten in London gehört und wurde bald Mitglied seines Zirkels. »Ich war 15 und auf der Suche nach meiner Rolle im Leben«, sagt er. Von Bakri habe er gelernt, dass er den Islam verteidigen und andere zum wahren Glauben bekehren müsse. Mit der Missionierung hat er zunächst in seiner Familie begonnen. Seine beiden älteren Schwestern überzeugte er davon, das Kopftuch zu tragen, die fünf täglichen Gebete zu verrichten und bei Feiern nicht mehr mit männlichen Verwandten in einem Raum zu sitzen. Aber nicht nur Bakri zählt zu seinen Vorbildern. Schwärmerisch schildert er uns, was er an Osama Bin Laden bewundert, den er auch als »Shaikh« tituliert: »Er müsste als Millionär nicht in einer Höhle in Afghanistan leben. Aber er hat den Luxus geopfert, um für die Muslime und deren Recht zu kämpfen. Ihn und Abu Musab Al Zarqawi betrachte ich als die wahren Führer der muslimischen Nation.« Viele seiner Altersgenossen, selbst wenn sie nicht praktizierende Gläubige sind, sähen das genauso. Jedes Bild von weinenden und verzweifelten Muslimen in Palästina oder im Irak steigere seine Wut, erklärt er uns, »und ich frage mich, was kann ich dagegen tun«. Umran erklärt es uns so: Er sei wie ein Ballon, in den täglich mehr Druck gepumpt werde und der irgendwann platze. Die Wut, die in ihm gärt, hält er in unserem Gespräch im Zaum, ruhig liegen seine Hände im Schoß und er spricht mit gelassener, gleichmäßiger Stimme. Uns erinnert Umrans Art an die Vortragsweise seines Vorbilds Bin Laden, der auf Video-Botschaften ebenfalls bedächtig auftritt.

Wir fragen ihn nach seiner Meinung zu den Anschlägen in London. »Ich verstehe, warum sie es getan haben, denn ich bin als in Großbritannien geborener Muslim in der gleichen Situation wie sie. Ja, ich kann mich mit den Attentätern sehr gut identifizieren.«

Umran hat Frau und Tochter in Birmingham und mit 26 Jahren sein Leben noch vor sich. Doch diese Zukunft zählt nicht für ihn. »Das irdische Leben ist kurz und erst danach kommt das wirkliche.«

Neben ihm sitzt der 21-jährige Salim, der ebenfalls aus Birmingham gekommen ist, um Omar Bakri zu sehen. Er ist einer der Jüngsten unter Bakris Anhängern und Umran ist stolz darauf, dass er ihn auf den »richtigen Weg« und jetzt nach Beirut gebracht hat. »In Birmingham kümmere ich mich nämlich intensiv um unsere Jugendlichen, damit sie ihre Identität als Muslime finden.«

Während er uns das erzählt, hört sein Meister mit wohlgefälliger Miene zu. Er nickt zustimmend, als Umran schildert, wie er in Birmingham, also unter »Ungläubigen«, versucht, die »wahre Religion« zu praktizieren. Sie hat ihm nicht verboten, Informatik zu studieren, aber offenbar, ein Bankkonto zu führen, »ich lehne den Kapitalismus ab«. Aber als wir ihn fragen, wie er in Großbritannien ohne Konto existieren kann, gibt er keine nähere Auskunft. Nach Beirut ist er jedenfalls gekommen, um sich von seinem Shaikh weitere Anweisungen zu holen. Im Hotel Crown Plaza erhält er eine Geschichtslektion: Nicht nur Palästina muss befreit werden, sondern auch jene Regionen Spaniens, die bis zum 15. Jahrhundert das arabische Al Andalus waren. Außerdem große Gebiete Zentralasiens und natürlich auch Südost-Europa, das bis Ende des 19. Jahrhunderts zum Osmanischen Weltreich gehörte.

Nach drei Stunden gibt Bakri ein Zeichen, dass das Gespräch nun zu Ende sei. Während wir gemeinsam das Hotel verlassen, sagt er wie beiläufig: »Als ich noch in England lebte, habe ich die jungen Menschen davon abgehalten, dort Anschläge zu verüben. Aber jetzt habe ich darauf keinen Einfluss mehr.«

Die drei steigen in ein Taxi. Bakri wird in Beirut bleiben. Umran und Salim werden nach Birmingham zurückfliegen und dort die Lehren ihres Meisters weiterverbreiten.

Mohammed Bouyeri – der selbsternannte Shaikh

Slotervaart ist eine Überraschung für uns. Das Amsterdamer Viertel, in dem der Mörder des holländischen Filmemachers Theo van Gogh aufwuchs, hat nichts von der trostlosen Verwahrlosung französischer Vorstädte. Es gibt keine Wohnsilos, keine eingeschlagenen Fensterscheiben, nicht einmal Graffiti an den Hauswänden. Nur ein Transparent der Polizei warnt davor, es Autoknackern allzu leicht zu machen: »Was nicht drin ist, kann nicht rausgenommen werden.« Slotervaart wirkt auf den ersten Blick wie ein kleinbürgerliches Polder-Volksheim. Nur die Menükarten der Imbiss-Stuben und Auslagen in den Gemischtwarenlädchen sind nicht holländisch. Die Würstchen heißen hier Mergues, die mit Fleisch gefüllten Fladenbrote Shoarma, und statt Heineken trinkt man Minztee. An diesem luftigen Frühlingstag im März, als wir unsere Recherchen beginnen, sitzt am Nachbartisch im Eethuis Avenida eine junge Frau mit Kopftuch und strahlt verliebt ihren Freund an. Es kümmert niemanden. Vor dem Eethuis trödeln Schulkinder auf ihrem Weg nach Hause. Auf dem zentral gelegenen August Allebéplein liegt nicht eine Tüte neben dem Abfalleimer. Moschee, Polizeirevier und Lidl markieren in einträchtiger Nachbarschaft den Platz.

Die Idylle trügt. Der Mord hat Slotervaart international in Verruf gebracht. Journalisten schrieben nach dem

Van Goghs Mörder,
Mohammed
Bouyeri, kurz nach
seiner Verhaftung.

2. November 2004, dem Tag, als Mohammed Bouyeri den Urgroßneffen des berühmten Malers hinrichtete, dass es das schlimmste Viertel der Niederlande sei. 80 Prozent Migranten, die meisten aus Marokko, hohe Kleinkriminalität, Jugendarbeitslosigkeit: Es lag für viele Holländer auf der Hand, warum ausgerechnet hier ein junger Muslim plötzlich ausrastete. Aber so einfach war es nicht. Es gab sehr wohl ein soziales Netz in Slotervaart. Polizei und Vertreter der Moschee wussten lange vor dem Mord, wie gefährdet Migrantenkinder in ihrem Viertel sind. Die meisten Eltern wussten es auch. Sozialarbeiter und islamische Vereine kümmerten sich ebenfalls schon lange zuvor um Jugendliche, die auffällig wurden. Hier schrillten schon vor Jahren die Alarmglocken, als zwei Minderjährige aus ihrem Viertel an der Grenze zu Tschetschenien festgehalten wurden, die sich dem Dschihad gegen die Russische Armee anschließen wollten. Seit Jahren patrouillierten ältere Migranten als »Nachbarschaftsväter« in den Straßen rund um den August Allebéplein. Mütter wie Fatima Sabah gründeten den Verein

»Nissa for Nissa« (Frauen für Frauen), wo offen über häusliche Probleme gesprochen wird. Fast alle im Viertel hatten die Handynummer von Ton Smakman, dem Chef der lokalen Polizeiwache. Man konnte ihn immer anrufen. Auch Mohammed Bouyeri hatte sie. Es nützte nichts. Er hatte sich der sozialen Kontrolle längst entzogen.

Für Smakman war der Mord an Theo van Gogh mehr als eine Tragödie. Es war eine persönliche Niederlage. Er kannte die Familie Bouyeri seit 1998, seit er zum ersten Mal als Nachbarschaftspolizist in Slotervaart auf Streife ging. Damals kam es zu ersten Straßenschlachten zwischen Jugendlichen und der Polizei und Smakman wollte alles tun, um nicht als Feind zu gelten. Er wollte Freund und Vermittler sein, auch für Mohammed Bouyeri. Doch am 2. November 2004 kurz nach halb neun wurde diese Illusion zerstört. An diesem Tag schoss Bouyeri 15 Mal auf Theo van Gogh. Mit einem Krummschwert schnitt er dem um sein Leben flehenden Regisseur ungerührt die Kehle durch. Als Ton Smakman davon in den Nachrichten hörte, schloss er sich tagelang in seiner Polizeiwache ein. Er wusste nicht, was er den Journalisten sagen sollte, und auch nicht, wie den Vater trösten: »Es war ein Faustschlag ins Gesicht, als ich die Nachricht hörte.« In diesem Moment hatte er das Gefühl, dass seine jahrelangen Bemühungen umsonst gewesen waren. Es war auch ein Faustschlag ins Gesicht der ersten Einwanderergeneration. Viele von ihnen kamen Anfang der 70er Jahre aus der ärmsten Region Marokkos, dem Rif-Gebirge zwischen Tanger im Westen des Landes und der algerischen Grenze im Osten. Fast alle waren Analphabeten und ließen trostlose Dörfer hinter sich. Sie sprachen nicht Französisch und nicht Arabisch, sondern Berberdialekte. Bouyeris Vater Hamid war einer dieser Männer, die in Holland Arbeit suchten und vor 30 Jahren leicht fanden. »Heute geht er am

Stock und ist ein gebrochener Mann«, sagt Mohammed Farjani, einer der »Nachbarschaftsväter« in Slotervaart. Wenn
Hamid Bouyeri zum Freitagsgebet in die Moschee geht,
kann er keinem in die Augen sehen. Für Journalisten ist
seine Haustür verschlossen. Er spricht mit niemandem in
der Öffentlichkeit. Nach dem Mord sah man ihn weinen.
Er ist jetzt der Vater eines Mörders. Sein Sohn wird im Viertel nur »Mohammed B.« genannt. Es ist das Taktgefühl einer
Gemeinschaft, den Familiennamen nicht auszusprechen,
der Versuch, keine Sippenhaft zu verhängen.

Die Geschichte von Mohammed B. erinnert uns an die
Lebensläufe der britischen Selbstmordattentäter aus Beeston
und Holbeck. Wie sie suchte er Sinn und Bestätigung in der
Sozialarbeit mit Jugendlichen in seinem Viertel. Er organisierte als freiwilliger Mitarbeiter im Sozialzentrum Eigenwijks Fußballspiele und politische Debatten, er schrieb Beiträge für das vierteljährlich erscheinende Lokalblatt *Over t'
Veld* und wollte ein eigenes Jugendzentrum gründen. Aus
diesem Plan wurde aber nichts. Wie die britischen Selbstmordattentäter vom 7. Juli 2005 war Mohammed der nette
Junge von nebenan, beliebt bei den Gleichaltrigen und ge-
schätzt von den Älteren in der Gemeinde. »Er hatte mit Drogen und Alkohol nichts im Sinn und holte die Jugendlichen
von der Straße«, erzählte uns Mohammed Farjani. Rück-
blickend erscheint diese Phase als eine Zwischenstation:
Vor seiner Wandlung zum selbsternannten Sozialarbeiter
hatte Mohammed B. eine unrühmliche Karriere als Auto-
knacker und Messerstecher hinter sich und war das Sorgenkind seiner Eltern. Alle, die ihn kennen, beschreiben den
Krebstod seiner Mutter im Jahr 2001 als Zäsur. Er selbst hat
den Verlust anscheinend auch als Wendepunkt empfunden,
denn in seinem Testament, das er vor dem Mord an Theo
van Gogh aufsetzte, erwähnte er den Tod der Mutter. Er

habe sich danach »auf die Suche begeben, um die Wahrheit zu finden und zu erkunden«. Die Suche führte ihn zuerst in das Sozialzentrum Eigenwijks und danach in ein streng islamisches, asketisches Leben.

Er rauchte nicht mehr Haschisch und trank kein Bier mehr. Seiner Schwester warf er Unkeuschheit vor, weil sie mit einem »Ungläubigen« ausging. In der Nachbarschaft erzählte man sich, dass Mohammed seiner Schwester Ehrenmord angedroht habe. Das kam auch der Polizei in Slotervaart zu Ohren und sie reagierte sofort mit einem Hausbesuch. Damals war das soziale Netz um ihn noch eng geknüpft, Mohammed noch ansprechbar. Aber das sollte sich in den Monaten danach ändern. Er zog in ein anderes Viertel und vergrub sich in seiner eigenen Wohnung. Von da an verloren die Familie und die Nachbarschaftsväter jeden Einfluss auf ihn. Wieder vollzog sich in seinem Leben eine Wandlung. Aus dem engagierten, netten Sozialarbeiter wurde ein radikaler selbsternannter »Shaikh«. In seiner Wohnung versammelten sich Jugendliche, die ihre Zukunft nicht in der Integration suchten, sondern in der Abgrenzung von der holländischen Gesellschaft und dem Leben ihrer Eltern. »Befreit euch selbst! Kommt raus aus den Koffieshops, den Drogenkneipen, schließt euch an bei der Karawane der Märtyrer«, schrieb er in einem seiner zahlreichen »offenen Briefe«, die er mit dem Decknamen »Abu Zubair« unterzeichnete. Die Gruppe führte von 2003 an ein Leben nach eigenen Regeln. Um die sexuellen Bedürfnisse seiner jungen Anhänger zu befriedigen, maßte sich der »Shaikh« Mohammed B. die Autorität an, Ehen zu schließen. Immer hermetischer kapselte sich die Gruppe von der Außenwelt ab. Selbst über die Imame in den Moscheen Amsterdams urteilten sie mit Verachtung, denn sie predigten Integration statt Hass. »Wir dürfen uns nicht integrieren, denn das wäre so, als würden wir den Satan anbeten«, erklärte ein Mitglied der Gruppe nach seiner Festnahme.

Polizei und Geheimdienst hatten die Zelle lange vor dem Mord im Auge und auch einen Namen für sie: Hofstad Netwerk.

Aber erst nach dem 2. November 2004 gaben die Ermittler öffentlich bekannt, was sie schon länger gewusst haben mussten. Dass nämlich das »Netwerk« Verbindungen zu Terrorgruppen in Spanien und Belgien hatte, einige Anhänger von Mohammed B. in pakistanischen Lagern trainiert hatten und ihr geistiger Mentor ein flüchtiger Syrer namens Redouan Al Issar gewesen war. Aber diese Erkenntnisse der Dienste hatten offensichtlich nicht für Verhaftungen gereicht.

Am 29. August 2004 besiegelten elf Minuten Sendezeit das Schicksal von Theo van Gogh. An diesem Tag strahlte der holländische Fernsehkanal *VPRO* den Film »Submission I« aus. Nach dem Drehbuch der niederländischen Parlamentsabgeordneten und Schriftstellerin Ayaan Hirsi Ali inszenierte van Gogh das Leiden einer arabischen Ehebrecherin, deren nackter Körper von Peitschenhieben gezeichnet ist. Man kann ihr verschleiertes Gesicht nicht erkennen, die Zuschauer sehen nur ihre dunklen Augen und hören ihre ruhige Stimme. Auf ihrer Haut stehen Verse aus dem Koran geschrieben. In Großaufnahme zeigt die Kamera Ausschnitte aus Suren. Die Frau ohne Identität und Name erzählt Allah, dass sie mit 16 verheiratet wurde, ihr Mann sie jede Woche mit der Faust ins Gesicht schlage und Onkel Hakim sie regelmäßig mit Wissen ihres Vaters vergewaltige.

Mohammed B. hat den Film auch gesehen. Wann er sein Todesurteil über den Filmemacher verhängte, kann nicht rekonstruiert werden. War es unmittelbar nach der Ausstrahlung von »Submission I« am 29. August oder erst in den

Wochen danach? Es dauerte jedenfalls zwei Monate, ehe er seinem Opfer auflauerte.

In den blutigen Körper van Goghs stach der 26-Jährige mit einem Messer seinen Drohbrief an Ayaan Hirsi Ali: »Liebe Frau Hirsi Ali, seit Ihrem Eintritt in die politische Arena Hollands haben Sie Moslems und den Islam mit Ihren Worten terrorisiert. (…) Sie machen keinen Hehl aus Ihrer Feindschaft zum Islam. Ihre neuen Herren haben Sie dafür mit einem Sitz im Parlament belohnt. In Ihnen haben sie einen Mitstreiter im Kreuzzug gegen den Islam und die Moslems gefunden – einen Mitstreiter, der ihnen die schmutzige Arbeit abnimmt. Erblindet vom Feuer der Ungläubigkeit, das in Ihnen wütet, können Sie nicht erkennen, dass Sie nur ein Instrument der wahren Feinde des Islam sind. (…) Es wird der Tag kommen (…) ein Tag voller Folter und Sturm. Der Tag, an dem aus den Mündern der Ungerechten lange Schreie erklingen. Menschen, betrunken vor Angst. (…) Dieser Brief ist ein Versuch, Ihre Bosheit ein für alle Mal zum Schweigen zu bringen. Diese geschriebenen Worte werden – so Allah will – Ihnen die Maske vom Gesicht reißen.«

Was uns Ahmad Markouch über den Mörder erzählte, weckt Zweifel, ob dieser Drohbrief tatsächlich aus Bouyeris Feder stammt. Markouch war zehn Jahre lang Polizist und sitzt heute für die Partei der Arbeit im Stadtrat von Amsterdam. Slotervaart ist sein Wahlkreis. »Bouyeri war kein Intellektueller und hatte nicht das Charisma eines Anführers.« Der Stil und die Sprachgewalt des Drohbriefs passen nicht zu ihm. Gab es also Komplizen, die Formulierungshilfe geleistet haben? Bis heute ist das nicht aufgeklärt, denn Mohammed B. verweigerte in seinem Prozess jede Aussage zur Vorgeschichte des Mordes. Seine Tat lastet seither auf dem ganzen

Stadtteil. Slotervaart ist als Islamisten-Viertel stigmatisiert, der Vater ein gebrochener Mann und Muslime stehen unter Generalverdacht. Ahmad Markouch fragt sich bis heute, ob der Mord hätte verhindert werden können. Er hatte gleich nach der Ausstrahlung von »Submission I« ein ungutes Gefühl und suchte deswegen das Gespräch mit Vorsitzenden von Amsterdamer Moscheen. Sie einigten sich darauf, nicht auf den Film zu reagieren. Diese Entscheidung machte Mohammed B. ihnen später zum Vorwurf. In seinem Drohbrief an Ayaan Hirsi Ali schrieb er: »Dass Sie (Hirsi Ali) Ihren Hass öffentlich ausspucken können, ist Schuld der islamischen Gemeinschaft. Sie hat ihren Widerstand aufgegeben gegen die Ungerechtigkeit und verharrt im Tiefschlaf.«

Diese Passage zeigt unmissverständlich den Konflikt zwischen den Generationen muslimischer Einwanderer in Europa. Die Älteren, die Anfang der 70er Jahre aus autoritären Staaten auswanderten, wurden in Europa keine selbstbewussten Staatsbürger. Sie wollten nicht auffallen und in Ruhe gelassen werden. Zu politischen Ereignissen bezogen sie nie öffentlich Stellung. So verhielten sich auch die Vorsitzenden der Amsterdamer muslimischen Gemeinden nach der Ausstrahlung des Films. Für Mohammed B. war diese Passivität Verrat an der »Umma«.

Auch Fatima Sabah macht sich Vorwürfe. »Wir hätten zu Submission I nicht schweigen dürfen.« Die 45-Jährige hat vor Jahren den Verein »Nissa for Nissa« (Frauen für Frauen) gegründet, der Teil des sozialen Netzwerks in Slotervaart ist. »Gerade wir hätten gegen diesen provokativen Film protestieren sollen.« Sie fühlte sich in ihrer Ehre verletzt, als sie ihn im Fernsehen sah, und empfand seine Botschaft als Stigmatisierung aller muslimischen Frauen. Nicht nur ihr ging das so. Junge Mädchen haben sich nach der Ausstrahlung von »Submission I« entschieden, demonstrativ das Kopftuch zu tragen. Aber Fatima Sabah hielt sich an die Empfehlung der Gemeindeältesten, nicht zu reagieren. »Es war ein Fehler.«

Es ist sehr unwahrscheinlich, dass Protestdemonstrationen gegen van Gogh und Hirsi Ali den Mord verhindert hätten. Der Anführer des Hofstad Netwerks lebte lange vor dem Mord in einem abgeschotteten Mikrokosmos aus Hass und Verschwörung. Den Kontakt zu seiner Gemeinde hatte er längst abgebrochen. Umso drängender stellt sich die Frage, wie junge Muslime vor der Radikalisierung bewahrt werden können. In Slotervaart haben alle verstanden, dass man darauf Antworten finden muss.

Ein Imam aus einer in der Presse als radikal geltenden Moschee hat für seine Familie bereits die Konsequenzen gezogen. Er schickte vor kurzem seine halbwüchsigen Kinder nach Marokko zurück. »Ich möchte nicht, dass sie irgendwann Juden und Christen hassen«, sagt uns der Mann, der seinen Namen vorsichtshalber nicht genannt wissen will. Wir verstehen zunächst nicht, was er mit diesem Satz meint. »Die Stimmung in Holland ist islamfeindlich. Wie soll ich meinen Kindern erklären, dass nicht alle Holländer Muslime verachten?« Weil er Imam ist, weiß er genau, wie Jugendliche nach Freitagsgebeten angeworben werden. Es sind »Schlepper«, die zunächst unverfänglich das Gespräch suchen und dabei wie Psychologen vorgehen. Wer hat Identitätsprobleme? Wer ist in einer Krise? Wer hat Ärger mit den Eltern? Die Anwerber geben sich als verständnisvolle Zuhörer und Ratgeber. Sie laden ihre Opfer in private Gesprächszirkel ein und geben ihnen das Gefühl, wichtig zu sein und ernst genommen zu werden. Dann kommt das

Gespräch auf den »wahren Islam«. Nur auf ihn sollen sie sich konzentrieren, er ist wichtiger als Familie und Gesellschaft. Diese Anwerbung ist ein Prozess über Wochen und Monate. Weil die Jugendlichen in dieser Zeit zu striktem Stillschweigen verpflichtet werden, haben sie das Gefühl, einem exklusiven Geheimbund anzugehören. Diese Zugehörigkeit wertet sie auf und kompensiert den Mangel an gesellschaftlicher Anerkennung. »Es ist eine Gehirnwäsche«, sagt der Imam, »und ein Kampf um unsere Kinder.« In diesem Kampf haben verantwortungsbewusste Imame bislang nur wenige Verbündete. Es könnten Ermittler sein, aber dazu möchte sich der Imam nicht äußern. Doch Festnahmen allein lösen das Problem nicht. »Wir müssen die Anwerber entzaubern. Man kann sie nur mit dem Koran bekämpfen.« In seiner Moschee hat er drei in islamischem Recht beschlagene junge Imame abgestellt, die in religiösen Debatten sachkundig gegen die Irrlehren der Schlepper argumentieren können. Wie die »Schlepper« sprechen sie Arabisch und sind mit ihnen auf Augenhöhe in der Koranlektüre. Sie beherrschen aber auch Holländisch, die Sprache der muslimischen Migrantenkinder. Hätten sie Theo van Goghs Mörder vor der Radikalisierung bewahren können? Als wir unseren Gesprächspartner verabschiedeten, hatten wir den Eindruck, dass seine Auswahl des Lokals symbolisch war. Der Grillroom hieß »Shalom«.

Auch ein Ende März 2006 veröffentlichter Report des niederländischen Geheimdienstes AVID bestätigt die Einschätzungen unserer Gesprächspartner.

In den Niederlanden gehe die terroristische Bedrohung zunehmend von Islamistengruppen im eigenen Land und nicht mehr ausschließlich von internationalen Netzwerken aus. Vor allem junge Marokkaner, die in den Niederlanden geboren und aufgewachsen seien, radikalisierten sich, erklärte der Direktor des Geheimdienstes Sybrand van Hulst.

Nirgendwo in Europa würden Politiker und Intellektuelle derart bedroht. Die Gewaltbereitschaft der Gruppen werde immer größer, es bestehe eine beträchtliche Gefahr, dass es zu einem Anschlag komme. Sie grenzten sich von ihren Eltern und den Herkunftsländern ab und suchten nach einer eigenen Identität. Auch die Polarisierung in den Niederlanden nach dem Mord an dem islamkritischen Filmregisseur Theo van Gogh im November 2004 könne zu einer weiteren Radikalisierung führen.

War dies die Absicht von Mohammed B.?

Der letzte Tag in seinem Prozess erhellte für viele Beobachter die narzisstische Persönlichkeit des Angeklagten. Für diesen Tag inszenierte er sich vor den Kameras der Weltpresse wie ein arabischer Held aus seinen Lieblingsfilmen über die Kreuzzüge im Mittelalter. Der kleine Mann trug ein langes weißes Gewand, eine Gebetskappe und hielt den Koran in der Hand. Bevor der Richter das Urteil »lebenslänglich« über ihn verhängte, fragte er den Angeklagten: »Gibt es im Islam nichts Schönes? Gibt es nur Blut und Kampf?« Mohammed B. gab keine Antwort. So musste ein vom Gericht einbestellter holländischer Islamwissenschaftler den Zuhörern im Saal die Schönheit des Korans erklären. Denn der selbsternannte Shaikh des Hofstad Netwerks konnte es nicht.

Said Bahaji

»Der Bart muss ab, er steht dir nicht«, forderte Anneliese Bahaji. »Der Bart bleibt dran«, erwiderte Said bestimmt.

Anneliese Bahaji war in die Bunatwiete 23 nach Hamburg-Harburg gekommen, um ihren Sohn zu besuchen.

Said Bahaji mit und ohne Bart auf den Fahndungsplakaten der Polizei.

Dort lebte er mit seiner türkischstämmigen Frau Nese. Dass Said, ihr Saidchen, der geliebte einzige Sohn, so bestimmt Nein sagte, ging Anneliese Bahaji unter die Haut. Nie zuvor hatte er ihr widersprochen. Nie zuvor hatte sie ihm Vorschriften machen müssen. Said war ein Muttersöhnchen. Höflich, umgänglich, sensibel, ehrgeizig.

In ihrer Wohnung in Klosteroesede stehen die Bilder von Said eingerahmt auf dem Schrank. Es sind Bilder aus einer Zeit, in der die Welt von Anneliese Bahaji noch eine Ordnung hatte. Said lächelt arglos aus dem Bilderrahmen heraus, »ein hübscher Junge, die Mädchen in Marokko waren verrückt nach ihm«, sagt die Mutter.

Aber dann war da plötzlich dieser Bart. Er passte nicht in sein Gesicht und nicht in das Leben, das sich Anneliese Bahaji für ihren Sohn wünschte.

Auch Nese passte zunächst nicht in die Wunschvorstellungen der Mutter. Said hatte sie im Frühjahr 1999 in Hamburg kennen gelernt und wenige Monate später im Oktober geheiratet. Nese Kul war 19 Jahre alt und verließ das Haus nur tief verschleiert. Bei der Hochzeit wurden zwei Lämmer geschlachtet. Der Imam kochte zu Ehren des Brautpaars höchstpersönlich. »Es gab Lamm mit Backpflaumen, Mandeln und Sesam«, erinnert sich Anneliese Bahaji. Aber in ihren Augen »war das nichts«. Die Hochzeitszeremonie fand in der Hamburger Al-Quds-Moschee statt. Dort verkehrten auch Mohammed Atta, Marwan Al Shehhi, Ziad Jarrah und Ramzi Binalshibh, die späteren Attentäter des 11. September. Bis auf Atta waren sie alle bei der Hochzeit. Binalshibh hielt sogar eine Rede. Anneliese Bahaji und ihre Tochter Maryam konnten den Redner aber nicht sehen, sie saßen getrennt von den Männern in einem anderen Raum der Moschee. So hatte sie sich die Hochzeit ihres einzigen Sohnes nicht vorgestellt.

Said sollte Karriere machen. In der Schule hatte er eine Klasse übersprungen und war immer noch Klassenbester. Seinen Mitschülern half er in Mathematik und Physik. Nach dem Abitur fing er an der Universität Hamburg-Harburg mit dem Studium der Elektrotechnik an, wechselte dann aber später zur Informatik. Seine ein Jahr ältere Schwester studierte Chemie. In der Familie des marokkanischen Vaters gab es viele Ärzte und Rechtsanwälte. Die Bahajis gehören in Meknes zu den ältesten und angesehensten Familien. Anneliese Bahajis Großvater besaß in Danzig die erste Kachelofen-Fabrik der Stadt. Sie selbst war in den 60er Jahren eine der wenigen Direktricen in der deutschen Modebranche und hatte erfolgreich Kindermoden entworfen. Für die Familie Bahaji stand außer Frage, dass ihre Kinder es im Leben zu etwas bringen würden. Die Tochter Maryam hat es geschafft, im Herbst 2005 bestand sie ihr Examen in Chemie mit »sehr gut«. Jetzt will sie promovieren. Said ist seit dem 3. September 2001 verschwunden. Nur sein Gesicht ist überall auf europäischen Flughäfen zu sehen. Er gehört zu den meistgesuchten mutmaßlichen Terroristen der Welt. Für die Mutter ist es unbegreiflich.

Gegen 19 Uhr abends eilten die Gläubigen in den Gebetsraum der Hamburger Al-Muhajiroun-Moschee in der Nähe des Hamburger Hauptbahnhofs. Es war kurz vor dem Fastenbrechen im Ramadan des Jahres 1998. Sie zogen ihre Schuhe aus und setzten sich auf den türkisfarbenen Teppich vor der Minbar, die Kanzel des Vorbeters. Unter den Betenden waren Mohammed Atta, Ramzi Binalshibh, Mounir El Motassadeq und Said Bahaji. Sie hörten Shaikh Adel zu, einem durchreisenden Prediger aus Ägypten. Er rezitierte nicht nur aus dem Koran. Lange Teile seiner Predigt widmete er dem Leiden der »Brüder und Schwestern« in Palästina und Tschetschenien. Anschließend wurden Datteln und Milch gereicht, wie beim Fastenbrechen üblich. Die vier jungen Männer, außer Atta alle in ihren Zwanzigern, bildeten später nach Meinung internationaler Ermittler den harten Kern der Hamburger Zelle. Sie kannten sich nicht nur aus der Moschee. Sie waren alle Studenten. Sie kochten gemeinsam. Sie spielten zusammen Fußball. Sie diskutierten über Religion und Politik und Atta, Binalshibh und Bahaji zahlten sogar gemeinsam Miete für ihre Wohnung in der Marienstraße 54 in Hamburg-Harburg. An diesem Abend im Ramadan 1998 gab es die Pläne für die Anschläge in den USA noch nicht. Aber der Hass gegen die Unterdrücker der Muslime war schon da und schweißte die Gruppe zusammen. »Said sprach über seine Hochachtung für diese Leute«, sagte ein Verwandter von Saids Frau später den Ermittlern. Diese Leute – das waren die Mudschaheddin in Tschetschenien und Afghanistan.

In Gegenwart seiner Mutter und seiner Schwester erwähnte er allerdings nie dieses Thema.

Said war etwas Besonderes in der Gruppe. Er besaß als Einziger einen deutschen Pass. Er sprach fließend Deutsch, Arabisch und Französisch. Neun Jahre nach seiner Geburt am 15.7.1975 im emsländischen Haselünne war die Familie nach Meknes gezogen. Dort lernte er rasch Arabisch. Sein

Vater Abdallah besaß bei Meknes eine Plantage und wollte in seine Heimatstadt zurück. In Deutschland hatte er als Fern-fahrer wenig Perspektiven. Seine Mutter Anneliese fand in Marokko eine Stelle in einem holländischen Textilunterneh-men. Said und seine Schwester Maryam gingen erst zwei Jahre auf eine Privatschule und wechselten dann in das staatliche Gymnasium »Ben Allal«. Schnell wurde Said Klas-senbester und der Schwarm aller Mädchen. Trotzdem blieb er für seine Schulkameraden und vor allem für die Familie seines Vaters der Almani, der Deutsche. Deutsch waren nämlich die Erziehungsideale der Mutter: Ihre Kinder soll-ten Disziplin lernen und Ehrgeiz entwickeln. Religion spielte hingegen keine besondere Rolle im Alltag der Bahajis. Weder konvertierte die Mutter zum Islam noch hielt sich der Vater streng an die religiösen Gebote. »Wir hatten sogar deutsche Schäferhunde«, erinnert sich Anneliese Bahaji. Das war in Meknes zu dieser Zeit unüblich, man hielt in Haushalten keine Hunde. Nach dem Abitur wollte sich Said 1995 an der Militärakademie von Meknes anmelden, wurde aber wegen Wehruntauglichkeit abgelehnt. Das nagte an seinem Stolz. Dann wollte er unbedingt in Amerika studieren, aber dafür reichte das Geld nicht. Schließlich schrieb die Mutter ver-schiedene deutsche Universitäten an, um einen Studienplatz zu finden. Aber ehe sich Said in Hamburg-Harburg ein-schreiben konnte, musste er ein Jahr das Studienkolleg absolvieren, weil in Deutschland sein marokkanisches Abi-tur nicht anerkannt wurde. Auch das verletzte seinen Stolz. Er war in Deutschland geboren, sprach fließend Deutsch, Französisch und Arabisch. Er hatte eine Klasse übersprun-gen und ein glänzendes Abitur gemacht; er war der Sohn einer Deutschen und musste doch im Kolleg wie ein Auslän-der die Schulbank drücken. »Für ihn war das Zeitverschwen-dung und er fühlte sich unterschätzt«, sagt seine Schwester

Maryam. Aber dann kam Vanessa. Groß, blond, schlank – eine Traumfrau aus Südamerika. Sie wurde seine erste große Liebe. Er half ihr durch das Studienkolleg. Seiner Mutter schickte er sogar ihr Foto. Aber eines Tages reisten Vanessas Eltern nach Hamburg und Said wurde ihnen vorgestellt. Ihr Urteil stand schnell fest: Nicht reich genug und als Muslim nicht standesgemäß für eine katholische Familie. Wieder musste Said eine Niederlage einstecken.

Am 1. Oktober 1996 schrieb sich Said an der Technischen Universität Hamburg-Harburg im Fachbereich Elektrotechnik ein. Er war technisch sehr begabt und konnte schon als Jugendlicher alle defekten Geräte im Haushalt reparieren, die Wahl dieses Studienfachs lag also nahe. Bald freundete er sich mit seinem marokkanischen Kommilitonen Mounir El Motassadeq an. Dieser hatte ein Jahr zuvor mit seinem Studium angefangen. Und es war Mounir, der Said in den Kreis um Mohammed El Amir Atta einführte. Atta war nicht irgendein Student, sondern »El Amir«, die Respektsperson des Freundeskreises. Er besaß Charisma, einen messerscharfen Verstand, Disziplin und starke religiöse Überzeugungen. Atta war wortkarg, wenige Sätze von ihm genügten und die anderen beugten sich seinem Willen. Außerdem war er der Älteste in der Gruppe und einer der besten Studenten seines Jahrgangs. Said fand in Atta ein Vorbild und eine Vertrauensperson. Dieser Freundeskreis ersetzte seine Familie im fernen Marokko. Hier waren alle gleich, hier zählten weder die soziale Herkunft noch das Geburtsland. Sie waren Muslime und damit Brüder. Als Said in die Gruppe aufgenommen wurde, schwand der Einfluss von Anneliese Bahaji auf ihren Sohn. Sie zog zwar Ende 1998 wieder nach Deutschland, aber da hatte er sich innerlich schon von ihr entfernt. Er wohnte jetzt mit seinen Glaubensbrüdern zusammen, zunächst in der Harburger Chaussee 115, später dann, ab

November 1998, in der Marienstraße 54. Atta war auch in diesen Wohngemeinschaften der Chef. Saids Schwester Maryam bekam ihn während ihrer Besuche gar nicht zu Gesicht. Es war Attas ehernes Gesetz in der Wohngemeinschaft, dass Männer sich unverschleierten, unverheirateten Frauen nicht zeigten.

Attas Einfluss auf Said und die anderen wurde immer stärker. Er unterwies sie bei wöchentlichen Koranlesungen und Gesprächsrunden. Er bestimmte, was richtig oder falsch war. Sowohl Said wie auch Mounir wählten Ehefrauen, die Attas strengen Maßstäben an eine Muslima entsprachen. Maryam, Saids Schwester, genügte diesen Ansprüchen nicht. Sie trug kein Kopftuch, lebte in einer eigenen Wohnung in Hamburg und war keineswegs streng religiös. Said gelang es nicht, sie zum Hijab zu bekehren. »Er hat aber auch nie versucht, mich unter Druck zu setzen«, sagt Maryam.

Für die ehrgeizige und selbstbewusste Schwester muss es ein Schock gewesen sein, als sie seiner zukünftigen Ehefrau Nese Kul vorgestellt wurde. Diese Wahl machte der Familie Bahaji unmissverständlich deutlich, welchen Weg Said eingeschlagen hatte. Es war ein Weg, der aus der deutschen Gesellschaft wegführte. Es war aber auch einer aus der toleranten marokkanischen Lebensart heraus. Saids Weg führte in die rigide Welt der Wahabiten.

Nese war das genaue Gegenteil von Saids großer erster Liebe Vanessa: klein, blass, schwarzhaarig, verschleiert und dominant. Said – er war 23 – hatte seinen Glaubensbrüdern in der Al-Quds-Moschee erzählt, dass er auf der Suche nach einer Frau zum Heiraten war. Dort betete auch der Konvertit Lutz Scholz, der Stiefvater von Nese. Die beiden wurden einander in der Wohnung von Scholz vorgestellt. »Seine Vorstellungen vom Leben passten zu meinen«, sagt Nese. Schon wenige Wochen später ging sie von der 13. Klasse ab. Das Abitur war ihr nicht mehr wichtig. Es war ihre, nicht Saids Entscheidung. »Wir wollten viele Kinder haben und ein richtiges Zuhause.« Das Paar richtete sich mit Hilfe der Verwandten eine gemeinsame Wohnung ein und Nese wurde wenige Monate nach der Hochzeit schwanger. Sie lebten von Saids BAfÖG und seinem Gehalt aus einem Teilzeitjob bei der Firma FIMU TEC. Wenn Saids Freunde zu Besuch kamen, zog sich Nese selbstverständlich in ihr Zimmer zurück, denn »nach der Sunna darf eine Frau nicht mit einem anderen außer ihrem Ehemann in einem Raum sein. Denn sonst ist der Teufel der Dritte.« Für Außenstehende war sie die gehorsame, unterwürfige Ehefrau. Aber in den eigenen vier Wänden »hatte ich die Hosen an«. Darauf legte sie Wert.

Bis zu Attas Abreise in die Vereinigten Staaten im Sommer 2000 waren er und Nese die beherrschenden Menschen in Saids Leben. Seine Mutter lebte in der Nähe von Osnabrück und hatte längst keinen Einfluss mehr auf ihren Sohn.

Am 25. März 2001 wurde Said Vater. Es war ein Junge, ein Stammhalter. Er gab ihm den Namen Omar nach dem zweiten Kalifen in der Nachfolge Mohammeds. »Said wollte der beste Vater sein, er hat den Kleinen immer hochgehoben und Omaro, Omaro gerufen«, erinnert sich seine Mutter. Doch wie sollte er in einer aus seiner Sicht verdorbenen Gesellschaft ein guter Vater sein? Also schirmte er seine Familie noch stärker als zuvor von der Außenwelt ab. Er machte die Einkäufe und Behördengänge. Er kaufte Nese einen Heimtrainer, damit sie wenigstens etwas Bewegung hatte. Seine Frau verkehrte schließlich nur noch mit Familienangehörigen und »Schwestern im Glauben«. Es war eine selbstgewählte Isolation mitten in Hamburg.

Irgendwann im Sommer 2001 erzählte er seiner Mutter

und Schwester von dem Praktikum bei einer Computer-Firma in Karachi. Als Anneliese Bahaji ihn fragte, warum er ausgerechnet dorthin wollte, versuchte er ihr weiszumachen, dass die dortigen Informatiker die besten der Welt seien. Anneliese Bahaji erhob keine Einwände. Zwei Monate sollte das Praktikum dauern. »Er wollte mich von dort anrufen und dann seine Adresse mitteilen.«

Nese versorgte er vor seiner Abreise noch mit Lebensmitteln, die für zwei Monate gereicht hätten. Sie sollte die Wohnung nicht verlassen müssen. Am 3. September 2001, sieben Tage vor den Anschlägen in New York und Washington, bestieg Said Bahaji ein Flugzeug der Turkish Airlines mit der Flugnummer TK 1056 nach Istanbul und flog von dort weiter nach Karachi.

Dort nahm er am 4. September für eine Nacht ein Zimmer. Gleich nach der Ankunft rief Said von einer öffentlichen Telefonzelle aus seinen Freund Mounir El Motassadeq an. Auch seine Mutter versuchte er zu erreichen, doch sie ging zu spät ans Telefon. Seine durch Rauschen überlagerte Nachricht auf dem Anrufbeantworter hat sie bis heute nicht gelöscht.

Said Bahaji wird die Mitgliedschaft in einer terroristischen Vereinigung vorgeworfen. Er steht auf der UN-Terrorliste auf Platz 80.

Familie und Geheimdienste sind sicher, dass er lebt. Am 26. April 2002 schreibt er seiner Mutter einen vierseitigen Brief, in dem er seine Flucht rechtfertigt. »Das BKA hat sich eine Geschichte zusammengereimt, es hat emotional gehandelt, denn es hatte ein schlechtes Gewissen gegenüber den USA. Es wird sicher der Tag kommen, an dem die Wahrheit herauskommt, denn ich bin unschuldig!« Es gehe ihm gut, er erlebe sehr viel, lerne ständig neue Leute kennen und sei in guten Händen. »Muslim zu sein ist eine gute Identitätskarte und das hat sich jetzt für mich bestätigt. Dein Dich liebender Sohn Said.« Im November 2003 gibt es wieder ein Lebenszeichen, diesmal telefoniert er mit seiner Frau Nese und natürlich hören die Sicherheitsdienste mit. Sie solle daran denken, dass es eine Prüfung sei, ins Paradies komme man nicht ohne sie. »Wenn wir Muslime in Ruhe gelassen werden, tun wir nichts. Wir verteidigen uns nur.« Für Nese muss es ein deprimierendes Gespräch gewesen sein, denn sie berichtet ihm von Schwierigkeiten mit dem kleinen Sohn Omar. Er sei frech und höre nicht auf sie. Said rät ihr lapidar, sie solle den Glauben nicht verlieren und beten und außerdem alles verkaufen und verschenken.

Zuletzt sahen ihn zwei Zeugen in einem Ausbildungslager in der afghanischen Hauptstadt Kabul. Nach dem schweren Erdbeben in der afghanisch-pakistanischen Grenzregion im Herbst 2005 bekam Anneliese Bahaji einen Anruf. »Es geht mir gut, alles wird sich bald aufklären«, sagte die Stimme am Telefon. Es war ihr Saidchen.

Die Kinder des Dschihad in Afghanistan

Jamia Hakkania, die Hochschule der Taliban

Die Taliban mögen 2001 den Krieg um Afghanistan verloren haben, aufgegeben haben sie nicht. Sie kämpfen weiter, sie können gar nicht anders, in einem friedlichen Afghanistan ist für sie kein Platz. Sie bleiben eine ständige Gefahr, in jedem Frühjahr nehmen sie den Partisanenkampf gegen die Amerikaner, deren Verbündete und die afghanische Armee wieder auf. Es fällt ihnen leicht, immer wieder zuzuschlagen und dann schnell zu verschwinden, steht ihnen doch mit dem gesamten Norden Pakistans ein Rückzugsgebiet zur

Verfügung, das man als »no mans land« bezeichnen kann. Die pakistanische Armee gibt zwar vor, sie habe den Norden des Landes unter Kontrolle, doch allein der Umstand, dass es strengstens verboten ist, die Landstraße zu verlassen, welche die afghanische Provinzhauptstadt Dschalalabad mit der nordpakistanischen Provinzhauptstadt Peshawar verbindet und über den berühmten Khyberpass führt, spricht Bände. Wer als westlicher Ausländer mit seinem Wagen die Grenze passiert, muss sich ein Stück weit einen pakistanischen Soldaten als Beifahrer gefallen lassen. Wer die Straße verlässt, tut dies auf eigene Gefahr. Doch in dieser Gegend sind die Taliban nicht nur bewaffnet unterwegs, sie sind bei den letzten Wahlen in der Provinz an die Regierung gekommen. Seither nutzen sie ihre Macht, den Norden Pakistans zu islamisieren, unter anderem durch die neu gebildete Religionspolizei. Was die afghanischen Taliban in den Jahren ihrer Regentschaft versäumt haben, nämlich praktische Politik zu machen, die über die drakonische Durchsetzung religiöser Ge- und Verbote hinausgeht, soll ihren pakistanischen Brüdern nicht widerfahren. Während die einen kämpfen, fechten die anderen einen zivilen Kampf aus.

Das Herz der Taliban-Bewegung schlägt heute in der kleinen, ruhigen Stadt Akora Khattak im Norden Pakistans. Hier, eine dreiviertel Autostunde von Peshawar entfernt, liegt die Jamia Hakkania, die berühmte Eliteschule der Taliban, ein geistiges und politisches Zentrum der Bewegung. 3000 Schüler werden hier einer »islamischen Erziehung« unterzogen, sie werden mit den »göttlichen Gesetzen« bekannt gemacht, wie die Schulfibel sagt. Die Jungen und jungen Männer leben in einem Internat, ihre Unterkünfte liegen direkt neben dem Schulgebäude. Die Front zur Straße nimmt die prächtige Moschee ein, auf der Rückseite des

Geländes, das ein richtiger Campus ist, sind um einen Spielplatz herum die Wohngebäude angeordnet, in welchen die Angehörigen der Schüler leben. Sie kommen aus ganz Pakistan und aus anderen Ländern. In einem kleinen grünen Garten liegt der Gründer der Jamia Hakkania begraben, Scheich Ul Hadith Hazrat Maulana Abdul Haq.

Sein Enkel, Hamed Ul Haq, hält gerade seine Sprechstunde ab. In seinem Büro herrscht reger Betrieb, es ist ein Kommen und Gehen. Die Taliban in Akora Khattak kümmern sich nicht nur um ihre Schüler, sondern auch um die Sorgen und Nöte vieler anderer. In Ruhe ausreden kann hier keiner, jeder trägt ein Anliegen vor, ob es etwas mit der Schule, mit einem Streit unter Nachbarn oder mit der Stromversorgung im Viertel zu tun hat – der Vizedirektor der Taliban-Schule ist ihr Ansprechpartner bei allen Fragen. Er hört zu, er entscheidet und redet schnell, aber nicht laut, er greift immer wieder zu den Hörern zweier archaischer roter Telefone, die auf seinem Schreibtisch stehen. Viel öfter aber greift er noch zum Handy, das hier jeder in seinem Kaftan trägt.

Wüsste man es nicht besser, würde man sich in das Haus eines Dorfbürgermeisters versetzt fühlen. Nichts Bedrohliches geht von der Szene und den darin agierenden Personen aus. Vor der Schule parkt ein Wagen der pakistanischen Verkehrspolizei. Zumindest ist er als solcher ausgewiesen. Die Taliban wissen, dass sie von der pakistanischen Regierung genau beobachtet werden. Manch einer geht daher erst bei Dunkelheit zu Versammlungen in die Schule oder zum Haus des Schuldirektors, des berühmten Taliban-Führers Sami Ul Haq, des Vaters unseres Gegenübers.

Zum Anwesen Sami Ul Haqs gelangt man durch einen Seiteneingang, der von einem bewaffneten Posten bewacht wird. Es ist schwülheiß, knapp unter 40 Grad im Schatten.

Zur Begrüßung werden ein sehr süßes, trockenes Gebäck und eine tiefrote Limonade von undefinierbarem Geschmack gereicht. Spielende Kinder huschen zwischen den Gebäuden auf dem Campus umher; ein paar Frauen sind zu sehen, sogar unverschleierte. Sie verschwinden schnell. Fremde Besucher sind selten, von den Jungen werden sie mit kaum verhohlener Neugier betrachtet. Einer der letzten Journalisten, die hierher kamen, war der Amerikaner Daniel Pearl, der seine Recherche über die Taliban und die Terrororganisation Al Qaida mit dem Leben bezahlte. Am 17. Mai 2002 wurde seine enthauptete Leiche in der Nähe von Karachi gefunden.

In Akora Khattak aber herrscht scheinbar entspannte Ruhe. Dies ist die an der Oberfläche friedliche, die pakistanische Seite der Taliban-Bewegung. Hier wird mit Worten, nicht mit Waffen gekämpft. Die pakistanischen Taliban, sagt der Lokalchef der Zeitung *The News,* Behrol Khan, den wir in seinem Büro in Peshawar aufsuchen, hätten eben längst erkannt, dass es wichtiger sei zu predigen, zu agitieren und Wahlen zu gewinnen, als sie zu stören: »Replace the bullet by the ballot«, die Kugel durch die Wahlurne zu ersetzen sei ihre Taktik, sagt er. In Pakistan sind die Taliban damit erfolgreich. Sie haben es gar nicht mehr nötig, Gewalt anzuwenden, schließlich haben sie im Oktober 2002 die Wahlen in der North-West Frontier Province und im benachbarten Baluchistan gewonnen und stellen hier seither die Regierung. Schickten sie zuvor drei Abgeordnete in die Nationalversammlung nach Islamabad, so sind es heute 30. Sami Ul Haq, der Direktor der Jamia Hakkania, ist Abgeordneter im pakistanischen Parlament und führendes Mitglied der Taliban-Partei, der Jamaat-i-Islami. Auf Wahlplakaten, die vor dem Eingang zu seinem Haus hängen, ist er mit erhobener Kalaschnikow zu sehen, wie er den Massen predigt.

Es ist nicht leicht, ihn in Akora Khattak anzutreffen, wenn er nicht in Islamabad Politik macht, bereist er die Welt, um zu »Exil-Taliban« zu sprechen, zum Beispiel in London.

Was lernen die 3000 Schüler und Studenten der Taliban eigentlich an diesem Ort? Acht Prinzipien führt das Curriculum der Koranschule auf: religiöse und arabische Erziehung, korrekte Interpretation des Korans, Sicherung der islamischen und arabischen Kultur, Abwehr der »falschen Glaubensrichtungen«, Predigen und Lehren, Abfassen religiöser Schriften, Harmonisierung der inneren Einstellung mit der äußeren Lebensweise, Ausrüstung der heiligen Krieger mit Kultur und Moral. Zehn Monate im Jahr wird gelehrt, es gibt Computer- und Englischkurse und solche in islamischer Rechtslehre talibanischer Observanz. Mit acht Schülern hat die Jamia Hakkania im Jahr 1947 begonnen, jetzt entlässt sie jedes Jahr 700 bis 800 junge Absolventen.

Doch was sollen diese jungen Männer nach ihrer Schulausbildung tun? »Alles Mögliche«, sagt Hamed Ul Haq. »Sie können Politiker werden oder Ärzte, sie können viele Berufe ausüben, aber auf islamische Weise. Fast alle Politiker aus unserer Provinz sind auf diese Schule gegangen, unsere Parteiführer, mein Vater, ich selbst. Die meisten Schüler werden Prediger und lehren in der Moschee. Sie gehen zum Studieren nach Ägypten und schließen ihre Ausbildung dort mit einem Diplom ab.«

Ohne Umschweife kommt Hamed Ul Haq auf die politische Mission der Taliban in Pakistan und Afghanistan zu sprechen, auf die Errichtung eines islamischen Staats. Der afghanische Zweig der Taliban ist, wie der Sekretär der Schule, Hamad Shah Haqani, erklärt, bemüht, eine politische Sammlungsbewegung zu gründen für jene, die von der Präsidentenwahl ausgeschlossen sind beziehungsweise sie bekämpfen. Erste Gespräche mit Gulbuddin Hekmatyar soll es bereits gegeben haben. Die afghanischen Taliban rechnen fest damit, dass sie eines nicht allzu fernen Tages zurückkehren werden. Von den pakistanischen Taliban wollen sie bis dahin nachholend gelernt haben, was ihnen an Regierungskunst in den Jahren 1994 bis 2001 gefehlt hat. Ihren Guerillakrieg in Afghanistan betreiben sie unterdessen weiter. Dessen Anführer ist nach wie vor der legendäre Mullah Omar. Bei einer Militäraktion der Amerikaner soll er im Sommer 2004 verletzt worden sein. Doch er sei wohlauf, wird uns gesagt, und führe den Kampf weiter.

Und was verbindet die Taliban mit Osama Bin Laden? Man kann dem stellvertretenden Schulvorsteher Hamed Ul Haq ansehen, dass er auf diese Frage nur gewartet hat. Er lächelt. »Die Taliban und Al Qaida sind nicht das Gleiche«, sagt er. »Wir sind alle Moslems, Osama hat 25 Jahre lang hier bei uns gelebt, doch er ist nur ein Name. Die Amerikaner haben Al Qaida groß gemacht. Das waren doch schließlich deren *Gunmen!* Zwei Stunden nach dem Anschlag vom 11. September habe ich den Namen ›Al Qaida‹ zum ersten Mal gehört, selbst den haben sich die Amerikaner ausgedacht. Wann immer etwas passiert, ist Al Qaida schuld, doch das stimmt oft gar nicht. Durch die Propaganda der Amerikaner entsteht erst eine Weltbewegung. Aber ich bin sicher, dass die meisten Attentate nicht auf das Konto von Al Qaida gehen. Dabei geht es hier um einen Kampf zwischen islamischen Staaten und Amerika. Damit haben die Taliban nichts zu tun.«

So viel dazu. Der kleine politische Exkurs, in den wir direkt vom Curriculum der Schule geraten sind, wird freundlich beendet. Die anderen Fragesteller drängen von allen Seiten um Hamed Ul Haqs Schreibtisch, er hat wirklich alle Hände voll zu tun.

Die zumindest rhetorische Distanzierung vom Paten des internationalen islamistischen Terrors betreibt der Sekretär der Schule indirekt weiter, als wir mit ihm anschließend über das Gelände schlendern und auf dem Boden der Bibliothek Platz nehmen, die in vielen hundert bunten Prachtausgaben nichts als den Koran und seine Interpretationen versammelt. Nicht die Taliban, die Amerikaner müsse man nach Al Qaida fragen, sagt Hamad Shah Haqani und schenkt Tee mit viel Zucker aus. Ihnen sei Osama Bin Laden doch schließlich im Kampf gegen die Russen nützlich gewesen. Erst als Bin Laden erkannt habe, dass man den Palästinensern beistehen und Israel bekämpfen müsse, sei er für die Amerikaner zum Problem geworden. »Aber sie haben ihn erst hierher gebracht.«

Es ist eine gewisse Absetzbewegung aus diesen Worten herauszuhören, die nachvollziehen, was im Oktober und November 2001 in Afghanistan geschah. »Die Taliban wussten gar nicht, was am 11. September geschehen ist, und sie wussten auch nicht, was Al Qaida tat«, sagt dazu Mahmud Afridi, der Chefredakteur der *Frontier Post*. Seine Redaktion ist gut informiert über die Vorgänge in Afghanistan und im Norden Pakistans. Die Zeitung wird von Peshawar aus verlegt, das 30 Kilometer hinter der Grenze zu Afghanistan liegt, direkt hinter den so genannten Tribal Areas. Wegen seiner Unzugänglichkeit kann die pakistanische Armee dieses Gebiet nicht kontrollieren – es ist der ideale Rückzugsraum für die Taliban und andere Kämpfer gegen die neue Ordnung.

Dass Mahmud Afridi ein Mann ist, der belagert wird, sieht man sofort. Er sitzt geduckt hinter seinem Schreibtisch, steckt sich eine Zigarette mit der anderen an und spricht – obwohl er weiß, was es ihn kosten kann – Tacheles. Um das Schicksal seiner Zeitung, sein eigenes und das seines

Vaters haben sich außerhalb Pakistans in den letzten Jahren nicht allzu viele gekümmert, er hat die Erfahrung gemacht, dass ihm im Zweifel niemand hilft, auch wenn er es bitter nötig hat. Auf die Pressefreiheit mag er nicht bauen, schon gar nicht auf das Recht vertrauen. Denn wer die Macht in diesem Staat hat, der bestimme, was recht ist und was nicht.

Und das bedeutet im Fall von Mahmud Afridi, dass sein Vater, Rehmat Shah Afridi, der ehemalige Chefredakteur der *Frontier Post*, die im Norden Pakistans und in Afghanistan erscheint, im Juni des Jahres 2004 zu lebenslanger Haft verurteilt wurde, weil er mit Drogen gehandelt haben soll. Am 12. April 1999 war er festgenommen worden, man hatte angeblich 20 Kilo Haschisch in seinem Wagen gefunden. Im Juli 2001 war Rehmat Shah Afridi zum Tode verurteilt worden, eine Geldstrafe in Höhe von zwei Millionen Rupien wurde zudem ausgesprochen. Die Familie Afridi weist die Vorwürfe zurück und schildert das Vorgehen der Justiz als Racheaktion für die Kritik am damaligen Premierminister Nawaz Sharif und hernach am Militärherrscher General Pervez Musharraf, der sich im Oktober 1999 unblutig an die Macht putschte. Mahmud Afridi ist der Überzeugung, dass sein Vater auf so lange Zeit in Haft bleibt, wie er nicht bereit ist, sein Recht auf freie Meinungsäußerung aufzugeben. Doch nicht nur Rehmat und Mahmud Afridi, der die Redaktion leitet und sich trotzdem nur stellvertretender Chefredakteur nennt, lieber nicht fotografiert werden möchte und keine Angaben über seine Mitarbeiter macht, bezahlen einen hohen Preis für ihre publizistische Arbeit: Am 29. Januar 2001 hatte ihr Redakteur Munawar Mohsin einen Leserbrief abgedruckt, der angeblich abfällige Bemerkungen über den Propheten Mohammed enthielt. Auch er wurde zu lebenslanger Haft verurteilt. Zwei Tage nach Abdruck des umstrittenen Briefs hatten aufgebrachte Islamisten Dru-

ckerei und Redaktion der *Frontier Post* gestürmt und nieder-
gebrannt.

Was den Flammen entkam, dient den Redakteuren noch
heute als Arbeitsmittel, der Computer des Chefredakteurs
ist rußgeschwärzt. Zwar hatte sich die Zeitung, die seit 1985
erscheint, zuerst von Lahore, dann von Peshawar aus, in
ganzseitigen Anzeigen für den Leserbrief entschuldigt, doch
wurde sie trotzdem für mehrere Monate geschlossen. Zu
Feinden gemacht hat sich das Blatt offenbar die islamistische
Provinzregierung, die von den Taliban gestellt wird, und den
Militärherrscher Musharraf. Und das sind entschieden zu
viele Feinde für eine Zeitung, die in der North-West Frontier
Province Pakistans erscheint, die, wie Behrol Khan, der
Lokalchef von *The News* sagt, für ihre »hard news« bekannt
ist und mit Meldungen aus dem Showbusiness nicht auf-
warten kann.

Wer aber auf das Angebot der *Frontier Post* allein im
Internet blickt (www.frontierpost.com.pk) oder eine der
Papierausgaben ergattert, kann nur erstaunt sein über das
Maß an detaillierter und akkurater Berichterstattung aus
Afghanistan und dem Norden Pakistans. Es scheint kaum
ein Ereignis zu geben, das den häufig namenlosen Reportern
der *Frontier Post* entgeht, bis in die Lokalnachrichten hinein
bestätigt sich der Befund, dass es hier um »hard news« geht,
um Anschläge und militärische Operationen, um Opfer der
Taliban und anderer, um gefangene oder getötete Kämpfer
der Al Qaida oder anderer Gruppen. Auch aus den Nachbar-
ländern berichtet die *Frontier Post* umfassend. So ist hier
nachzulesen, wie heimtückisch die Bombenanschläge der
Taliban sind. Jener etwa auf einen Schulhof nahe der Stadt
Khost im April 2006, bei dem acht Schüler ums Leben
kamen. Es sind immer wieder und mit großer Mehrheit
Muslime, die Opfer der Attacken werden, Frauen und Kin-

der, denen die Gefahr in ihrem Alltag begegnet, meist bleiben die Angriffe unterhalb der Wahrnehmungsschwelle westlicher Medien.

Von dem afghanischen Präsidenten Hamid Karzai erwartet der Journalist Mahmut Afridi nicht viel. Dessen Macht reiche nicht über die Grenzen der Hauptstadt Kabul hinaus. Afridis Erachtens nach geht es aber darum, das ganze Land zu einen und die einfachen Afghanen zu unterstützen, nicht nur gegen die Taliban. Es gelte das wiedererstarkte Clansystem an sich aufzuheben und sich um die jungen Leute nicht nur in Afghanistan, sondern vor allem auch in den so genannten Tribal Areas an der pakistanischen Grenze zu kümmern, denen kaum jemand Angebote mache außer – den Taliban. Dabei gelte es, sich nicht nur mit den Extremisten auseinander zu setzen, sondern die Jungen von der Herrschaft der Alten zu befreien, die weiter ihre alten Schlachten schlügen. Denen wiederum müsse klar sein, dass es in ihrem Leben nur noch einmal eine Chance auf Frieden gebe – und zwar jetzt: »Der Hass muss ein Ende haben.«

Für sich selbst hat Mahmud Afridi, der in England zur Schule ging und ein Jobangebot in Amerika, wie er sagt, ausgeschlagen hat, entschieden, als Sachwalter seines Vaters auszuharren – in Peshawar, der Hauptstadt der »hard news«.

Was Afridi über die Taliban sagt, deckt sich weitgehend mit dem Urteil seines Kollegen von *The News*. Wie Behrol Khan beklagt Afridi das Wiedererstarken der Taliban und dass auch die Warlords ihre alte Macht zurückerlangt hätten. Der Drogenhandel sei – neben dem Terrorismus – die mit Abstand größte Gefahr für das Land, niemand unternehme wirklich etwas dagegen.

In Dschalalabad, der Hauptstadt der Provinz Nangarhar, die 150 Kilometer und also eine Tagesreise von Kabul entfernt ist, weil es auf der einst stolzen Straße nach Pakistan über den Khyberpass bisweilen nur im Schritttempo vorangeht, haben die örtlichen Journalisten nicht nur mit den Taliban Probleme. Der Terror ist ihr täglicher Berichtsgegenstand.

Vor dem Haus des örtlichen Fernseh- und Radiosenders steht ein alter russischer Militärlastwagen. Er macht keinen sehr fahrtüchtigen Eindruck. Was er beinhaltet, dürften selbst Fachleute nicht ahnen. Es ist ein alter Übertragungswagen der russischen Armee. Sein technisches Innenleben soll noch intakt sein, wird uns beim Besuch versichert. Abenteuerlicher als die Ausstattung von *Radio und TV Dschalalabad* selbst ist das Vehikel nicht, wie man erkennen kann, hat man erst einmal die Studios dieses Senders betreten.

Der Programmchef Ghalib Gulistan ist ein alter Hase in seinem Geschäft. Er arbeitet seit 30 Jahren bei diesem Sender, war schon da, bevor die Russen, dann die Mudschaheddin und danach die Taliban kamen. Er weiß, wie man Rundfunk macht, sofern man die Mittel dazu hat, über die er heute nicht verfügt. »Wir brauchen alles«, sagt er und führt uns durch die Räume. Die Luft ist zum Schneiden und in der Sprecherkabine so muffig, dass man mit geschlossenem Mund eine trockene Zunge bekommt. Die Stühle, auf denen die Nachrichtensprecher Platz nehmen, sehen noch wackliger aus als die Sitze in der Maschine der *Air Ariana,* mit der wir von Dubai nach Kabul geflogen sind.

»Wir verschwenden unsere Zeit für fast gar nichts«, sagt Gulistan, »und was wir machen, ist gar kein richtiges Programm.« Was er damit meint, ist beim Besuch der kleinen Empfangsstation zu erkennen, die auf einem Hügel am Rand der Stadt gebaut wurde. In der Senke darunter liegt, unter einer großen Staubwolke begraben, der Viehmarkt von Dschalalabad, auf dem Weg zum Übertragungsgebäude schieben und drängen die Viehhändler ihre Ware durch die

Gegend. Hinter dem nächsten Hügel befindet sich die Garnison der Amerikaner, ein Apache-Hubschrauber kreist an diesem Tag lange über der Stadt, er scheint irgendetwas zu suchen.

Als die Taliban an der Macht waren, machten sie mit dem Sender ihr eigenes Programm. Folglich wurde er von den Amerikanern bei deren Vorrücken bombardiert. Die Propagandastelle der Fundamentalisten verschwand in einem tiefen Krater, von dem heute nichts mehr zu sehen ist. In dem neu errichteten kleinen Übertragungsbunker hocken ein paar Techniker und halten die Ausrüstung zusammen. Kein Teil passt zum anderen, etliches stammt noch aus der frühen russischen Besatzungszeit, die modernste Technik aus dem Westen ist ein Mischpult von Siemens, das aus den Fünfzigern stammen soll, aber so aussieht, als sei es hundert Jahre alt. Zwei Männer sind mit nichts anderem beschäftigt, als Frequenzschwankungen auszugleichen. Aus dem Fernseher oder im Radio erklingt das Programm von *Radio und TV Dschalalabad* mal leiser, mal lauter, mal schrill, mal dumpf. Die improvisierten Geräte arbeiten nicht einmal mit derselben Stromspannung. Das Werkeln an dieser Technik, die durch ein paar Video- und Kassettenrecorder ergänzt wird, ist es, was der Programmchef mit viel Arbeit für nichts meint.

Der vorgesetzten Zentrale des staatlichen Regionalsenders für die Region Nangarhar ist das angeblich einerlei. Dort wird ein Programm gemacht, das die hiesige Truppe von rund 40 Mitarbeitern einfach senden soll, ohne Ansprüche auf eigene Leistungen zu erheben. Doch die will die zehn Stunden Radio- und zwei Stunden Fernsehprogramm pro Tag lieber selbst gestalten, was mit zwei kleinen Videokameras nicht eben leicht fällt. Als der stellvertretende Sicherheitschef der Provinz einem Attentat zum Opfer fiel, musste der Senderchef in einen Laden gehen, um für ein paar Stunden eine Kamera zu mieten.

»Doch wir sind uns unserer Bedeutung bewusst. Was wir tun, ist wichtig«, sagt der Direktor Sayed Abdul Ghafar. Schließlich sei »immer noch Krieg« und es ein Leichtes, die Menschen durch falsche Nachrichten und Propaganda zu verunsichern. »Gerüchte in die Welt zu setzen ist einfach«, sagt er, »und das kann sehr gefährlich sein.« Vor allem, wenn es darum geht, Verantwortliche zu benennen. Ein Gerücht habe schon für so manchen den Tod bedeutet. Also sind jeden Tag zwei kleine Teams mit Videokamera und Kassettenrecorder unterwegs, um die echten Nachrichten aus der Stadt zu sammeln und abends in einer Nachrichtensendung auf den Schirm zu bringen.

Sayed Abdul Ghafar kam 1992 zurück nach Afghanistan, auch er hatte sich, wie viele andere, die im öffentlichen Leben dieses Landes eine Rolle spielen, Meriten im Kampf gegen die Russen erworben. Als die Taliban das Land eroberten, musste er nach Pakistan flüchten. Mit der Nordallianz, genauer gesagt als Sekretär des Truppenführers Rabbani, kam er 2001 zurück.

100 000 Fernseher soll es in Dschalalabad und Umgebung geben, die 40 Mitarbeiter des örtlichen Senders, unter ihnen sechs Frauen, was der Direktor eigens erwähnt, vermögen ihr Signal aber nur in einem Umkreis von zwölf bis maximal zwanzig Kilometern zu senden. Jede Anfrage in Kabul, ob die technische Ausrüstung verbessern werden könne, sei bislang mit leeren Versprechungen abgespeist worden. Dafür kam – Zeichen der Restauration – aus dem Informationsministerium in der Hauptstadt die Weisung, dass im Rundfunk kein Gesang und keine Musik mehr von Frauen zu hören sein dürfe. Warum, das weiß niemand. Dafür wissen sie alle,

dass die Afghanen, die einen Fernseher und womöglich Zugang zu einer Satellitenschüssel haben, indisches oder pakistanisches Fernsehen schauen.

Wie mit der Technik geht es auch mit den Gehältern der Mitarbeiter von *Radio und TV Dschalalabad* – man kann sich nicht darauf verlassen. Der Direktor hat sie zwischenzeitlich schon mal aus eigener Tasche bezahlt und sich dafür Geld bei seinen Freunden und bei Geschäftsleuten geliehen. Einmal kamen sie per Zufall an ein Satellitentelefon, das ihnen prompt die Sendezentrale in Kabul abspenstig machte. »Breaking News« würden sie gerne machen an einem Tag wie jenem, an dem das Attentat auf den Sicherheitschef der Provinz in der Nähe geschah und das Rumoren über die mutmaßlichen Täter durch die Stadt ging. Doch sie können nicht einmal ihre eigenen Beiträge archivieren, um später auf das kostbare Sendematerial zurückzugreifen.

Während die afghanischen Rundfunkleute sich in der Zwickmühle zwischen Kabulschen Versprechungen und den Filmverlockungen aus Bollywood finden, sucht der Deutsche Entwicklungsdienst DED Journalisten aus Deutschland für den »Auf- und Ausbau des Programmbereichs Friedensjournalismus« im nordafghanischen Kunduz, in dem die Bundeswehr stationiert ist. Die Aufgabe, die sich der DED stellt, ist wie folgt beschrieben: »Untersuchung der ausgestrahlten Programme auf ihre konfliktorientierten Wirkungen sowie journalistisch-handwerkliche Verbesserungsmöglichkeiten, Erarbeiten eines Weiterbildungskonzepts im Bereich Friedensjournalismus in Zusammenarbeit mit dem Management der Sendeanstalt sowie Unterstützung bei der Konzeption von Sendungen mit friedensfördernden Inhalten.« In den Ohren der Rundfunkmacher von Dschalalabad dürfte so etwas wie der reine Hohn in Form westlich anmaßender Bevormundung klingen.

Eines wird den Taliban heute noch zugute gehalten: Sie hatten den Drogenanbau und -handel zumindest zeitweise sehr wirkungsvoll unterbunden. Ihre Methoden wünschen sich in Afghanistan und Nordpakistan aber nur die wenigsten zurück. »Die Menschen haben nicht vergessen, was ihnen die Taliban angetan haben«, sagt ein ehemaliger Mudschaheddin-Führer, der gemeinsam mit den Taliban gegen die Russen gekämpft hat. Am Ende seien die meisten vor dem drakonischen Regime geflohen, aber auch, um nicht zu verhungern: »Die Taliban haben gezeigt, dass sie nicht regieren können.«

Ein wenig haben dies sogar die Taliban selbst begriffen. Denn Hamad Shah Haqani, der Schulsekretär, sagt nicht nur Sätze wie: »Wir schlafen nicht, die Taliban-Bewegung ist nicht tot.« Der schlanke, groß gewachsene Mann von Ende Dreißig mit dem gütigen Blick, der beim Zuhören und leisen Formulieren langsam über seinen Bart streicht, sagt auch, dass die Taliban Fehler gemacht hätten, »viele Fehler« sogar.

Während ihrer Herrschaft in Afghanistan war er so etwas wie Minister für Bodenschätze, Gesundheit und Erziehung. Er hat zuerst gegen die Russen und dann gegen die Anhänger Rabbanis gekämpft. Mit Müh und Not und Allahs Hilfe, erzählt er, sei er den Soldaten der Nordallianz nach den Kämpfen um Mazar-i-Sharif entkommen. »Wir haben viele Fehler gemacht«, sagt er, will sie aber nicht im Einzelnen aufzählen. Immerhin lässt er sich entlocken, dass es wohl falsch gewesen sei, die Frauen zu schlagen und einzusperren.

Dafür wiederum kann sich eine afghanische Politikerin wie Nighar Khaliz nichts kaufen. Frau Khaliz lebt in Dschalalabad, sie engagiert sich mit einer eigenen politischen Gruppe. Doch kann sie ohne die Burka nicht in die Öffentlichkeit gehen. Die Taliban, die ihre Zuträger überall haben, haben landesweit gedroht, Frauen, die auf der Straße ohne Burka angetroffen werden, Säure ins Gesicht zu schütten. Drohungen gegen Leib und Leben aller Familienmitglieder gehören dazu.

Nighar Khaliz kennt den Terror. Und sie kennt die Taliban. Unter ihrer Herrschaft musste die ursprünglich aus Herat im Norden stammende Lehrerin, wie alle anderen Frauen im Land, ihren Beruf aufgeben. Doch sie beschied sich nicht mit der häuslichen Gefangenschaft, in welche sie das fundamentalistische Regime zwang. In Dschalalabad gab sie heimlich bis zu 100 Mädchen aus der Nachbarschaft, denen die Taliban jede Schulbildung untersagten, bei sich zu Hause Unterricht. Sie lief stets Gefahr aufzufliegen und wurde mit dem Tod bedroht. Dass sie und ihr Mann, ein Chirurg, zuvor beide aktiv im Widerstand gegen die russischen Besatzer gewesen waren, er als Arzt der Mudschaheddin, spielte in den Augen der Taliban keine Rolle, im Gegenteil. Auch heute kann sich Nighar Khaliz nicht frei bewegen. Sobald sie die Straße betritt, wirft sie sich die blaue Burka über.

Die Drohungen der Taliban gelten nicht nur allgemein, Nighar Khaliz wurde mehrfach persönlich ins Visier genommen. Die Mutter von fünf Mädchen und drei Jungen führt eine Gruppierung, die sie selbst ins Leben gerufen und der sie den Namen »Women's Rights Development Association« (WDRA) gegeben hat. Nighar Khaliz saß bereits in der ersten nach den Taliban gebildeten Loya Jirga. Ihre Gruppe, die elf fest eingeschriebene Mitglieder und Unterstützer hat, ist keine politische Partei in unserem Sinne, vielmehr eher ein Selbsthilfeverein im Kampf insbesondere für die politischen Rechte der Frauen in Afghanistan. Worum es geht, bringt Nighar Khaliz auf einen schlichten Nenner: »Wir wollen den Status der 70er Jahre erreichen, den Status, den wir hatten, bevor die Russen kamen.«

»Vor 30 Jahren«, sagt sie, »hatten die Frauen in Afghanistan die gleichen Rechte wie die Männer. Unter den Russen genossen sie noch eine relative Freiheit, erst mit den Taliban hat sich alles geändert.« Um den von den Taliban mit Gewalt erzwungenen Stillstand zu bekämpfen, unterrichtet sie auch heute noch und wiederum in privater Initiative. Ihre kleine Organisation bietet Kurse für Frauen und Mädchen an, welche den Rückstand aus der Taliban-Zeit wieder aufholen wollen. Sie lernen Lesen und Schreiben, Hausarbeiten, Englisch und den Umgang mit dem Computer.

Über mehr als drei funktionierende Computer verfügt die Organisation von Nighar Khaliz, die bisher nur eine einmalige öffentliche Unterstützung von wenigen tausend Dollar bekam, jedoch nicht. Sie spricht zwar regelmäßig bei den Amtsträgern der Provinz und in der Hauptstadt Kabul vor, doch mehr als Vertröstungen, dass man sie unterstützen werde, sobald es die Möglichkeit dazu gebe, hat sie seit langem nicht geerntet. Und da sie derzeit über gar kein Geld mehr verfügt, finden die Kurse ihrer Organisation fast nicht mehr statt.

Doch hindert das Nighar Khaliz nicht, sich für die Region und das Dorf, in dem ihre Familie lebt, einzusetzen. Viele Male, sagt sie, habe sie bei der Provinzregierung vorgesprochen, um für ihr Dorf den Bau einer Schule zu erreichen, was schließlich auch gelungen sei. Bei einem ihrer Besuche in Kabul handelte sie aus, dass ihr Heimatdistrikt zwei Omnibusse bekam, die den öffentlichen Nahverkehr nach Dschalalabad übernehmen. Fünf Rupien kostet jede Fahrt. Neben dem Kampf für die Rechte der Frauen setzt Nighar Khaliz zwei Prioritäten: Es gelte zunächst, sich um die medizinische Versorgung und die Bildung zu kümmern. Auf diesen Feldern müsse man den Taliban und anderen Extremisten politisch das Wasser abgraben.

Besonders stolz ist Nighar Khaliz darauf, dass sie in ihrem eigenen Dorf bei Dschalalabad auch von den Männern unterstützt wird. Die Männer hätten sie schließlich in die erste Loya Jirga geschickt, und es seien mitnichten nur die Frauen, die gleiche Rechte und Chancen für alle Afghanen fordern. Und es seien nicht nur Frauen, die eine Entwaffnung und ein Ende der Milizherrschaft, Vettern- und Misswirtschaft wünschten.

Zu dem um politische Anerkennung ringenden Kurs der pakistanischen Taliban wollen all diese Zeugnisse von Afghanen, denen das Fortkommen ihres Landes am Herzen liegt, nicht so recht passen. Es passt doch, sagt dazu der Lokalredaktionschef von *The News,* Behrol Khan: »Die Taliban haben ihre ›hidden agenda‹. Wer gegen diese verstößt, hat mit dem Schlimmsten zu rechnen.« So wie jene zwei Kollegen, die von Unbekannten ermordet worden seien. Der eine habe sich in seinen Artikeln und Büchern offen mit dem Thema Sexualität befasst, der andere habe die Taliban kariert. »Wir bekommen regelmäßig Drohungen am Telefon und per Fax«, sagt Khan. Und wie weit verbreitet in der North-West Frontier Province die Auffassungen seien, für welche die Taliban stehen, könne man an einem Lynchmord ablesen: Weil seine Tochter eine voreheliche Beziehung zu einem jungen Mann eingegangen sei, habe der Vater des Mädchens vor der Moschee alle Bewohner seines Dorfs aufgerufen, das Liebespaar zu töten. Und so geschah es.

Es ist schon von einer gewissen Doppelzüngigkeit, wenn der Sekretär der Taliban-Schule in Akora Khattak feststellt, die Regierung Karzai in Afghanistan sei »keine Regierung. Denn er hat keine Macht, und es gibt keine Sicherheit im

Land.« Die Taliban stecken schließlich hinter etlichen der Anschläge, wenn auch längst nicht hinter allen. »Die Anschläge auf Amerikaner, die verüben wir«, sagt Hamad Shah Haqani ganz offen. Und beim Kampf gegen die Soldaten wird auch nicht nach Nationalitäten gefragt: »Zwischen amerikanischen und deutschen Soldaten gibt es, militärisch gesehen, keinen Unterschied.« Nicht verantwortlich seien die Taliban aber für die Ermordung von zwölf chinesischen Bauarbeitern und auch nicht für das Attentat auf fünf Mitarbeiter der Organisation Ärzte ohne Grenzen, das vor zwei Jahren auch im Westen für Aufsehen sorgte.

Ärzte ohne Grenzen hatte sich nach diesem Anschlag aus dem Land zurückgezogen. Hilfsorganisationen, die sich auf rein humanitäre Ziele beschränkten, gibt der Taliban-Sekretär zu verstehen, seien nicht ihre Gegner. Wohl aber eine Gruppe wie Shelter Now, die christlich missioniere, politische Ziele verfolge und somit gegen das islamische Recht verstoße. Den Mord an einer jungen Frau, die angeblich der Prostitution nachging, hat ein lokaler Taliban-Führer der *Frontier Post* am Telefon gemeldet und sich damit gebrüstet, wohl wissend um die abschreckende Wirkung der von ihm verhängten »Strafe«.

Korrupt sind die Taliban nicht. Das Auftreten ihrer Vordenker hat etwas Jesuitisches, und an der Konsequenz ihres Handelns gibt es keinen Zweifel. Sie wollen, wo sie leben, mit allen Mitteln einen islamischen Staat errichten. Und sie sehen sich darin als Verteidiger der Menschenrechte ihrer Glaubensgenossen gegen die Amerikaner. Immer wieder fällt ein Stichwort: Abu Ghraib. Die Bilder aus dem Bagdader Foltergefängnis kennzeichnen für die Taliban nicht nur die Amerikaner, sondern den Westen überhaupt in seiner ganzen Abscheulichkeit. Wo die Taliban noch Rückhalt genießen, beruht er nur zu einem geringen Teil auf der inneren Zustimmung der Menschen, zum größeren jedoch auf der Furcht vor ihren Taten und auf dem Verdruss über die Amerikaner, die bei ihrer Suche nach Taliban und Al-Qaida-Leuten die Dörfer im Grenzgebiet zumeist mitten in der Nacht umpflügen und immer wieder Unschuldige töten.

Wie sagt Hamad Shah Haqani, der zur Zeit 250 Jungen an der Taliban-Schule von Akora Khattak betreut? »Der Frieden wird durch Worte geschaffen, nicht mit Waffen. Das Wort ist mächtiger als jede Waffengewalt.« Es kommt nur darauf an, welchen Frieden man meint.

Die Taliban greifen wieder an

Die Lage in Afghanistan hat sich in den vergangenen zwei Jahren nicht zum Besseren gewendet. Kabul, die Hauptstadt, ist ein Moloch und El Dorado zugleich. Wohnten einst 600 000 Menschen in der Stadt, geht man jetzt von vier Millionen Einwohnern aus. Nur wenige haben Teil an dem Aufschwung, für den die rund 1500 internationalen Organisationen, die sich in Kabul niedergelassen haben, angeblich sorgen wollen. Der Unmut in der Bevölkerung wächst und die Sicherheitslage verschärft sich zusehends. Wird Afghanistan der zweite Irak? Ein weiterer »failing state«? Das ist die Frage, die sich auch die deutsche Außenpolitik stellen muss, schließlich sind rund 3500 Bundeswehrsoldaten in Afghanistan stationiert und viele deutsche Hilfsorganisationen vor Ort. Wir haben Afghanistan im Juni 2006 noch einmal besucht, um zu sehen, was sich seit unseren ersten Reisen verändert hat.

Die Taliban fühlen sich inzwischen stärker denn je. In den Jahren zuvor, nach 2001, standen sie noch unter dem Eindruck ihrer verlorenen Macht. Erst allmählich schienen sie zu begreifen, warum sie nach dem 11. September ins Zentrum des »Kriegs gegen den Terror« der Amerikaner gerückt waren, die sie mehr als ein Jahrzehnt zuvor im Kampf gegen die Sowjets noch unterstützt hatten. Darauf hinzuweisen, dass sie nicht Al Qaida seien und mit Osama Bin Laden nichts zu tun hätten, rettete sie nicht. Doch wie es scheint, glauben die Taliban daran, dass die Zeit auf ihrer Seite ist. Je länger es den Afghanen in den weit von Kabul entfernten Provinzen nicht besser geht als unter der Herrschaft der Taliban, je deutlicher sich die Amerikaner als Besatzer aufführen, die am Hindukusch ihre eigene Sicherheit verteidigen und sonst nichts, je weniger internationale Hilfe in den Tälern und Bergen vor allem an der Grenze zu Pakistan ankommt, desto stärker gewinnen die Taliban an Rückhalt. Sie sind wieder da und mit ihnen einige der alten Warlords und Drogenbarone, was man allein an der Zahl der Anschläge erkennen kann, denen im Frühjahr und Sommer 2006 insgesamt mehr als 1000 Menschen zum Opfer gefallen sind.

Es ist besonders für Ausländer wieder gefährlich geworden, durch das Land zu reisen. Einen Tag, nachdem wir in Khost unterwegs waren, der Hauptstadt der gleichnamigen Provinz, die ganz im Süden an der Grenze zu Pakistan liegt, geschah dort ein Anschlag auf einen Militärkonvoi, bei dem es 16 Tote gegeben haben soll. In der Mehrheit afghanische Soldaten und vier Amerikaner sollen getötet worden sein. Sie durchqueren als rollende Zielscheiben das Land. Die afghanischen Soldaten begleiten sie in meist ungepanzerten Fahrzeugen, für ferngezündete Bomben und Selbstmordattentäter in mit Sprengstoff beladenen Autos sind sie ein leichtes Ziel. Wo immer die fremden und die eigenen Soldaten auftauchen, wird es für die Afghanen gefährlich. Entweder werden sie von diesen selbst aufs Korn genommen oder sie fliegen mit ihnen in die Luft. Die Lufthoheit, welche die Amerikaner und ihre Verbündeten haben und mit ihren Helikopter-Formationen ausüben, nutzt ihnen gar nichts. Auf dem Boden sind sie in der Defensive und vor allem nachts geraten ihre Huschrauberbesatzungen ins Sperrfeuer.

Als wir auf dem Weg nach Khost bei dem Dorf Mirajan Halt machen, um mit dem Dorfältesten zu sprechen, fährt gerade eine Militärpatrouille vorbei. Weil die Straße unwegsam ist, sind die Humvees nicht schnell unterwegs, in den Gesichtern der Soldaten zeichnet sich vor allem eins ab – Angst. Angst, dass sie nicht rechtzeitig unterscheiden können zwischen friedlichen Dorfbewohnern und ihren Gegnern, den Taliban und anderen, die sie äußerlich nicht erkennen. Wie berechtigt diese Angst ist, sehen wir auf dem Weg von Kabul nach Dschalalabad, der Hauptstadt der südöstlich gelegenen Provinz Nangarhar, als am Horizont eine schwarze Rauchwolke aufsteigt. Wieder ein Anschlag auf das Militär, zwei Tote soll es gegeben haben, erfahren wir am Tag darauf.

Der Dorfälteste von Mirajan erzählt uns eine Geschichte, wie wir sie immer wieder hören. Sein Dorf wurde im Krieg gegen die Russen bei einem Bombenangriff vollkommen zerstört. 200 Familien sollen hier einmal gelebt haben, die meisten Menschen kamen uns Leben, nur wenige konnten fliehen. Ihre Häuser liegen bis heute in Schutt und Asche. Nur wenige Gehöfte sind nicht getroffen worden. In einem sitzen wir beim Tee und hören, dass sich für die wenigen verbliebenen und die zurückgekehrten Menschen nicht viel verändert hat. Hilfe, in welcher Art auch immer, ist bei ihnen nicht angekommen, Arbeit hat so gut wie niemand, dafür bekommen sie immer wieder ungebetenen Besuch, von den Taliban oder den Amerikanern. Die werfen Flugblätter ab, auf denen die Afghanen davor gewarnt werden, mit den Taliban zusammenzuarbeiten und sie zu verstecken. Doch das ist leichter gesagt als getan, wenn die Trupps mitten in der Nacht vor den von ihnen zuvor angegriffenen Amerikanern oder Regierungssoldaten fliehen und Unterschlupf suchen, wo er sich ihnen bietet. Mit den anschließenden Razzien haben die Amerikaner die Afghanen inzwischen derart gegen sich aufgebracht, dass wir immer wieder hören, es wäre besser, wenn sie abzögen.

»Wir lösen unsere Probleme auch alleine, sie müssen uns nur lassen und – uns vertrauen«, sagt der Dorfälteste und berichtet, dass einige junge Männer aus seiner Familie in der Armee seien. Doch das bewahre niemanden davor, dass die Amerikaner Türen eintreten, in die Häuser eindringen, Frauen, Kinder und Alte aufschrecken, dabei so gut wie nie Talibankämpfer finden und doch immer wieder Männer aus dem Dorf festnehmen, die dann irgendwann wieder freikommen. Die Amerikaner und ihre Verbündeten, das hören wir immer wieder, sollen entweder abziehen oder ihr Verhalten grundlegend ändern. Doch dafür müssten sie erst einmal mit den Afghanen reden. Und das geschieht nicht.

Für Sami Ul Haq, den Direktor der Hakkania, der berühmten Taliban-Hochschule im pakistanischen Akora Khattak, ist die Sache klar. Die Taliban, sagt er uns im Interview, »sind Bürger Afghanistans. Sie haben mit den anderen Mudschaheddin gegen die Russen gekämpft. Fünf Millionen Afghanen sind zu Flüchtlingen geworden, zwei Millionen Menschen sind in diesem Krieg ums Leben gekommen. Nicht nur die Taliban, alle Afghanen wollen nicht unter der Herrschaft von Fremden leben. Das ist Irrsinn. Die Afghanen akzeptieren keine Sklaverei. Die Taliban sind ein selbst-

Sami Ul Haq, Taliban-Führer und Direktor der Hochschule Jamia Hakkania, im Gespräch.

ständiger Teil, sie sind Kinder Afghanistans, mit Pakistan haben sie nichts zu tun.« Und auch mit der Terrororganisation Al Qaida, sagt Sami Ul Haq, hätten sie nichts am Hut. Sie kämpften allein um ihre Heimat und ihre Freiheit. Nachdem sie für die Amerikaner Verbündete gewesen seien im Kampf gegen die Russen, wende sich die allein verbliebene Supermacht nun gegen die Muslime. Dabei wüssten die Amerikaner doch ganz genau, »in welchem Loch« sich Osama Bin Laden versteckt halte. Sie schützten ihn geradezu, weil sie ihn als Gegner bräuchten.

Sami Ul Haq hat sich in Rage geredet, zuvor haben wir ihn als besonnenen Schuldirektor erlebt, der seine Studenten bei der feierlichen Übergabe der Semesterzeugnisse zu Fleiß im Studium des Korans anhält. 1000 junge Männer sitzen in der Aula der Hochschule und hören ihm zu, die Jahrgangsbesten bekommen Buchpakete geschenkt. Beim Rundgang über das Gelände dürfen wir uns umsehen, wo immer wir wollen. 8000 Brotlaibe verlassen täglich die kleine Bäckerei der Schule, in der Küche wird in großen Trögen Hammel und Reis gekocht. Die Studenten leben und arbeiten jeweils zu dritt oder viert in kleinen Studierzimmern, auf den Gängen bereiten sie sich selbst kleine Mahlzeiten zu. Sie sind freundlich und interessiert, Fremde kommen hier so gut wie nie zu Besuch. Die Stimmung kippt jedoch in dem Augenblick, in dem ein junger Mann, der uns die ganze Zeit über misstrauisch verfolgt hat, fragt, ob es stimme, dass die deutsche Polizei einen jungen pakistanischen Studenten umgebracht habe. Er meint Amir C., der am 20. März 2006 einen Attentatsversuch auf den Chefredakteur der *Welt* unternommen und sich einige Wochen darauf im Untersuchungsgefängnis Berlin-Moabit das Leben genommen hatte. An die Version des Selbstmords glauben die Schüler hier offenbar nicht. Unser Hinweis, dass es ausgeschlossen sei, dass die Polizei in Deutschland einen Untersuchungshäftling umbringe, beruhigt die Gemüter wenig.

Wir treffen den Schulsekretär wieder, Hamad Shah Haqani, den wir auf unseren ersten Reisen im Jahr 2004 kennen gelernt haben. Er war selbst Schüler an der Jamia Hakkania und er erinnert sich gerne an diese Zeit. Er habe fleißig studiert und sich sehr geehrt gefühlt, als man ihn nach seinem Abschluss fragte, ob er nicht selbst lehren wolle. Doch als die Taliban nicht mehr nur »Koranschüler« waren, sondern zur politischen Bewegung wurden, ging er nach Afghanistan. Im Norden, in Mazar-i-Sharif, war er, wie er uns erzählt, Direktor einer Textilfabrik. Doch er machte auch eine politische Karriere. Unter dem Regime des Scheichs Mullah Omar, der nach den Worten seiner Anhänger noch immer eine

Der Schulsekretär
Hamad Shah Haqani
in der Bibliothek der
Taliban-Hochschule
Jamia Hakkania.

bedeutende Rolle im Widerstand gegen die Amerikaner spielt, avancierte Hamad Shah Haqani zu so etwas wie einem Staatsekretär oder Minister, der für Bodenschätze zuständig war und sich darüber hinaus mit Gesundheits- und Erziehungsfragen beschäftigte.

Die aktuelle politische Situation in seiner Heimat, sagt er, sei vor allem dadurch geprägt, dass die Amerikaner und Europäer vor allem die Stämme aus dem Norden Afghanistans unterstützten. Die Paschtunen, die mehr als 40 Prozent der gesamten Bevölkerung ausmachen, würden an den Rand gedrängt und von der politischen Macht fern gehalten. Die Mudschaheddin und die Taliban richteten sich gegen diese Allianz und gegen die Vereinigten Staaten. »Wenn andere Länder nun die Amerikaner unterstützen, machen sie sich auch zu unseren Feinden. Das ist doch klar: Wer unseren Feind unterstützt, ist unser Feind. Wer aber uns unterstützt, ist unser Freund.« Wer sich also militärisch auf die Seite der Amerikaner stelle, müsse wissen, was er tut.

Das war die Antwort auf die Frage, was den deutschen Soldaten in Afghanistan blüht. Deren Mission soll zwar allein der Aufrechterhaltung des Friedens und dem Wiederaufbau dienen, in der Praxis macht das jedoch keinen Unterschied. Shah Haqani äußert sich auf unsere Fragen nach dem Kampf der Taliban und der Rolle der ausländischen Soldaten etwas vorsichtiger als bei unseren Besuchen zuvor. Je stärker die Taliban militärisch in Erscheinung treten, desto deutlicher sind sie darauf bedacht, sich diplomatisch zu geben. Es ist unverkennbar, dass sie als politische Kraft wahrgenommen werden wollen, die man nicht außer Acht lassen kann.

Zu den Deutschen, sagt Shah Haqani, unterhielten die Afghanen gute Beziehungen. Wenn sich die Taliban zu 100 Prozent sicher seien, dass es sich bei fremden Soldaten um Deutsche handele, würden diese nicht angegriffen. »Wenn sie in Gefangenschaft kommen, werden sie freigelassen.« Seine frühere Bemerkung, dass die Taliban militärisch zwischen ihren Gegnern keine Unterschiede machten, haben wir noch im Ohr. Man wolle die Deutschen anhalten, die Amerikaner militärisch nicht zu unterstützen, sagt Shah Haqani. »Solange uns niemand angreift, kämpfen wir auch nicht. Wir zwingen auch niemanden, dass er seiner Religion abschwört und unsere annimmt. Wer freiwillig zum Islam übertritt – Allah, der Herr, sei gepriesen –, über den freuen wir uns. Doch wir zwingen niemanden, zum Beispiel die christliche Religion aufzugeben.«

Die Taliban, erzählt Shah Haqani, spürten zunehmenden Rückhalt bei der Bevölkerung. Vor allem in den Provinzen im Süden und Südwesten gebe es keine funktionierenden staatlichen Strukturen. An deren Stelle träten jetzt wieder die Taliban, 70 bis 80 Prozent mancher Gebiete beherrschten sie schon. Und das, meint der ehemalige Minister, ginge doch wohl kaum, wenn sie nicht von den Menschen unterstützt würden. »Die Bewohner der Dörfer sind auf der Seite der Taliban, weil sie von der Regierung enttäuscht worden sind.« Hunderte, ja tausende von Taliban seien im umkämpften Süden von Afghanistan unterwegs. »Die Menschen in den Dörfern schließen mit ihnen Freundschaft und unterstützen sie mit Lebensmitteln und Geld. Wie sollten sie sonst schließlich überleben?«

Das steht in einem denkbar großen Gegensatz zu allen Äußerungen, die wir im Land gehört haben, sei es von einfachen Holzfällern, den Arbeitern in einer Ziegelfabrik, den Händlern auf dem Basar oder Politikern. Niemand wünscht sich die Taliban zurück. Doch das offen zu sagen ist gefährlich, die Unterstützer des einstigen Regimes sind schließlich noch da. Und wer weiß, ob sie nicht eines Tages ganz zurückkehren? Das Vertrauen in den Westen und dessen ordnende Kraft schwindet mit jedem Tag, an dem jenseits der Stadtgrenzen von Kabul die internationale Hilfe rudimentär wirkt oder ganz ausbleibt. »Afghanistan hat 28 Provinzen«, sagt der Taliban-Lehrer Shah Haqani. »35 Länder, darunter die Vereinigten Staaten von Amerika und Großbritannien, beteiligen sich am Aufbau Afghanistans. Wenn jedes Land nur eine Provinz aufbauen wollte, müsste diese doch bald aussehen wie eine Stadt in Europa.«

So sieht in Afghanistan selbstverständlich keine Stadt aus, gerade einmal in einigen Vierteln Kabuls entwickelt sich ein Mittelstand, der nur dem Vergleich im Nahen Osten standhält. Jemand wie der Gouverneur der Provinz Nangarhar, Gul Agha Scherzai, weiß das. Ihm ist bewusst, dass der

Regierung Karzai die Zeit davonläuft. Die Sicherheitslage in Nangarhar gilt noch als weitgehend stabil, und das, obwohl hier Tora Bora liegt, die Region der »Weißen Berge«, in denen sich die Führungsclique von Al Qaida verborgen hielt. Die unzähligen Höhlen, in denen sich die Mudschaheddin im Kampf gegen die Russen und später die Al-Qaida-Kämpfer vor den Amerikanern verbargen, stehen heute leer. Liegen sie in der Nähe der Dörfer, werden sie als Vorratskammern oder Außentoiletten benutzt. Die Felder sind bestellt, der Mohnanbau ist merklich zurückgegangen. Und doch fehlt es in den Dörfern aller Regionen, die wir besucht haben, am Nötigsten, an Schulen für die vielen Kinder, an ärztlicher Versorgung.

In Dschalalabad, der Provinzhauptstadt und Residenz des Gouverneurs Gul Agha Scherzai, gibt es kein funktionierendes Wassersystem und Strom nur stundenweise. Wie groß der Unmut der Menschen über die Lage ist, hat der volkstümliche Minister gleich zu Beginn seiner Amtszeit erfahren. Da wanderte er inkognito durch den Basar und fragte die Leute, was sie denn von dem neuen Provinzchef hielten. »Gar nichts«, bekam er zu hören, der neue Gouverneur werde auch nicht fähiger als seine Vorgänger sein und die hätten allesamt versagt. Das stachelte Gul Agha Scherzai umso mehr an. Er hat sich vorgenommen, als Erstes die Stromversorgung zu verbessern, am Rand der Stadt gibt es ein halb zerstörtes Wasserkraftwerk, er hofft, dass er Ingenieure findet, die es wieder aufbauen. Und er nimmt den ideologischen Kampf auf gegen die Taliban. »Das Problem Afghanistans«, sagt er, »waren schon immer die Mullahs.« Deshalb sei es an der Zeit, sie aus den Koranschulen herauszuholen. Eigene, weltliche Schulen für die angehenden Prediger schweben ihm vor. Das klingt verwegen, ist aber, wenn man auf das allein auf den Koran abgestellte Curriculum der

Madrassen schaut, von bezwingender Logik. Nur, wer soll die Schulen für die Mullahs bauen? Die afghanischen Mullahs hatten einmal ihre eigene Lehre, sie hatten ihre eigenen Lehrer, die dem Sufismus nahe stehen, der nach unseren Maßstäben aufgeklärten Schule des Islam, die bis in die 80er Jahre hinein das Denken der afghanischen Muslime bestimmte. Dann kam der Dschihad gegen die Russen und mit ihm die Zeit der Scharfmacher. Einen alten Mullah aus der Zeit, in der Kabul noch eine Pilgerstätte der europäischen Hippies war, haben wir auf dem Land getroffen. Wer Gewalt ausübt, gegen wen auch immer, sagt er, handelt nicht im Namen des Islam. Und wer, wie im Juni 2006 in Kabul geschehen, in einer Moschee eine Bombe baut (die vorzeitig losging und die drei Attentäter zerfetzte), habe das Recht verwirkt, sich als Muslim zu bezeichnen. Es sei eine gottlose Tat.

Wo die Religion zur Politik wird, findet eine solche Auslegung jedoch kaum Gehör. Und solange die Taliban im Norden Pakistans nicht nur lehren, sondern ihre Kämpfer sich ungestört auf Angriffe in Afghanistan vorbereiten können, wird sich die Lage nicht ändern. Sie beklagen, dass der Westen dem Land, den Muslimen, nur Unheil gebracht habe und unfähig oder gar nicht willens sei, ihnen nach zweieinhalb Jahrzehnten Krieg zu helfen. Dabei wissen sie genau, dass sie selbst die Gefahr darstellen, vor der ausländische Helfer zurückschrecken. »Als Amerikaner bist du immer ein Ziel«, hat uns ein Mitarbeiter einer Baufirma in Kabul gesagt, die für die Amerikaner und die internationalen Truppen tätig ist. Doch nicht nur Amerikaner müssen damit rechnen, als Ausländer schnell erkannt zu werden, und sie alle leben gefährlich. »Für 10 000 Rupien«, sagt ein ehemaliger Mudschaheddin, der sich heute am zivilen Aufbau seines Landes beteiligt, »findest du hier immer jemanden, für was immer du willst.« Sei es, eine Mine zu legen oder jemanden verschwinden zu lassen. 10 000 Rupien sind 100 Dollar, ein Lehrer verdient zwischen 15 und 30 Dollar pro Monat.

In Afghanistan, so unser Eindruck, als wir die Taliban und ihre Hochschule verlassen, scheint sich Geschichte zu wiederholen. Zuerst binden Ost und West islamische Gruppen in ihre Weltmachtpolitik ein, dann werden sie ihrer nach einiger Zeit nicht mehr Herr. Vielleicht, weil sie nur kurzfristig planen, weil sie sich nie damit beschäftigt haben, wie und was ihre Verbündeten, die später Gegner und Feinde wurden, wollen, fühlen und denken. Die Taliban kämpfen heute wie vor 20 Jahren um ihre Heimat und ihre Freiheit. Die besteht freilich darin, einen islamischen Staat zu errichten, der die freiheitlichen Grundrechte des Individuums als alle staatliche Macht begründende und beschränkende Norm nicht kennt.

Der Gouverneur von Nangarhar, mit dem wir lange über den Islam, sein Land und die Taliban gesprochen haben, macht uns allerdings auch darauf aufmerksam, dass sich seine Gegner, die das Land von den Amerikanern befreien wollen und wie die alten Mudschaheddin mit Vorliebe über den Dschihad gegen die Russen aus den 80er Jahren reden, heute zu Dienern wiederum fremder Interessen machen. Er sagt nicht direkt, dass er damit Pakistan meint – das tun andere –, aber er erzählt, dass er den Präsidenten Karzai gebeten habe, eine Delegation von Politikern, Unternehmern, Gelehrten, auch Mullahs, zu bilden, die diplomatische Kontakte in den Norden des Nachbarlands knüpfen soll.

Dieser Norden Pakistans, die völlig unübersichtliche North-West Frontier Province mit ihren vielen Fraktionen, ist vielleicht – neben dem Irak – eine der gefährlichsten Regionen der Welt: Tummelplatz der Taliban, Versteck von Al Qaida, Herrschaftsgebiet verfeindeter Stämme und Spielwiese eines anscheinend allmächtigen Geheimdienstes, der wie ein Staat im Staate wirkt und mit dem man als Journalist schnell Bekanntschaft macht. Zugleich ist Pakistan angeblich ein fester Verbündeter Washingtons im Kampf gegen den Terror. Davon freilich merkt man, wenn man im Gebiet der Paschtunen, an der Grenze zwischen Afghanistan und Pakistan unterwegs ist, nichts. Die Taliban glauben, dass ihr Kampf noch lange nicht zu Ende ist. Ihr Dschihad richtet sich nicht gegen den Westen, sie kämen gar nicht auf den Gedanken, den Dschihad in andere Länder zu exportieren. Dass in ihrer Heimat aber wieder der Islam Gesetz wird, dafür werden sie nicht aufhören zu streiten.

Die Kinder des Dschihad in der Arabischen Welt

Afghanistan als »Fitnesscenter« der muslimischen Jugend

Als wenige Tage nach den Anschlägen in New York und Washington die französische Nachrichtenagentur *AFP* die Namen der 19 Attentäter veröffentlichte, seufzte die marokkanische Sekretärin im *ARD*-Studio Rabat erleichtert auf: »Allah sei Dank! Es war keiner von uns.« Diese Erleichterung empfanden viele in Marokko, denn eine Mitschuld an dem Massenmord schien damit ausgeschlossen. Die Anschläge passten auch nicht zum Selbstverständnis der meisten Marokkaner. Sie sind stolz auf ihre Toleranz gegenüber anderen Religionen, sie leben seit Jahrhunderten weitgehend friedlich mit Juden zusammen, sind weltoffen und hatten als erstes Land die Unabhängigkeit der Vereinigten Staaten anerkannt. Aus diesen Gründen war die Erschütterung über die hohe Zahl der amerikanischen Opfer groß. Wenige Tage nach den Anschlägen versammelten sich in der Kathedrale von Rabat der Oberrabbiner von Casablanca, der Erzbischof von Rabat und hohe Mitglieder der islamischen Geistlichkeit zu einem gemeinsamen Gedenkgottesdienst, bei dem ein Kondolenzschreiben des Königs verlesen wurde. Fast das gesamte Kabinett war vertreten, hohe Offiziere, zahlreiche Botschafter und der Vertreter der PLO. Vor dem Altar standen die marokkanische und die amerikanische Flagge, und 300 Trauergäste sangen gemeinsam das amerikanische Gebet »Amazing Grace«. Am Ende zündeten alle Kerzen an und stellten sie auf die Stufen zum Altar. Die damalige US-Botschafterin in Marokko, Margaret Tutwiler, sagte nach der Feier bewegt: »Nirgendwo sonst in der arabischen Welt wäre eine solcher gemeinsamer Gottesdienst möglich gewesen.«

Die Solidarität mit den Angehörigen der Opfer verschwand ebenso schnell wie die Erleichterung darüber, dass Marokkaner nicht zu den Verantwortlichen der Attentate gehörten. Als im November 2001 die ersten Bomben auf Afghanistan fielen, verwandelte sich das Mitgefühl mit den Opfern des 11. September in Wut auf die amerikanische Militärmacht. Denn jetzt starben Muslime am Hindukusch, und in den Augen vieler Marokkaner war der »Krieg gegen den Terror« nichts anderes als Terror gegen Unschuldige. Und mit Besorgnis nahm man auch die Tatsache zur Kenntnis, dass zum Umfeld der Attentäter Landsleute gehörten. Die ersten Angeklagten nach dem 11. September stammten aus Marrakesch. Die Studenten Mounir El Motassadeq und Abdelghani Mzoudi mussten sich wegen Mitgliedschaft in einer terroristischen Vereinigung und wegen Beihilfe zum Mord an mindestens 3066 Menschen vor dem Oberlandesgericht in Hamburg verantworten.

Beide waren 1993 nach Deutschland gekommen und absolvierten gemeinsam das Studienkolleg in Münster. Zwei Jahre später schrieben sie sich an der Technischen Universität Hamburg-Harburg im Fachbereich Elektrotechnik ein und wohnten in der ersten Zeit auch zusammen. Es dauerte nicht lange, bis sie zum engsten Kreis um Mohammed Atta gehörten. El Motassadeq und Mzoudi unterschrieben als Zeugen sein Testament und waren in der Endphase der Planungen in die Logistik eingebunden. Wie die Attentäter hatten sie Ausbildungslager in Afghanistan besucht und sich laut Anklage der Ideologie der Al Qaida angeschlossen.

Mzoudi wurde freigesprochen, das Verfahren gegen El Motassadeq ist noch nicht abgeschlossen.

Nach seinem Freispruch durfte Abdelghani Mzoudi sein Studium in Deutschland nicht beenden und musste nach Marokko ausreisen. Wir trafen ihn und Ibrahim El Motassadeq, den Vater von Mounir, in Marrakesch. Als Treffpunkt hatten sie uns den Parkplatz vor dem Supermarkt »Marjane« am Stadtrand vorgeschlagen. »Marjane« ist ein Konsumtempel von der Größe eines halben Fußballfelds für die aufstrebende Mittelklasse, in dem neben einheimischen Lebensmitteln auch Weine aus Frankreich und Spanien sowie Schinken und Gänseleberpasteten angeboten werden. Die Einkäufe dort werden von den marokkanischen Familien regelrecht zelebriert, sie gehören zum Status einer westlichen Lebensweise und symbolisieren gleichzeitig die Mitgliedschaft in der globalisierten Warenwelt. Gegenüber »Marjane« wirbt eine Immobilienfirma auf einer farbigen Anzeigentafel um Käufer von Luxusvillen rund um eine künstliche Lagune. Als Mzoudi und El Motassadeq auf dem Parkplatz ankamen, zogen sie alle Blicke auf sich, sie wirkten in ihren Djellabas, den groben Wollsocken, den Holzpantinen ähnlichen Schuhen und mit ihren Bärten wie Erscheinungen aus dem Mittelalter.

Aber Mzoudis Handwerk ist nicht aus dem Mittelalter. Der ehemalige Student der Elektrotechnik betreibt heute in Marrakesch mit seinem Freund Abderazak Labied ein Geschäft für Computer-Ersatzteile. Auch Labied hat in Hamburg studiert und ist den Ermittlungsbehörden kein Unbekannter. Wie sein Freund musste er Deutschland verlassen, durfte sein Studium allerdings zuvor beenden. Beide werden mutmaßlich vom marokkanischen Geheimdienst überwacht und dürfen das Land nicht verlassen. Wir haben während des Gesprächs mit Mzoudi schnell den Versuch aufgegeben, über die Motive von Selbstmordattentätern zu reden. Sein Deutsch ist erstaunlich schlecht und auch als wir ins Arabische wechseln, weicht er Erklärungen aus. Aber eines ist ihm sehr wichtig: »Ich bin das Opfer einer Verschwörung und habe bis heute von Deutschland keine Haftentschädigung bekommen.« Wenn er aber unschuldig sei, warum war er dann in einem Ausbildungslager in Afghanistan? »Es war doch nicht verboten und außerdem gehen Deutsche doch auch zur Bundeswehr.« An diesem Punkt springt ihm der Vater von Mounir El Motassadeq bei. Afghanistan sei doch das »Fitnesscenter« junger Muslime gewesen. Der Alte macht dazu Bewegungen mit unsichtbaren Hanteln. »Man muss sich und seine Familie gegen Angreifer verteidigen können.« Am Ende des Gesprächs gibt uns Vater Motassadeq eine Botschaft mit: »Sagt den Deutschen, dass sie Abdelghani endlich die Haftentschädigung schicken sollen, damit der Junge heiraten kann.«

Das Treffen auf dem Parkplatz vor dem Supermarkt in Marrakesch hat sich uns nachdrücklich eingeprägt, denn die Szenerie bildete augenfälliger als politische Analysen die Widersprüche ab, die Marokko zu zerreißen drohen. Diese Widersprüche manifestierten sich in den Anschlägen von Casablanca im Jahr 2003 und seither weiß das ganze Land: Auch wir haben hausgemachten Terrorismus.

Die Anschläge von Casablanca

Die letzten Stunden vor ihrem Tod am 16. Mai 2003 verbrachten die 14 ausgewählten Selbstmordattentäter in einer Wohnung. Der Mieter war Mohamed Omari, ein damals 24-jähriger Parkplatzwächter. Er teilte die Attentäter in Gruppen auf, er war das organisatorische Hirn der Terrorzelle in Casablanca. Die Attentäter kannten sich bereits seit Jahren, sie waren in Thomas aufgewachsen, einem Elendsviertel des Stadtteils Sidi Moumen. Ihre Spielplätze waren Müllhalden, auf die Hirten ihre Schafs- und Ziegenherden zum Grasen schickten. Wer hier hauste, musste zum Wasserholen an den öffentlichen Wasserhahn in der Nähe der Abfallkippe. Viele Jugendliche in Sidi Moumen handelten mit Drogen und waren selbst süchtig.

Die Männer wussten, dass sie an diesem 16. Mai 2003 sterben würden. Zuerst beteten sie gemeinsam. Erst danach erfuhren sie von Omari, wie der Plan aussah, den sie etwa fünf Stunden später in der Innenstadt von Casablanca ausführen würden. Fünf Gruppen sollten zu fünf verschiedenen Zielen gehen und dort um genau 21.30 Uhr die Bomben in ihren Rucksäcken zünden. Jeder der Männer bekam eine neue Casio-Uhr, damit die Simultanzündung gesichert war. Doch von den 14 Männern sollten sich drei in letzter Sekunde anders entscheiden, darunter auch Mohamed Omari. Kurz nach 20 Uhr brachen die fünf Gruppen nacheinander auf. Jede nahm eins der für Casablanca typischen roten »Petit Taxi« für die rund 30-minütige Fahrt in die Innenstadt. Die Ziele waren genau ausgekundschaftet: Ein spanisches Restaurant, ein italienisches, das von einem marokkanischen Juden geführt wurde, des Weiteren ein jüdisches Sozialzentrum und der jüdische Friedhof. Die fünfte Gruppe, in der sich auch Omari befand, brach als letzte auf, in

Richtung Hotel Farah. Die Ziele standen entweder in Verbindung mit Juden oder galten als Orte von »Sünde und Ausschweifungen«. Der 16. Mai war genau gewählt, denn er war ein Freitag und am Beginn des Wochenendes würden die Restaurants gut besetzt sein.

Um 21.30 wurde die Innenstadt von Casablanca von mehreren Explosionen erschüttert. Zeitgleich hatten elf junge Männer ihre Bomben gezündet, Omari und zwei weitere sprangen in letzter Sekunde ab. Sie warfen ihre Rucksäcke mit den Bomben weg und flohen. Marokkanische Ermittler waren bereits kurz nach den Anschlägen davon überzeugt, dass Al Qaida dahinterstecke. »Die Aktion war bereits Monate vorher geplant und angeordnet worden und zwar von Zarqawi«, sagte später ein Ermittler. »Abu Musab Al Zarqawi gab die Anleitung für die Anschläge und sorgte für die Finanzierung.« Das zeitgleiche Zünden der Bomben habe sofort auf Al Qaida hingewiesen. Einer ihrer Sprengstoffexperten soll nach Marokko geschickt worden sein, um beim Bau der Bomben zu helfen. Denn nach Aussagen der Ermittler war keiner der Attentäter je in einem afghanischen Ausbildungslager der Al Qaida gewesen. Das war es, was jeden in Marokko geschockt hatte. Die Selbstmordattentäter waren nicht die üblichen Verdächtigen, die in Marokko rund um die Uhr von der Geheimpolizei überwacht wurden. Keiner der 14 Männer war vor den Anschlägen der Polizei bekannt gewesen, auch nicht der mutmaßliche Koordinator in Marokko, ein 30 Jahre alter Schuster aus Fes. Er soll der Kontaktmann zwischen der Gruppe in Casablanca um den Parkplatzwächter Omari und einem marokkanischen Gehilfen Zarqawis in Europa gewesen sein. Der Schuster konnte nie vor Gericht gestellt werden; er starb noch in der Haft. Offiziellen Angaben zufolge haben Herz und Leber des Mannes während des dreitägigen Verhörs versagt. Doch soll er vor seinem Tod den Ermittlern noch die Namen von 33 Männern genannt haben, die sich für weitere Selbstmordattentate bereithielten.

Die Attentäter waren alle jung, keiner älter als 31 Jahre. Sie hatten alle kein festes Arbeitsverhältnis, aber ihren Lebensmittelpunkt in der Moschee im Viertel Thomas. Dort trafen sie sich nicht nur zum Gebet, dort wurden auch die täglichen Neuigkeiten besprochen. Im Viertel gab es zwar kein fließend Wasser, aber Satellitenschüsseln auf jeder Wellblechhütte. Wie Nachbarn später erzählten, diskutierten sie intensiv über die Konflikte in Palästina, Afghanistan und dem Irak. Alle waren sich einig: die Arabische Welt wird von Amerikanern und Juden dominiert und auch Marokko steht unter dem Einfluss der Ungläubigen. Nachbarn und Familienangehörige berichteten auch, dass sich viele der Attentäter nach den Anschlägen vom 11. September 2001 radikalisiert hatten. In ihren Wellblechhütten empfingen sie die über Satellitenfernsehen ausgestrahlten Botschaften von Osama Bin Laden, der die Muslime zum Kampf gegen die Ungläubigen, »die Juden und Kreuzritter«, aufrief. Und diese Botschaft fiel auf fruchtbaren Boden. Der 25-jährige Mohamed Mheni, einer der Selbstmordattentäter vom 16. Mai, brach nach den Anschlägen von New York und Washington das Studium der Wirtschaftswissenschaften ab. Statt Blue Jeans trug er nun die traditionelle Djellaba. Er schnitt sich die schulterlangen Haare ab und ließ sich einen Bart wachsen. »Im Abschluss seines Studiums sah er keinen Sinn mehr, er rechnete nicht damit, einen Job zu finden«, sagte uns sein Bruder. Stattdessen ließ Mohamed Mheni keines der fünf täglichen Gebete mehr aus. Jeder konnte sehen, wie sich die späteren Attentäter veränderten.

»Sie redeten plötzlich über den Dschihad«, erinnerte sich

Abdul Karim Attar, ein Journalist, der auch im Viertel aufgewachsen ist. »Und an ihren handbreit langen Bärten konnte man sehen, dass sie den Taliban nacheiferten.« Sie versuchten andere zu bekehren und beschimpften junge unverheiratete Frauen, wenn sie auf offener Straße mit Männern redeten. Die späteren Attentäter spielten sich als die Religionswächter ihres Viertels auf, es war ihre neue Berufung.

Und Omari wurde ihr Anführer. Er trug tagsüber keine Djellaba, sondern den blauen Kittel eines Parkwächters. Seine Schulausbildung war rudimentär. Anders als die anderen aus der Gruppe war er verheiratet und hatte bereits ein Kind. Er lebte auch nicht in einer Wellblechhütte, sondern im Obergeschoss eines kleinen bescheidenen Zweifamilienhauses. Er war es, der die Anschlagsziele auswählte, er rekrutierte die Kandidaten für die Selbstmordanschläge. Das war sein Auftrag. Denn in einer Audio-Botschaft hatte Osama Bin Laden Marokko als ein Land »reif für die Befreiung« beschrieben. Omari nahm es wörtlich. Aber von wem oder von was sollte Marokko befreit werden? Für Omari und seine Mitstreiter lag es auf der Hand: Von den Juden und dem mit den Amerikanern im Kampf gegen den Terror verbündeten Regime. Deswegen wählte er den Friedhof, das jüdische Sozialzentrum und das von einem marokkanischen Juden geführte Restaurant in Casablanca aus. Und das Hotel Farrah geriet ins Visier, weil dort viele Touristen absteigen und damit eine wichtige Einnahmequelle des marokkanischen Staates getroffen werden sollte.

Aber Omari dachte nicht daran, Märtyrer zu werden. Vor dem Hotel Farrah warf er seinen Rucksack weg und rannte davon. Hotelangestellte hatten sich aber sein Gesicht gemerkt und brachten so die Polizei auf seine Spur. Ein marokkanisches Gericht verhängte später die Todesstrafe über ihn, das Urteil wurde bisher nicht vollstreckt.

In Casablanca kamen am 16. Mai 43 Menschen ums Leben, darunter auch die Attentäter. Die meisten Opfer waren Marokkaner und Muslime.

Das Land hielt in den Tagen danach den Atem an. Dass Marokkaner auf heimischem Boden Landsleute töten, war ein bis dahin unvorstellbares Szenario. Zehntausende gingen spontan auf die Straßen und demonstrierten gegen den Terrorismus. In einigen Städten ließ die Regierung Plakate kleben mit der Aufschrift: »Ne touche pas à mon pays« – »Rühr mein Land nicht an«. Es war eine Aktion wie die der französischen Organisation SOS Racisme in Frankreich. Nur ging es nicht gegen Fremdenhass, sondern gegen Terroristen aus dem eigenen Land. Noch während Marokko trauerte, schlugen die Sicherheitsbehörden zu. Im Viertel Thomas, wo die Attentäter herkamen, wurden in einer Nacht-und-Nebel-Aktion alle Männer zwischen 16 und 40 Jahren verhaftet und in verschiedene Verhörzentren gebracht. Die meisten kamen Tage später wieder frei, andere wurde zu langen Haftstrafen verurteilt. Doch nicht nur in Casablanca, sondern auch in vielen anderen mutmaßlichen Islamistenhochburgen wurden Tausende verhaftet. Im Schleppnetz der Fahnder verfingen sich auch jene, die mit den Anschlägen nichts zu tun hatten.

Die Gebrüder Benyaich aus Tanger

Ganz oben auf der Liste der marokkanischen Geheimdienste stand der Name Benyaich. Sie wussten, dass sich drei Söhne dieser reichen, angesehenen Familie in Tanger radikalen Gruppen angeschlossen hatten. Abdallah Benyaich war bei den Angriffen der amerikanischen Streitkräfte auf Tora Bora in Afghanistan im November 2001 getötet worden.

Ein stolzer und liebevoller Vater. Abdallah Benyaich, bevor er nach Afghanistan ging.

Sein älterer Bruder Abdulaziz galt als Verbindungsmann des jordanischen Terroristen Al Zarqawi in Spanien und wurde dort 2003 verhaftet. Der jüngste Bruder Salaheddine war Mitte der 90er Jahre während des Jugoslawienkriegs nach Bosnien gereist und hatte dort auf muslimischer Seite gegen die Serben gekämpft. Damals war er 20 Jahre alt und verlor bei diesen Kämpfen ein Auge. Seither lebte er wieder in Tanger und durfte Marokko nicht verlassen, die Behörden hatten ihm den Pass abgenommen. Kein Wunder, dass nach den Anschlägen vom 16. Mai der Verdacht gleich auf ihn fiel, denn er kannte die falschen Leute. Es waren Imame, die in Tanger zum heiligen Krieg aufgerufen hatten. Er war auch mit Männern befreundet, die in afghanischen Camps trainiert hatten. Den marokkanischen Fahndern bot sich also

Ein Sunnyboy aus Tanger. Abdulaziz Benyaich mit Anfang 20, strahlend und unbekümmert.

die ideale Gelegenheit, einen Gesinnungsgenossen der Radikalen hinter Gitter zu bringen. Salaheddine wurde wegen Mitgliedschaft in einer Terroristischen Vereinigung und Mitwisserschaft bei den Anschlägen von Casablanca zu 18 Jahren Haft verurteilt. Die Familie Benyaich bestreitet die Vorwürfe vehement, ebenso seine Anwälte. Auffällig ist, dass die Beweisaufnahme in seinem und vielen anderen Verfahren nach den Anschlägen nur wenige Minuten dauerte und die Angeklagten in Gruppen verurteilt wurden. In vielen Fällen bekamen die Verteidiger entweder keine Beweisakten zu sehen oder erst kurz vor der Urteilsverkündung.

»Das ist alles eine große Verschwörung«, sagt Jamal Benyaich. Wir haben ihn im Reitclub von Tanger getroffen, bei seinen Pferden, Kitty und Musharaf. Unter den mächtigen alten Eukalyptusbäumen des Royal Club Equestre, wo die Reichen und Schönen von Tanger verkehren, breitet er seine Theorie der Attentate aus. »Bis heute ist doch nicht bewiesen, ob wirklich Al Qaida hinter den Anschlägen steckte und ob es Al Qaida überhaupt gibt.« Mit ausgesuchter Höflichkeit servieren ihm die Kellner im Café des Reitclubs Minztee. Jamals Vater besitzt das Monopol auf ein bekanntes marokkanisches Mineralwasser und die Familie hat mehrere Villen im feinsten Stadtteil von Tanger. Alle Benyaich-Söhne sind attraktive Männer. Ein Familienfoto zeigt Abdulaziz unbekümmert und strahlend auf seinem teuren Motorrad. Auf einem anderen Schnappschuss hält Abdallah liebevoll seine kleine Tochter im Arm. Das war kurz bevor er in ein Trainingslager nach Afghanistan reiste. Wer nur diese Fotos betrachtet, versteht die Tragödie der Familie nicht. »Wir führten in Marokko ein europäisches Leben«, sagt Jamal, »aber dann gingen Abdulaziz, Abdallah und Salaheddine nach Europa und dort passierte etwas mit ihnen.« Dort, so glauben marokkanische Ermittler, müssen sie mit Menschen in Kontakt gekommen sein, die ihnen von der »weltweiten Unterdrückung der muslimischen Gemeinschaft und dem Dschihad« erzählten. Erst in Europa haben die drei Brüder beschlossen, im heiligen Krieg einen neuen Lebenssinn zu sehen.

Aber die Verwandlung der Benyaich-Söhne vollzog sich nicht über Nacht. Anfangs erlagen Abdulaziz, Abdallah und Salaheddine den Verlockungen des europäischen Nachtlebens. Salaheddine war nach seinem Abitur zuerst nach Spanien und später nach London und Brighton gezogen, Geld hatte er genug. Eine seiner Schwestern glaubt, dass er in London irgendwann Schuldgefühle wegen seines ausschweifenden Lebens entwickelt habe. »Es war die Zeit des Bosnienkriegs. Muslime wurden dort abgeschlachtet. Es war täglich in den Nachrichten. Auch Salaheddine hat sie gehört.« Das war 1995 und Salaheddine gerade 20 Jahre jung. Damals begannen in allen Moscheen Europas Imame zur Verteidigung der bedrohten Brüder und Schwestern in Bosnien aufzurufen. Es gab kein Gesetz, das diese Anwerbung verboten hätte. Nach den Freitagsgebeten wurden Spenden gesammelt und freiwillige Hilfskräfte angeworben, zunächst Krankenpfleger, später dann auch junge Männer für den bewaffneten Kampf. Salaheddine war einer von ihnen. Das geschah nicht nur unter den Augen der europäischen Geheimdienste, auch die Botschaft Marokkos wusste davon. »Für die Anwerber war Salaheddine ein leichtes Opfer, denn er hatte ein schlechtes Gewissen gegenüber seinen leidenden muslimischen Brüdern in Bosnien«, vermutet eine seiner Schwestern. Es dauerte lediglich ein halbes Jahr, bis aus dem Jüngsten der Familie Benyaich ein entschlossener Dschihadist geworden war.

Oder war es das Vorbild seines Bruders Abdulaziz, das Salaheddine den Weg in den Dschihad wies? Der Ältere war 1986 nach dem Abitur als Erster nach Europa gegangen. Eigentlich wollte er in Spanien nur Urlaub machen, aber dann blieb er zwei Jahre und kehrte anschließend nach Tanger zurück, um in der Firma seines Vaters zu arbeiten. Einige Zeit später lernte er eine Französin kennen, heiratete sie und veränderte sich in der Ehe: »Er fing an, sich islamisch zu kleiden, und wurde religiöser«, erinnert sich Jamal. Seine französische Frau konvertierte zum Islam. Marokkanische Sicherheitskreise vermuten, dass sich das Ehepaar gemeinsam radikalisierte. Sie seien zusammen nach Spanien, Frankreich und Großbritannien zu Predigern in einschlägigen Moscheen gereist. Wenn es stimmt, dass er ein Verbindungsmann des jordanischen Terroristen Zarqawi in

Spanien war, dann muss seine Anwerbung in diesen Gebets-
häusern geschehen sein. »Niemand hat darauf geachtet, was
in europäischen Moscheen gelehrt wurde. Niemand hat sich
dafür interessiert, ob die in Europa predigenden Imame
überhaupt qualifiziert waren.« Seine Schwester ist darüber
bis heute empört. »Diese jungen muslimischen Migranten
haben meistens keinen Halt und suchen eine Heimat im
Islam. Sie brauchen Orientierung in einer als fremd und
feindselig empfundenen Umgebung.«

Die Ehe von Abdulaziz und der Französin Alice scheiterte
und sie nahm die beiden Kinder mit zurück nach Frankreich. Die Familie bemerkte, wie er immer depressiver
wurde, weil er den Verlust seiner beiden Kinder Selma und
Elyas nicht verschmerzen konnte. Von da an fuhr er häufiger
nach Spanien und soll sich dort regelmäßig mit Verbin-
dungsleuten von Al Qaida getroffen haben. Auch Abdulaziz
wurde unmittelbar nach den Anschlägen in Casablanca 2003
festgenommen. Die spanische Polizei verhaftete ihn im
Hotel Marrakesch in der Hafenstadt Algeciras. In seiner
Jackentasche fand sie angeblich ein Flugticket nach Teheran.
Zeitgleich durchsuchten marokkanische Ermittler das Haus
der Familie Benyaich in Tanger und stellten dort ein präpa-
riertes Mobiltelefon sicher, das eine Bombenexplosion hätte
auslösen können. Mit identischen Telefonen sollen auch die
Attentäter von Casablanca ausgerüstet gewesen sein. Aus
diesem Fund schlossen die Behörden, dass Abdulaziz zum
Täterkreis gehören musste. Nach den Anschlägen in Madrid
im März 2004 kamen weitere Verdachtsmomente gegen ihn
hinzu. Auch dort hatten die Attentäter mit präparierten
Mobiltelefonen gearbeitet. Spanische und marokkanische
Sicherheitskreise glauben, dass er den Hauptverdächtigen
der Madrider Anschläge, einen gewissen Jamal Zougam, rekrutiert hat. Zougam stammt wie Abdulaziz aus Tanger. Im

Mai 2006 wurde Abdulaziz Benyaich nach Marokko abgeschoben, wo er seither im Gefängnis sitzt. Doch die größte Tragödie für die Familie Benyaich war der Tod von Abdallah. Der Zweitjüngste der Brüder ging im Alter von 27 Jahren nach Afghanistan, ohne irgendjemanden in seiner Familie einzuweihen. Es war kurz vor dem 11. September 2001. Wenige Wochen nach den Anschlägen führten die Vereinigten Staaten ihren ersten »Krieg gegen den Terror« in Afghanistan, und Abdallah kam bei der Bombardierung Tora Boras ums Leben. »Von seinem Tod erfuhren wir überhaupt nur, weil uns ein Marokkaner Fotos von seiner Leiche und dem Grab zeigte«, sagt Jamal. Auch Abdallahs Weg in die Hände der Radikalen führte über Europa, und auch bei ihm via Spanien. Das ist kein Zufall, denn von Tanger aus kann man das spanische Festland bei gutem Wetter sehen; und mit der Fähre dauert die Überfahrt nur eine knappe Stunde. Im Norden Marokkos spricht außerdem jeder so gut Spanisch wie Arabisch, so auch die Benyaichs. Die Söhne bekamen umstandslos Einreisevisa für Spanien, sie waren wohlhabend und unverdächtig. Anders als sein Bruder Abdulaziz heiratete Abdallah eine Marokkanerin. Eins der letzten Fotos zeigt ihn als liebevollen und stolzen Vater einer Tochter. Und anders als bei seinem älteren Bruder merkte man ihm die religiöse Radikalisierung nicht an. Er ließ sich nicht den Bart wachsen und trug weiter westliche Kleidung. Er fuhr regelmäßig nach Spanien und die Familie fand das völlig normal. So wunderte sie sich auch nicht, als er im September 2001 wieder einmal die Koffer packte. Diesmal allerdings nicht, um nach Spanien zu reisen, wie seine Verwandten annahmen, sondern nach Afghanistan.

Die Familie Benyaich und marokkanischen Ermittlerkreise sind sich in einem ganz sicher: Alle drei Brüder gerieten in Europa unter den Einfluss radikaler Prediger. Aber warum drei gut aussehende, lebenslustige, wohlhabende junge Männer ihrem Leben eine radikale Kehrtwende gaben, das stellt die Familie vor ein Rätsel. Die Benyaichs waren immer gläubig, aber nie radikal. Naima, eine der Schwestern, ist Korangelehrte, gibt Unterricht und hält Vorträge in Tanger. Sie trägt ihr Kopftuch mit selbstverständlichem Stolz. Naima ist die Einzige, die das Schicksal ihrer Brüder intellektuell zu begreifen versucht. Mit den Verschwörungstheorien ihres Bruders Jamal will sie sich nicht abfinden. Sie glaubt, dass ihre Brüder in Europa eine besondere Form des Gemeinschaftsgefühls unter Muslimen erlebt haben. In den spanischen und englischen Moscheen trafen sie Brüder aus vielen Nationen. Dort spielte keine Rolle, aus welchen Ländern die Gläubigen kamen, ob sie reich oder arm, hell- oder dunkelhäutig waren, ob sie sich illegal oder legal in Europa aufhielten. In den Moscheen erlebten sie die Umma, die Gemeinschaft, in der alle Muslime gleich sind. In den Freitagspredigten hörten sie, dass alle Gläubigen helfen müssten, wenn ein Teil der Umma leidet, sei es in Bosnien, Tschetschenien oder Palästina. Es sei eine religiöse Pflicht, der sich ein Moslem nicht entziehen dürfe. Die Botschaft fiel auf fruchtbaren Boden. In vielen europäischen Moscheen wurden Spenden gesammelt und Hilfskonvois zusammengestellt. Der 20-jährige Salaheddine wollte aber mehr tun und zog in den heiligen Krieg nach Bosnien. Er und seine Brüder Abdulaziz und Abdallah hatten das »Leiden« der Umma zu ihrem eigenen gemacht. »Hätten wir sie doch nie nach Europa ziehen lassen«, sagt die Schwester heute.

Die gescheiterte Selbstmordattentäterin von Amman

Die Anschläge von Amman waren ein Schock für Jordanien, doch eine wirkliche Überraschung waren sie nicht. Bereits vor dem Krieg im Irak hatte Abu Musab Al Zarqawi angekündigt, er werde das Königshaus und die Sicherheitsbehörden des Landes bekämpfen. Mehr als einmal war es den jordanischen Diensten gelungen, Anschläge im Land zu verhindern; sie hatten Männer festgenommen, die angeblich, mit Tonnen von Sprengstoff und Chemikalien ausgestattet, Attentate gegen Ziele in Amman, darunter die Zentrale des Geheimdienstes, geplant hatten. Im jordanischen Fernsehen erzählte einer der verhinderten Attentäter, den die Behörden gefangen genommen hatten, von seinen Plänen. Der Auftraggeber hieß Zarqawi und zog die Fäden aus dem Irak, die Gruppen und geheimen Zellen, die er rekrutierte, bildeten jedoch hauptsächlich Jordanier.

Dass Zarqawi irakische Attentäter im Ausland einsetzen wollte, war den Geheimdiensten bekannt. Doch Zarqawi wiederum rechnete damit, dass seine Leute entdeckt würden. Eine Gruppe von irakischen Männern, die sich in Amman aufhielt, hätte der Geheimdienst früher oder später bemerkt. Vermutlich hätte man sie bereits an der Grenze entdeckt. Ein irakisches Ehepaar, das mit zwei männlichen Verwandten am 5. November 2005 vom Irak nach Jordanien reist und sich in einem von irakischen Flüchtlingen bewohnten Viertel Ammans eine Wohnung mietet, fällt jedoch niemandem auf. Es scheint eine weitere Familie zu sein, die vor dem Krieg im Irak flieht. Die Tarnung ist perfekt. Das Ehepaar und die beiden »Verwandten« machen sich am 9. November 2005 auf den Weg in die Innenstadt. Ihr Ziel sind drei Hotels, das Grand Hyatt, das Days Inn und das Radisson SAS. Zu Letzterem geht das Ehepaar. In einem großen Saal hat sich gerade

Drei Tage lang trug Sajida Rishawi den Sprengstoffgürtel am Leib, ehe sie der jordanische Geheimdienst verhaftete.

eine jordanische Hochzeitsgesellschaft zusammengefunden. Das Selbstmordattentäterpaar betritt den Saal, in dem die Gesellschaft feiert. Die beiden wissen, dass sie an diesem Ort sterben werden, sie tragen ihre Sprengstoffgürtel am Körper. Zunächst will die Frau, Sajida Rishawi, ihren Gürtel zünden, doch nichts geschieht. »Sie hatte den ›Schlüssel‹ im Auto vergessen, den man braucht, um die Explosion auszulösen«, erklärt ein jordanischer Sicherheitsbeamter, »aber sie war fest entschlossen, zu sterben und unschuldige Menschen – Frauen und Kinder – zu töten.« 60 Menschen reißen die Attentäter in den Tod. Zu den Anschlägen bekennt sich Abu Musab Al Zarqawi, er bezeichnet sie als Rache für die »Unterstützung« der Amerikaner.

Die Selbstmordattentäterin Sajida Rishawi stirbt nicht, sie flieht, nach ein paar Tagen wird sie festgenommen. Das jordanische Fernsehen strahlte einen Teil des Verhörs aus, das der Geheimdienst mit ihr führte. Die 35-Jährige wurde zum Tathergang befragt. Sie demonstrierte, wie sie die

Sprengstoffweste unter ihrem langen dunklen Mantel getragen hatte. In weiteren Verhören, die das Fernsehen nicht zeigte, erklärte sie den Ermittlern ihre Motive und die Hintergründe der Tat. Warum wollte diese Frau eine Selbstmordattentäterin werden?

Sajida Rishawi handelte, wie sie sagte, um den Tod von Verwandten zu rächen. Mit ihrer Familie hatte sie in der Nähe von Falludscha gelebt. Einige ihrer Verwandten schlossen sich Zarqawi an. Bei Angriffen der Amerikaner auf irakische Städte wurden zwei ihrer Brüder und ihr Schwager getötet. Daraufhin habe sie sich entschlossen, ihr Leben als Selbstmordattentäterin zur Verfügung zu stellen. Gemeinsam mit drei Männern wurde sie für die Anschläge in Amman ausgewählt. Weil es ihr jedoch verboten gewesen wäre, mit den drei Männern – von denen keiner ein enger Blutsverwandter war – alleine zu reisen, heiratete sie kurzerhand Ali Hussein Al-Shammari, der seine Bombe im Radisson SAS zündete. Die Hochzeit habe allein dazu gedient, nach Jordanien reisen und eine Wohnung in Amman nehmen zu können. Den jordanischen Grenzbeamten gegenüber sollte sie als Grund für die Reise »eine medizinische Behandlung wegen Unfruchtbarkeit« angeben.

Als sie inmitten der Hochzeitsgesellschaft stand und merkte, dass ihr Sprengstoffgürtel nicht explodierte, habe ihr Zwecksehemann sie aufgefordert wegzurennen, dann habe er seinen Bombengürtel gezündet, berichtete Sajida Rishawi im Verhör. Bei dem Anschlag starben 30 Menschen der jordanisch-palästinensischen Hochzeitsgesellschaft. Unter den Toten waren die Eltern der Braut und der Vater des Bräutigams. Abu Musab Al Zarqawi wollte den Jordaniern in einer im Internet veröffentlichten Erklärung zwar vormachen, dass sich die Anschläge gegen »israelische Spione« gerichtet hätten und die Hochzeitsgesellschaft versehentlich getroffen worden sei. Doch stellte Sajida Rishawi die Sache anders dar. Es sei ihnen, sagte sie, sehr wohl bewusst gewesen, dass sie sich inmitten einer Hochzeitsgesellschaft aufhielten.

Die Flucht der verhinderten Attentäterin ist abenteuerlich. Im Chaos nach dem Anschlag steigt sie in ein Taxi und fährt zu der Familie ihres von den Amerikanern getöteten jordanischen Schwagers in die Stadt Salt. Den Verwandten tischt sie ein Märchen auf. Sie bittet darum, ein paar Tage bleiben zu dürfen, sie wird selbstverständlich mit offenen Armen empfangen. Doch als zwei Tage nach den Anschlägen in den Nachrichten davon die Rede ist, dass eine irakische Selbstmordattentäterin auf der Flucht sei, schöpfen einige Leute im Ort Verdacht. Bei ihrer Festnahme hatte Sajida Rishawi noch immer den Sprengstoffgürtel angelegt. Sie hatte ihn nie ausgezogen. Auch nicht, als sie schlief.

Die Sicherheitskreise schließen aus, dass die Familie des toten Schwagers etwas von Sajida Rishawis Auftrag wusste. Unbekannt ist der Clan den Ermittlern aber nicht. Ein Sohn der Familie, Nidal, war ein paar Jahre zuvor mit einer Gruppe von jungen Männern nach Afghanistan gezogen, wo er in den Lagern der Al Qaida ausgebildet wurde. Später reiste er in den Irak, kämpfte gegen die Amerikaner und wurde getötet.

Nidal Arabiyat – der Bombenbauer Zarqawis

Die Nachricht vom Tod seines Sohnes ist kurz. Die Männerstimme am anderen Ende der Leitung ist kaum zu verstehen: »Herzlichen Glückwunsch, dein Sohn ist heute zum Märtyrer geworden. Allah hab ihn selig.«

»Das war am 27. Februar 2004, an einem Donnerstag«, sagt

Mohammed Arabiyat, der Vater des Mannes, der an diesem Tag im Irak zum »Märtyrer« wurde. Er hat sich über diesen Glückwunsch nicht freuen können. Mohammed raucht, er raucht viel. »Es ist mehr geworden seit diesem Tag«, sagt er. Er hört aufmerksam den Fragen zu und blickt traurig in die Ferne, immer dann, wenn es um seinen Sohn Nidal geht. Die rechte Hand von Zarqawi soll er gewesen sein, ein Chefstratege und Planer. Sein Vater zuckt mit den Achseln: »Nur Allah weiß, was die Wahrheit ist.«

Im Dezember 2005 kursierte im Internet eine Biografie der »Märtyrer«. Es sind Geschichten, die andere Kämpfer im Irak geschrieben haben, sie beschreiben das Leben der »Shahid«, der gefallenen Krieger. Einer dieser Texte handelt von »Abu Hamza Al-Urduni« alias Nidal Arabiyat. »Wir alle sollten Abu Hamza für sein großes Wissen zur Herstellung von Autobomben danken«, schreibt der Autor. Nidal habe bei fast allen Selbstmordattentaten eine große Rolle gespielt, bei denen Sprengstoff im Einsatz war. Unter anderem habe er die Bomben präpariert, die bei den Anschlägen auf den Schiitenführer Mohammed Bakr Al Hakim und den Beauftragten der Vereinten Nationen im Irak, Sergio de Mello, gezündet wurden. Der Autor des Nachrufs schreibt, er und Nidal hätten an dessen Todestag in einem Haus in Ramadi gesessen, um einen Anschlag vorzubereiten. Plötzlich sei das Haus von amerikanischen Truppen umzingelt worden, mit denen sich Abu Hamza ganz allein ein Feuergefecht geliefert habe, um das Leben der anderen zu schützen. Dabei sei er getötet worden.

Nidal Arabiyat stammt aus der jordanischen Stadt Salt. Er ist ein Herumtreiber, er trinkt Alkohol, in der Hauptstadt Amman besucht er die Discotheken, von Religion hält er nicht viel. Doch es geschieht etwas, das Nidal Arabiyat zu

»Abu Hamza«, den Bombenspezialisten und die rechte Hand Zarqawis, werden lässt.

1973 wird er in eine der größten Familien Jordaniens hineingeboren, die Arabiyat. Nidal ist der älteste Sohn von Mohammed Arabiyats erster Ehefrau. »Er war zwar ein wenig schüchtern, aber auch frech«, erinnert sich sein Vater und lächelt, »er liebte es zu spielen und wollte kaum lernen.« Der erste Wendepunkt in seinem Leben kommt, als Nidal acht Jahre alt ist. Es ist ein heißer Sommertag, die Familie ist zu Besuch bei Verwandten in der Küstenstadt Akaba. Seine Mutter hält ihn und seinen jüngeren Bruder Ashraf an den Händen, um eine Straße zu überqueren. Ein Auto ist schneller, als die Mutter vermutet. Sie stößt ihre Söhne zur Seite, Ashraf bricht sich den Arm, die hochschwangere Mutter liegt blutüberströmt auf der Straße und stirbt noch am Unfallort. Nidal spricht mit niemandem, er ist traumatisiert. Sein Vater heiratet zwei Wochen später die Nichte seiner verstorbenen Frau. »Ich war damals bei der Armee und die Kinder waren klein, wie sollte ich mich um sie kümmern?«, fragt der 58-jährige Mohammed Arabiyat. Es klingt, als wolle er sich entschuldigen.

Als seine Mutter stirbt, besucht Nidal gerade die vierte Klasse. Ein Jahr lang geht er aufs Gymnasium, dann hat er die Schule satt. »Er hatte kein Interesse am Lernen und wollte sein Leben leben«, sagt sein Vater. Nidal geht zur jordanischen Armee, bleibt für fast drei Jahre. Doch das ist nicht das Leben, das Nidal erstrebt: »Es war ihm zu anstrengend und man verlangte zu viel Disziplin von ihm.« Nachdem er die Armee verlassen hat, arbeitet Nidal als Taxifahrer in Amman und Salt. Den ganzen Tag läuft arabische und englische Musik in seinem Radio. Mit Freunden und gleichaltrigen Verwandten zieht er um die Häuser und feiert. Er bleibt lange wach und schläft am Morgen, die Arbeit leidet darunter, mit seinem Vater gibt es oft Streit. »Er hing mit den falschen Leuten herum, sie nahmen Drogen, rauchten und tranken Alkohol, ich sagte ihm, dass er sich von ihnen fern halten sollte«, erzählt sein Vater. Nidal habe damals weder gebetet noch sei er besonders gläubig gewesen. Der Vater sieht nur einen Ausweg für seinen Sohn – Heirat. »Ich wollte ihn mit der Tochter eines Bekannten aus Damaskus verheiraten, damit er wegkommt von den schlechten Dingen.« Nidal stimmt der Heirat nicht zu.

Es geschieht im Jahr 1998, an einem der üblichen Ausgehabende von Nidal: Er macht sich mit Freunden auf den Weg nach Amman, sie sitzen zu fünft im Wagen. Sie sind betrunken, auf ihrem Rückweg, gegen Mitternacht, kommt es zu einem Autounfall. Zwei der jungen Männer sterben, darunter auch Nidals Cousin. Wer ist gefahren? Mohammed Arabiyat weiß es nicht sicher, aber er glaubt nicht, dass es sein Sohn war. Dieser sei nur leicht verletzt gewesen, »es war wie ein Wunder«, erinnert sich sein Vater. Doch wirkt Nidal nach dem Unfall introvertiert. Die meiste Zeit verbringt er in seinem Zimmer, er geht kaum aus dem Haus. Sechs Monate lang geht das so. »Auf einmal fing er an zu beten und ging regelmäßig in die Moschee.« Der Vater ist zunächst erleichtert und glücklich, weil sich sein Sohn von den Freunden lossagt und kein Interesse mehr an den nächtlichen Fahrten in die Hauptstadt zeigt. Das hat mit dem Einfluss von Nidals neuen Freunden zu tun, die wegen ihrer tiefen Frömmigkeit die »Shaikhs« genannt werden. Er verbringt täglich mehrere Stunden mit ihnen in der Moschee, lässt sich den Bart wachsen und tauscht seine westliche Kleidung gegen die Galabija. Seine Arbeit gibt Nidal auf.

Nidal schafft sich seine eigene Welt. Wenn seine Familie Nachrichten schaut, zieht er sich zurück und studiert religiöse Bücher. »Er sprach nie über Politik mit uns oder diskutierte über Konflikte«, erinnert sich sein Vater. Damals habe er das Verhalten seines Sohnes als normal angesehen, eine Gruppe von jungen Männern, die gemeinsam studierten, fasteten und sich trafen. Nie habe Nidal angedeutet, dass er vorhatte, Jordanien zu verlassen, um in den Dschihad zu ziehen. Doch erzählen eines Tages ein paar junge Männer aus Salt, dass sie zur Umra, der kleinen Pilgerfahrt, nach Mekka reisen wollen, einer davon ist Nidal. »Hätten wir gewusst, dass sie etwas anderes vorhatten, hätten wir sie natürlich gestoppt«, sagt sein Vater. Nidals Verhalten sei nicht auffällig gewesen. Er war kein Extremist, nie habe er jemanden kritisiert oder aufgefordert, streng nach dem Glauben zu leben. Die Veränderungen beschränkten sich auf sein eigenes Leben, er hörte keine Musik mehr, las nur noch religiöse Bücher und hörte Kassetten mit Koranrezitationen und Ansprachen religiöser Prediger. Ende September oder Anfang Oktober 1999 verschwand Nidal Arabiyat. Er sagte seiner Familie Salam aleikum und ging.

Etwa 48 Stunden, nachdem er sich von seiner Familie verabschiedet hatte, rief er zu Hause an und bekannte, dass er in den Dschihad ziehen wolle. »Welcher Dschihad? Gibt es da noch irgendwo einen Dschihad, habe ich ihn gefragt«, sagt Mohammed Arabiyat und zieht den Rauch seiner Zigarette ein und stößt ihn wieder aus. »Bete für mich«, antwortete Nidal. Sein Anruf kam aus Syrien, von da an brach der Kontakt für einige Zeit ab. »Ich war am Anfang erleichtert, dass er keine Dummheiten mehr im Kopf hatte und mehr über die Religion lernen wollte, aber Dschihad…«, der Vater schüttelt ungläubig den Kopf.

Jordanische Sicherheitskreise ermitteln später, dass Nidal Arabiyat und andere junge Männer aus Salt Anhänger des Predigers Raed Khreisat wurden. Khreisat ist internationalen Geheimdiensten ein Begriff, weil er im Kurdengebiet im Nordirak ein Trainingscamp der »Jund Al-Sham« (Soldaten der Levante) eröffnete und mit der radikalen kurdischen Ansar Al-Islam eine Allianz einging. Später stieß auch Abu Musab Al Zarqawi dazu. Als der Jordanier Khreisat während eines Angriffs getötet wurde, übernahm Zarqawi das Kommando und lernte Nidal Arabiyat kennen.

Zwei Jahre hörte die Familie nichts von Nidal. Lebte er oder war er tot? Es gibt nur Gerüchte im Ort, dass er mit den anderen nach Tschetschenien oder Afghanistan gezogen sei. Die Stimmung in der Familie Arabiyat ist gedrückt, die Ungewissheit über den Verbleib von Nidal eine große Last. Irgendwann klingelt das Telefon, ein Ferngespräch, am anderen Ende der Leitung ist Nidal. »Wie geht es dir, wo bist du, komm zurück«, sagt ihm der Vater. Doch sein Sohn wird nicht zurückkommen. Es ist das Jahr 2002, Nidal befindet sich im Irak, Saddam Hussein ist noch an der Macht. Damals dachte der Vater, Nidal habe vielleicht Arbeit gefunden. »Wir waren so glücklich darüber, dass er am Leben war«, sagt er. Zwei Monate später ruft sein Sohn wieder an. Er wolle endlich heiraten, erklärt er seinem Vater. Die Familie solle nach einer geeigneten Braut für ihn suchen und sie ihm schicken. »Ich fragte ihn, wer auf dieser Welt würde seine Tochter unter solchen Umständen weggeben?« Es sei allen bewusst gewesen, dass Nidal beim Betreten jordanischen Bodens sofort verhaftet worden wäre. Nidal will sich eine Frau im Irak suchen. Wochen später meldet er sich und verkündet, er habe eine Braut gefunden, ihr Name sei Fatma. »Ich bat ihn wieder, doch zurückzukommen.« Besser sein Sohn in einem jordanischen Gefängnis als im vom Krieg bedrohten Irak. Doch er sagte: »Nein, die Amerikaner kommen.«

Nidal hat inzwischen Fatma geheiratet, er übergibt ihr

den Hörer, sie nimmt die Glückwünsche und Segnungen der Familie entgegen. Zurückkehren will Nidal nicht. »Es war das letzte Mal, dass ich mit ihm sprach«, sagt Mohammed Arabiyat und schweigt für einen Augenblick. Die Vereinigten Staaten und ihre Verbündeten starteten ihre Offensive im Irak. Von nun an meldete sich nur noch Fatma bei Nidals Familie. Sie übermittelte Grüße und erzählte schließlich, dass sie schwanger sei. Monate später erfuhren die Arabiyats, dass ihr Enkel Mohammed gesund und fidel sei. Sie stehe zwar nicht in direktem Kontakt zu Nidal, erzählte Fatma bei einem Gespräch, doch habe sie gehört, dass er wohlauf sei. Als Nidal getötet wurde, war sein Sohn vier Monate alt, er hatte ihn nur einmal gesehen.

Der Irak-Konflikt: Die neue Generation der Mudschaheddin

Seit dem Krieg im Irak habe die jüngere Generation größere Sympathien für Kämpfer und Selbstmordattentäter entwickelt. Es sei ein legitimer Widerstand gegen die amerikanischen Besatzer, meinen viele Muslime.

Internationale Geheimdienste haben mehrmals darauf hingewiesen, dass Muslime verschiedener Länder in den Irak gereist seien, um dort zu kämpfen. Für Sicherheitskreise ist es schwer, die Beweise dafür zu liefern, denn viele reisen illegal ein oder mit gefälschten Ausweispapieren. Unter dem Vorwand, sie wollten einen Sprachkurs im Nahen Osten absolvieren, versuchen auch so manche Muslime aus Europa, die Grenzen zu passieren. »Sie werden immer jünger, das ist unsere große Sorge«, sagt ein Mitglied des jordanischen Geheimdienstes, »wir haben es mit einer Generation von kampfbereiten Jugendlichen zu tun, die zu allem, auch zu Selbstmordattentaten, bereit sind.«

Um zu ergründen, was junge Männer in den Irak zieht, haben wir uns Anfang 2006 mit zweien getroffen, die dort gekämpft haben. Einen davon besuchten wir in Jordanien, der Zweite bat darum, das Land nicht zu nennen.

Es war kein leichtes Unterfangen, Abu Ahmad zu treffen. Sein richtiger Name ist nicht Abu Ahmad, aber aus Angst vor einer Verhaftung durch den jordanischen Geheimdienst will er in diesem Buch so genannt werden. Der 26-Jährige hatte uns über einen Mittelsmann wissen lassen, dass er mit uns reden könne, sein »Emir« habe es erlaubt. Treffpunkt solle der Parkplatz des Safeway in der Stadt Zarqa sein, um viertel nach drei, nicht später. Der Vermittler fragt nach dem Auto, mit dem wir kommen werden, und dem Kennzeichen. Wir nennen ihm die Daten unseres Mietwagens und müssen zusagen, in islamischer Kleidung zu erscheinen. Einige Minuten vor dem Termin stehen wir auf dem verabredeten Parkplatz. Er ist voller Kunden, die ihre schweren Tüten aus dem Laden tragen. Frauen, Kinder, Männer, mit und ohne Bart, in arabischer und westlicher Kleidung, alt und jung. Wie besprochen bleiben wir im Auto, beobachten allerdings durch den Rückspiegel das Geschehen. Zwei Männer, einer in traditioneller und einer in westlicher Kleidung, treten an das Auto, jeder von ihnen trägt mehrere Tüten, voll mit Nahrungsmitteln, die sie auf einem nahe gelegenen Markt gekauft haben. Als würden sie von Familienmitgliedern erwartet, steigen sie ins Auto. »Salam aleikum«, grüßen sie und beschreiben den Weg zu einem nahe gelegenen Platz. Dort wartet ein anderes Auto, in das sie einsteigen, wir folgen ihnen, wohin die Reise geht, dürfen wir nicht schreiben, nur so viel, dass Abu Ahmad nicht in Zarqa wohnt und das Treffen auch nicht in seiner Wohnung stattfand. Der zweite Mann sei ein »Bruder, den der Emir zur Sicherheit mitgeschickt hat«, stellt er seinen Begleiter vor. Der 26-jährige Abu Ahmad wirkt älter, er bemerkt den erstaunten Blick, lächelt und sagt mit ruhiger Stimme: »Man wird mit jeder Erfahrung älter und wenn du im Krieg gekämpft hast, dann hinterlässt das noch tiefere Spuren.« Er war kurz nach dem Fall Bagdads 2003 in den Irak gereist, damals war er gerade 23 Jahre alt. Es sei ihm von Anfang an klar gewesen, dass es bei dem Krieg gegen den Irak nicht um eine Befreiung, sondern eine »neue westliche Unterdrückung des irakischen Volks« gegangen sei. Außerdem sei es die Pflicht eines jeden Muslims und auch jeder Muslima, in den Dschihad zu ziehen, wenn Glaubensbrüder und -schwestern unterdrückt würden. Abu Ahmad hatte vor dem Ruf, in den Dschihad zu ziehen, zunächst eine Neuentdeckung des Glaubens vollzogen. Er sei zwar von klein auf mit seinem Vater in die Moschee zum beten gegangen, doch über die Unterdrückung der Muslime habe man dort nicht gesprochen. »Doch als Palästinenser fühlst du mit Muslimen in Tschetschenien, Afghanistan und im Irak viel stärker mit, weil du weißt, wie es ist, um sein Land zu kämpfen.« Nach den Anschlägen vom 11. September studierte er den Koran und die Sunna genauer und besuchte ständig Moscheen, in denen Shaikhs ihm erklärten, dass man als Muslim nicht nur an sich denken dürfe, sondern auch an die Glaubensbrüder und -schwestern, die unter dem Krieg litten. Mit einer kleinen Gruppe machte er sich auf den Weg in den Irak, sie seien nicht über einen Grenzübergang eingereist. Er ging in ein von Sunniten bewohntes Wohnviertel in Bagdad und wandte sich an die Moschee. »Als Muslim, egal woher du kommst, findest du immer eine erste Zuflucht in der Moschee.« Die Adresse hatte er über einen »Bruder« erhalten, der sie über das Internet bekommen habe.

In dieser Unterkunft sei er auf Gleichgesinnte aus anderen

Ländern gestoßen. »Sie kamen aus Nordafrika, Europa und auch aus Amerika. Es sind alles Muslime gewesen, die nicht mehr unbeteiligt zuschauen wollten, wie Muslime unterdrückt werden.« Die Mehrheit dieser Freiwilligen sei zwischen Anfang 20 und 30 gewesen, die wenigsten hätten jemals ein Lager in Afghanistan besucht. Das Training an der Waffe sei vor Ort geübt worden, dazu noch die Herstellung von Bomben.

Die Waffen hätten sie damals noch auf den Straßen kaufen können. Viele Angehörige der irakischen Armee hatten noch Waffen in ihren Häusern versteckt und überließen sie uns, erzählt Abu Ahmad. »Ich habe mit zwei jungen Männern aus Frankreich und Großbritannien gegen die Besatzer gekämpft«, sagt er. Auf die Frage, wie viele Kämpfer aus Europa er dort getroffen habe, stockt er und schaut seinen »Bruder« fragend an. Dieser steht auf und flüstert ihm etwas ins Ohr. »Ich kann Ihnen das nicht sagen«, erwidert Abu Ahmad, »aber die Nationalität ist nicht wichtig. Der Glaube ist unsere gemeinsame Basis, unsere Identitätskarte ist der Islam«, erklärt er. Auch bei den Motiven, in den Dschihad zu ziehen, habe es keine Unterschiede zu jungen Männern gegeben, die in Europa aufgewachsen waren. »Es gibt immer Konsequenzen, wenn jemand aus dem Westen in der Islamischen Welt getötet wird, aber wenn Muslime getötet werden, egal wo, dann gibt es nie Konsequenzen für die Täter«, empört er sich. Dass es sich um einen »Religionskrieg« handle, sei spätestens nach den Anschlägen vom 11. September jedem Muslim klar geworden, wirft sein »Bruder« ein. Abu Ahmad nickt zustimmend, »es war doch der amerikanische Präsident Bush, der von einem Kreuzzug gesprochen hat«. Der Präsident hatte diese Äußerung später zurückgenommen. Doch Abu Ahmad schüttelt lächelnd seinen Kopf: »Auch wenn er es hundertmal zurücknimmt, wir wissen, dass es für ihn ein Kreuzzug ist. Wir kämpfen den Dschihad und werden alle Waffen einsetzen, auch unser Leben.«

Einige Tage nach dem Gespräch mit Abu Ahmad reisen wir weiter und treffen Abu Usama, wir mussten ihm versprechen, weder das Land noch seinen richtigen Namen zu nennen. Abu Usama ist 28 Jahre alt, verheiratet und hat drei Kinder. Seit dem Fall Bagdads sei er mehrmals in den Irak gereist, um gegen die Amerikaner zu kämpfen. Vor diesem Interview sei er zuletzt für neun Monate im Irak gewesen, von Januar bis September 2005. Er werde allerdings in jedem Fall wieder zurückkehren, sagt er uns. Wir führten ein Interview mit ihm:

Haben Sie noch Kontakte zu den Mudschaheddin im Irak?
Ja, es gibt noch Kontakte. Die Situation ist momentan sehr schwierig dort. Es gibt Brüder, die an der Front sind und kämpfen, es gab Brüder, die gefallen sind, und es gibt solche wie mich, die zurück in ihre Heimatländer gegangen sind.
War es das erste Mal, dass Sie in den Krieg gezogen sind?
Es war das erste Mal. Irak war für mich der erste Dschihad.
Wo haben Sie Ihr Training bekommen? Wie haben Sie gelernt, mit Waffen umzugehen?
Den Umgang mit Waffen haben wir in der Armee gelernt. Viele von uns waren in ihren Heimatländern in der Armee und haben dort eine Ausbildung absolviert. Mit jedem weiteren Training haben wir uns gegenseitig unterstützt.
Woher wussten Sie, wo Sie auf andere Kämpfer stoßen würden?
Ich hatte bereits über Quellen, die ich nicht benennen möchte, Ansprechpartner im Irak genannt bekommen.

Und dann bin ich eingereist, habe mich an den besagten Ort begeben und meinen Ansprechpartner gesucht. Dort waren auch andere Mudschaheddin.

Aus welchen Ländern kommen diese Leute?

Sie kommen aus verschiedenen Ländern. Es waren zum Beispiel Araber mit europäischen Pässen dort, viele sind in Europa geboren und aufgewachsen, Franzosen, Engländer, auch Deutsche. Es gab auch Leute, die zum Islam konvertiert waren. Aber die Mehrheit kam aus den umliegenden Ländern. Es ist allerdings nicht üblich, nach der Abstammung der Kämpfer zu fragen, man kann sonst sehr schnell in den Verdacht geraten, ein Spion zu sein. Die Abstammung ist auch nicht wichtig, wichtig ist der Glaube.

Sie selbst haben an Kampfhandlungen teilgenommen?

Ja. Wir haben versucht, die Besatzer so gut es ging zu bekämpfen. Wir haben verschiedene Aktionen gegen sie unternommen. Man kann nicht beschreiben, wie es ist, mit den Brüdern gegen die Unterdrücker zu kämpfen, und wie Allah uns dabei unterstützt. Wir hatten Situationen, die ausweglos erschienen, aber mit Gebeten und Allahs Hilfe haben wir es doch geschafft, sie zu besiegen.

Gibt es eine Einteilung der Kämpfer, wie in einer Armee?

Ja, es gibt eine Einteilung in verschiedene Gruppen. Es gibt eine Einheit, die für Waffen zuständig ist, eine Einheit für jene, die sich selbst dazu anbieten, »Shahid« zu werden, also bereit sind, ihr Leben für Operationen zu opfern. Es gibt auch eine Einheit für die Herstellung von Bomben. Die Kommandeure fragen nach einigen Einführungen auch immer nach, wer in welche Gruppe möchte. Ich war in der Abteilung für den Waffen- und Nahkampf.

In welcher Stadt haben Sie gekämpft?

Es gibt keine festen Standorte für die Kämpfer. Heute bist du in Falludscha, morgen in Ramadi. Wir verhalten uns genauso wie unser Scheich, Abu Musab. Er hat sich ständig von einem Ort zum nächsten fortbewegt.

Haben Sie Abu Musab Al Zarqawi jemals persönlich getroffen?

Nein, bei Gott. Einem Bruder wie ihm zu begegnen ist sehr schwierig. Nicht jeder kann ihn treffen und nicht jeder soll ihn treffen. Jemanden wie Scheich Abu Musab soll auch nicht jeder erkennen können. Es kann also durchaus sein, dass er am selben Ort war wie ich, ich es aber nicht wusste. Aber wir wissen alle, dass er der Emir der Mudschaheddin im Irak ist.

Gibt es für die Mudschaheddin Gesetze und Regeln?

Ja, natürlich gibt es ein Gesetz. Wie man kämpft, wann und wen man angreifen darf. Zum Beispiel dürfte ich, ohne die Erlaubnis und den Befehl des Emirs, nicht einfach Amerikaner töten. Es gibt natürlich für jede Einheit verschiedene Verantwortliche, die in direktem Kontakt mit der Kommandozentrale stehen. Wir richten uns nach den Gesetzen der Sharia. Sie ist der Anhaltspunkt für jede Operation oder Aktion, die wir unternehmen.

Es gab zahlreiche Entführungen im Irak, einige Opfer haben überlebt, andere sind ermordet worden. Wer bestimmt, ob eine Geisel am Leben bleibt oder getötet wird?

Wenn diese Person von unseren Einheiten oder Anhängern entführt wurde, dann entscheidet das natürlich der Emir. Es gibt allerdings auch viele Gruppen, die nichts mit uns zu tun haben und sich trotzdem Mudschaheddin nennen. Wenn wir jemanden gefangen genommen haben, wird er erst einmal verhört.

Was wollen Sie mit diesen Verhören herausfinden?

Wir wollen wissen, warum diese Person sich im Irak befindet. Arbeitet sie mit den Amerikanern zusammen? Unterstützt sie die Amerikaner? Ist jemand wirklich nur ein Journalist oder arbeitet er verdeckt auch als Spion? Wir verhören diese Leute. Die Entscheidung treffen der Emir Scheich Abu Musab Al Zarqawi und seine Berater. Das Urteil wird dann an die Einheit übersandt, bei der sich die entführte Person befindet.

Haben Sie Kontakt zu entführten Personen gehabt?

Ich selber nicht, aber mir war natürlich bekannt, wenn sich jemand in unserer Hand befunden hat. Es hat sich herumgesprochen.

Einigen dieser Geiseln wurde vor laufender Kamera der Kopf abgeschnitten. Warum werden die Menschen in dieser Weise getötet?

Natürlich müssen sie ihnen die Köpfe abschneiden, was sollen wir sonst mit ihnen machen? Sollen wir ihnen Chips und Snickers servieren? Wenn sie Spione sind, müssen sie sterben.

Warum auf diese Art und Weise?

Weil wir unseren Feinden zeigen müssen, was wir mit ihnen machen, wenn wir sie in die Hände bekommen. Wir wollen, dass auch ihre Freunde und Familien sehen, was mit ihren Angehörigen geschieht, wenn sie auf die Seite der Feinde wechseln. Ihr seht nicht, wie unsere Menschen sterben, und wenn ihr es seht, dann kümmert es euch nicht. Aber wenn ihr seht, wie einem von euren Spionen der Kopf abgeschnitten wird, dann wird es euch schockieren.

Es gibt Analysen, die besagen, die Zahl der Kämpfer im Irak nehme ab. Zarqawi habe Probleme, Nachwuchs zu rekrutieren.

(Lacht) Bei Allah, warum sollten die Kämpfer weniger oder mehr werden? Dafür gibt es verschiedene Gründe. Und es gibt natürlich auch Gründe dafür, weshalb Menschen diese Gerüchte streuen. Aber man muss sich die Gesamtzahl der Operationen anschauen, nicht danach bewerten, dass drei Tage lang keine Anschläge stattfanden. Man muss sich das Gesamtbild ansehen.

Also: Nimmt die Zahl der Kämpfer im Irak zu oder ab?

Bei Allah, ich habe den Eindruck, es sind mehr geworden. Auch wenn sich die Reiseroute in den Irak erschwert hat, weil die Nachbarländer die Grenzen besser kontrollieren, Syrien, Saudi-Arabien und Jordanien. Das heißt doch noch nicht, dass die Iraker selbst nicht auch zu Mudschaheddin werden. Aber es gibt nicht nur einen Krieg mit der Waffe, es gibt auch einen Krieg der Propaganda und die Amerikaner arbeiten mit sehr viel Propaganda in diesem Krieg.

Weshalb sind Sie in den Irak gezogen?

Das Wort Allahs war ein Grund. Wir Mudschaheddin sind keine Menschen, die voller Hass oder Mörder sind, nein. Wir sind Menschen, die das Recht verteidigen und für Gerechtigkeit kämpfen. Wir kämpfen gegen die Unterdrücker und die Unterdrückung. Diese Streitkräfte sind in unsere Länder gekommen und haben uns angegriffen, nicht wir sie, und jeder, der sie unterstützt, ist unser Feind.

Ab wann beginnt für Sie die Unterstützung?

Eine Person oder ein Staat, der durch seine Handlungen die Amerikaner und Briten dabei unterstützt, das von ihnen eingesetzte System aufrechtzuerhalten, gilt als Unterstützer, und es ist einerlei, ob diese Unterstützung im Irak oder im Ausland stattfindet.

Wie kann Ihrer Meinung nach dieser Krieg aufhören?

Ich will eine Gegenfrage stellen, an die verschiedenen Länder, an die Christen und auch an die Juden. Was wollt ihr von uns? Wir wollen ein friedliches Leben führen, wir möchten nach dem Islam und in Frieden leben. Wir wollen nicht im Feuer leben, im Krieg. Ich frage die Länder dieser Erde, wie würdet ihr reagieren, wenn jemand euer Land angreift und besetzt? Würdet ihr sagen »herzlich willkommen«? Soll das irakische Volk sich alles gefallen lassen, was mit ihm geschieht?

Was wünschen Sie sich für die Zukunft?

Ich wünsche mir, wieder in den Irak zurückzukehren und dort als Märtyrer zu sterben.

Kapitel 4
Der Google-Islamismus, die »virtuelle Umma«

Wenn es darum geht, für ihren militärischen Kampf zu trainieren, stehen den Islamisten der Irak und Afghanistan zur Verfügung. Wer sich berufen fühlt, in den Dschihad, den heiligen Krieg gegen die Feinde des Islam, einzutreten, findet bei den zahlreichen Splittergruppen Aufnahme, die gegen die Amerikaner und ihre Verbündeten kämpfen. Ihre Trainingscamps in Afghanistan hat Osama Bin Ladens Al Qaida zwar verloren, aber dafür kann sie sich im Norden Pakistans sammeln und verbergen, um immer wieder nach Afghanistan vorzustoßen. Das Trainingsfeld für die Sympathisanten des Dschihad aber, von dem sie niemand vertreiben kann, ist das Internet.

Hier werden Kämpfer angeworben und mit dem nötigen Wissen für den heiligen Krieg und ausgewähltem Geschichtswissen für ihr Weltbild ausgestattet. Die Zahl der Seiten, die minutiös schildern, wie man Bomben baut, wie man Anschläge vorbereitet und ein Selbstmordattentat verübt oder Propaganda betreibt, ist Legion. Fachleute schätzen die Zahl der stabil zu erreichenden und der vagabundierenden Terror-Seiten im Netz auf 4500. In Chatrooms, die immer wieder ihre Adresse wechseln, tauschen sich die Islamisten nicht nur aus, mit eigenen Fernsehprogrammen im Internet errichten sie eine regelrechte Gegenöffentlichkeit. Die Hinrichtungsvideos und Botschaften Osama Bin Ladens, die zumeist beim arabischen Nachrichtensender *Al Dschazira* landen, sind nur der sichtbarste Teil eines Propagandakriegs, den nicht nur Al Qaida mit hoher Professionalität führt. Das Internet, das haben die Islamisten längst erkannt, ist eine wirksame Waffe.

Erst die Medienwirkung macht den Terror aus, deshalb war die Liveübertragung der Anschläge vom 11. September für Al Qaida ebenso wichtig wie das verheerende Ausmaß der Zerstörung auf Ground Zero. »Terrorismus bedeutet Theater und Wettstreit um Aufmerksamkeit«, schreibt Joseph Nye, Politikwissenschaftler an der Harvard-Universität. Was sich im Internet bilde, meint der französische Islamwissenschaftler Gilles Kepel vom Institut d'Etudes Politiques in Paris, und greift dabei zurück auf eine These des amerikanischen Anthropologen Jon W. Anderson, sei nichts anderes als eine »neue virtuelle Umma«, eine Gemeinschaft aller Muslime.

Zwar ist die Szene fragmentiert und können die Autoren der Websites ihre jeweilige Herkunft nicht verleugnen, doch eint sie das Bewusstsein, Teil eines globalen Glaubenskriegs zu sein, den es an jeder Front, in jedem Land, auf ganz unterschiedliche Weise auszufechten gilt. Deshalb sollte man die Wirkung der vielen Beiträge zu dieser »virtuellen Umma« und den Islamismus durch Google nicht unterschätzen, auch wenn die Verbreitung des Internets in vielen arabischen Ländern weit hinter Asien, Europa und den Vereinigten Staaten zurückliegt. So soll in Algerien, im Irak, im Iran, in Jemen, Marokko, Pakistan und Syrien die Verbreitung des Internet bei zwei Prozent der Haushalte liegen, in Ägypten, Jordanien und Tunesien bei fünf Prozent. In den Golfstaaten ist sie schon höher, in Saudi-Arabien soll sie bei elf Prozent, in Bahrain bei 21 Prozent und in den Vereinigten Arabischen Emiraten bei 49 Prozent liegen. Selbst wenn man solche – ungesicherten – Zahlen zugrunde legt, wäre es falsch, die Bedeutung der »virtuellen Umma« gering zu achten. Denn man braucht keinen privaten Internetanschluss, um ins World Wide Web zu kommen, dazu gibt es Internetcafés. Und schließlich richten sich die Aufrufe zum Dschihad nicht allein an die Muslime in den arabischen Ländern, sondern an die islamische Jugend in Europa und Amerika. Das Internet ist zugleich der Kanal, in dem sich die Dschihadisten fortlaufend ihrer Erfolge versichern. Die internationale Medienaufmerksamkeit über das Fernsehen ist derweil nach wie vor kriegsentscheidend. Wie genau getaktet Al Qaida Propaganda und Terror einzusetzen weiß, haben wir erst im April 2006 gesehen. Zunächst meldet sich am Wochenende vom 22. April Osama Bin Laden mit einer neuen Botschaft über *Al Dschazira*. Er verflucht den Westen für dessen Umgang mit dem Hamas-Regime und wiederholt seine Losung, dass die »Kreuzzügler« im Verein oder im Auftrag Israels einen Krieg gegen die Muslime führten. Am 24. April darauf detonieren in Dahab am Roten Meer drei Bomben, töten 18 und verletzten mehr als 80 Menschen. Unter den Opfern ist ein zwölfjähriger Junge aus Baden-Württemberg. Am Tag nach dem Attentat auf den beliebten Touristenort meldet sich Musab Al Zarqawi. Er zeigt sich mit umgeschnalltem Bombengürtel und demonstriert seine Entschlossenheit, weiterzukämpfen. Der Dschihad sei nicht zu Ende, ruft er aus und reagiert damit auf die zunehmende Verunsicherung seiner Unterstützer, die ihn in diversen Chatrooms im Internet aufgefordert hatten, ein Lebenszeichen abzugeben. Die Lage im Irak hatte sich für ihn seit dem Jahreswechsel verdüstert, da er bei maßgeblichen Sunniten in Ungnade gefallen war, welche die vielen muslimischen Opfer seiner Attentate nicht mehr hinzunehmen bereit waren und ihn zum Feind erklärten.

Einer der beliebtesten Videofilme, der an vielen Stellen durch das Netz geistert – ist er an einer Stelle nicht mehr zu erreichen, taucht er umgehend unter einer anderen Adresse wieder auf –, ist aufgemacht wie ein Popvideo. Es ist ein mitreißender Kriegsfilm, aufbereitet wie der Werbefilm einer Armee. Unterlegt mit heroischem Gesang ist »The Flag of Truth«, wie der englische Titel lautet, die Antwort auf das Schlagwort des amerikanischen Präsidenten Georg W. Bush, der in einer seiner Reden zum Irakkrieg und zur militärischen Antwort der Vereinigten Staaten auf die Anschläge vom 11. September davon sprach, dass der Kampf gegen den Islamismus ein »Kreuzzug« sei, der eine Weile dauern werde. Mit diesen Worten, dem Slogan vom »Kreuzzug«, im Stakkato verzerrt wiederholt, beginnt »The Flag of Truth« – »it's a crusade, it's gonna take a while«. Al Qaida nimmt den amerikanischen Präsidenten beim Wort und dreht es ihm im Munde herum.

Denn in Wahrheit, so erklärt Al Qaida ihren Anhängern, habe dieser Kampf der »Ungläubigen« gegen die Muslime bereits im Jahr 1095 begonnen, als Papst Urban II. auf dem Konzil von Clermont-Ferrand zum Kreuzzug aufrief. Dass der Papst dies in Reaktion auf die Verwüstungen der heiligen Stätten durch die türkischen Seldschuken tat, die 1071 in Palästina eingefallen waren und Jerusalem erobert hatten, um das Sultanat von Ikonium zu gründen, erläutert der Propagandafilm nicht. Hier steht der Appell des Papstes an die europäische Ritterschaft, ihren christlichen Glaubensbrüdern zu Hilfe zu eilen, am Beginn eines Kriegs, der bis heute ohne Unterbrechung andauere.

17 Minuten und 35 Sekunden lang unternehmen die Autoren im Sinne von Al Qaida einen Parforceritt durch die abendländische Geschichte. Sie erscheint bezwingend logisch als eine einzige Folge von Angriffen auf die Muslime.

So schließen sich an historische Bilder von den Kreuzzügen Fernsehaufnahmen der amerikanischen Armee im Irak und in Afghanistan an, die besonders den Zuschauern von *CNN* bekannt erscheinen dürften. Das Video ist gespickt mit Aufnahmen von westlichen Sendern, wobei im Lauf des Films mehr und mehr verletzte, verstümmelte oder getötete amerikanische GIs ins Bild rücken. Sie sollen die Botschaft des abschließenden Kapitels unterstreichen, das da lautet: »The Victory for Islam.«

Die »Kreuzritter« hätten den Krieg begonnen, sagt die Stimme von Osama Bin Laden. Und folglich hätten die Muslime nur die Wahl, entweder Verrat an ihrem Glauben zu üben und sich an die Seite der »Kreuzritter« zu stellen, oder den Kampf gegen sie aufzunehmen. Die Kriegsrhetorik des amerikanischen Präsidenten findet ihre spiegelbildliche Entsprechung: Entweder ihr seid für und bei uns oder ihr seid unsere Gegner, heißt es aus dem Off. Angesprochen sind damit weniger die Kämpfer, die Al Qaida und andere bereits in ihren Reihen haben, sondern die Muslime in der ganzen Welt, besonders in Amerika und in Europa. An sie richtet sich der Appell in arabischer und englischer Sprache.

Produziert worden ist »The Flag of Truth«, der Propagandafilm Nummer eins von Al Qaida, von der As-Sahab-Media (Die Wolke), der Produktionsgesellschaft der Terrorgruppe, die sämtliche Videobotschaften Bin Ladens verbreitet. Sie versorgt die Anhänger aber nicht nur mit den Worten Bin Ladens und seiner führenden Clique, sie versendet auch eine ganze Reihe von Frontberichten, Filme im Wochenschaustil, die vom heldenhaften Kampf der Mudschaheddin an allen möglichen Fronten künden. Der Ruf »Allah hu akbar« ist zu hören, wenn ein Selbstmordattentäter ein Fahrzeug oder ein Gebäude im Irak in die Luft sprengt oder wenn Taliban-Kämpfer irgendwo in Afghanistan im Schutz der

Nacht losschlagen. Minutiös und gar nicht kamerascheu schildern sie ihre Vorbereitungen für Anschläge in den Provinzhauptstädten Khost und Dschalalabad. Und der Kameramann zieht mit ins Gefecht, nimmt minutenlang das Sperrfeuer auf, am Ende des Kampfes stehen die Taliban, die ihre Freunde von Al Qaida grüßen, selbstverständlich als heldenhafte Sieger da.

Sie können nur siegen, auch wenn sie verletzt oder getötet werden, jeder Verlust des Gegners zählt doppelt und dreifach und handelt es sich auch um die Zerstörung einer zivilen Einrichtung wie einer Schule. Am Ende fragt ein lokaler Kommandeur die Zuschauer in die Kamera: »Warum kommt ihr nicht hierher und kämpft mit uns? Verteidigt unser Land mit euren Brüdern gegen die Feinde des Islam.«

Genau diese Botschaft – wiederum zielgerichtet an Muslime in Europa und in den Vereinigten Staaten adressiert – nimmt die Internetseite »Let's go 4 jihad« (www.lg4j.com) auf. »Let's got for jihad«, und zwar »NOW!!!«, rufen die »Mudschaheddin der arabischen Halbinsel« ihren Brüdern zu und locken mit mehreren Dutzend Frontvideos aus dem Irak und aus Afghanistan. Unter www.almagribi.blogspot.com stehen ebenfalls jede Menge Videos zum Download bereit, solche von Angriffen und von den Auftritten von Selbstmordattentätern, die sich vor dem Attentat mit der Waffe in der Hand von ihren Angehörigen verabschieden.

Regelrechte Pressemitteilungen geben täglich Aufschluss über Angriffe; die getöteten Kämpfer aus den eigenen Reihen werden mit Lobpreisungen des Propheten für ihre Taten als »Märtyrer« gewürdigt, die Verluste der Gegenseite beziffert und nach Möglichkeit ins Bild gerückt. Die umfassendste Nachrichtenseite von Al Qaida ist www.ansar-jihad.com, täglich fortlaufend werden Meldungen von Angriffen ins Netz

gestellt, mit Datum und Ortsangabe. Ein typischer Nachrich-
tentag speist sich zumeist mit Meldungen aus dem Irak, ver-
zeichnet etwa einen Raketenangriff auf den Flughafen von
Bagdad, den Beschuss von Fahrzeugen nahe Mossul und die
Liquidierung eines »Spions«, der angeblich mit den »Kreuzrittern« zusammengearbeitet hat. Sein Name wird genannt,
sein vermeintliches Vergehen und wie seine Häscher ihn
umgebracht haben. Zumeist werden die Aktionen der »Army
of Ansar Al-Sunnah« gutgeschrieben, die als Splittergruppe
von Al Qaida und eine der stärksten Untergrundbewegungen
im Irak gilt. Auch finden sich reihenweise Verlautbarungen
des »Council« der Mudschaheddin. Unter dem Rubrum
»World News Network« werden im »english service« sämtliche Nachrichten in englischer Sprache aufbereitet, hier findet sich auch ein offener Brief von Al Qaida an den amerikanischen Präsidenten, in dem dieser aufgefordert wird, seinen
zum Scheitern verdammten »Kreuzzug« aufzugeben.

Zu welchen propagandistischen Leistungen die Unterstützer
von Al Qaida fähig sind, zeigt sich jedoch am eindrucks-
vollsten an einem Nachrichtenprogramm, das unter der
Adresse www.jihad-media.com im Internet kursiert.

Uns empfängt der vermummte Sprecher Abu Suleiman Al
Rawi zu seiner einstündigen Nachrichtenshow. Sein Programm trägt den Namen »Assad Al Baradi« – Assad, der
Löwe – und berichtet vor allem aus der Stadt Al Ramadi.
Wir werden eingestimmt mit einem immer wiederkehren-
den Kampflied, dessen eingängiger Refrain lautet: »Wir sind
die Anhänger Gottes und haben den Weg des Märtyrertums
gewählt.« Der Reporter vor Ort, ebenfalls vermummt, stellt
sich als Annas Al Qaissi vor. Er will uns zeigen, »was die
Wahrheit ist, was im Irak wirklich passiert«. Ein Überblick
mit Bildern, die von *CNN* oder *Al Dschazira* stammen dürf-

ten, stimmt die Zuschauer auf die Lage im Nahen Osten ein. Überall angreifende amerikanische Soldaten, gegen die nun die Anhänger des Propheten im Irak zurückschlagen. »Die Mudschaheddin haben den Kampf aufgenommen«, heißt es im Text, »um ihren Boden von den Kreuzrittern zu befreien, die ihre Frauen und Kinder getötet haben.« Wie sie kämpfen, das bekommen wir abermals vorgeführt, angefangen beim Bombenbau über Mörser- und Raketenangriffe bis zu Anschlägen auf Lastwagen. Dass sie in ihrem Kampf mit Allah, dem Allmächtigen, im Bunde seien, unterstreichen die Berichterstatter unter anderem durch einen kurzen Ausflug nach New Orleans, wo der Hurrikan Katrina als nichts anderes denn als Strafe Gottes unter den Amerikanern gewütet habe: »Gott schlägt zurück.« Allah vollbringe dies nicht nur durch Naturkatastrophen, sondern selbstverständlich auch durch die Mudschaheddin im Irak: »Es begann die große Schlacht, die tausende amerikanische Soldaten das Leben gekostet hat.« 5000 Verletzte und 2000 Tote hätten die »Kreuzritter« bereits zu verzeichnen und das sei erst der Anfang. Ein zweites Vietnam sei den Vereinigten Staaten sicher.

Wir schalten um zum lokalen Mudschaheddin-Führer in Ramadi, Abu Abdallah Al Dalimi. Während aus dem Hintergrund abermals das Kampflied mit seinem gebetsmühlenartig wiederholten Singsang »im Namen Allahs ziehen wir in den Krieg« ertönt, berichtet Al Dalimi von den Waffenverstecken seiner Kämpfer in der Stadt. Man könne jederzeit an jedem Ort zuschlagen, sagt er, und dass sich seine Kämpfer offenbar unbehelligt in der Stadt bewegen können, zeigt der Reporter Annas Al Qaissi, ein ums andere Mal. Er befragt mal die Kämpfer, dann Passanten, die bekunden, dass sie die Mudschaheddin im Kampf gegen die Amerikaner unterstützen. »Wir versammeln alle Gläubigen im Kampf gegen die Kreuzzügler«, sagt der Kommandant Al Dalimi, Kämpfer aus der gesamten Arabischen Welt stießen zu ihnen. Sein Mitbruder Abu Jiad Al Dalimi ist der Chef der Selbstmordfraktion und erklärt, wie sich seine Männer auf ihren Einsatz vorbereiten. Was die »Kreuzritter« anrichten, das verdeutlichen derweil Bilder einer zerstörten Moschee, die angeblich von den Amerikanern in Schutt und Asche gelegt und im Innern mit Kreuzschmierereien verunziert wurde.

Der Film aus Ramadi endet jedoch nicht mit dem Kampf von heute, sondern dem von morgen. Denn schließlich kümmern sich die Mudschaheddin auch um den Nachwuchs, um die nächste und die übernächste Generation von Kämpfern, die heute noch die Schulbank drücken. Ihre Vorbilder schlachten Lämmer und verteilen das Fleisch in Plastikbeutel verpackt an die Armen der Stadt, an die Kinder und vor allem an die Familien getöteter Kämpfer. »Eine Spende der Sunna-Armee« steht auf dem Beipackzettel. Beim Besuch in einer örtlichen Schule erscheinen die Islamisten zwar vermummt, aber das nur, um vor der Kamera nicht erkannt und eventuell von ihren Feinden identifiziert zu werden. Mit den Lehrern, die nicht im Bild erscheinen, aber als Gesprächspartner erkennbar sind, verstehen sich die Besucher offenbar gut. Und so gehen sie von Klasse zu Klasse und verteilen zum Zuckerfest, dem Ende des Fastenmonats Ramadan, an die Kinder kleine Geschenke. Ein Neunjähriger stellt sich vor die Klasse und sagt voller Emphase ein Gedicht auf, das er zum Lob der Mudschaheddin verfasst hat: »Gott schütze euch, Gott stärke euch. Im Namen Allahs: Ich träume davon, dass ich eines Tages als Mudschahed sterben werde. Es ist unsere Pflicht, unseren Boden zu verteidigen. Wir müssen unsere Glaubensbrüder vor allen Feinden beschützen.« Vor Aufregung ist dem Kleinen die Brille beschlagen, bevor er sich wieder auf seinen Platz setzt, steckt ihm einer der Mudschaheddin zur Belohnung ein Extrageschenk zu.

Die Jungen bekommen Farbstifte und Lineale, die Mädchen Kopftücher geschenkt. Auf die Frage der vermummten Besucher, die sich ganz selbstverständlich in der Schule von Ramadi bewegen, wen sie denn lieber hätten und besser fänden – die Amerikaner oder die Mudschaheddin –, kennen die Kinder nur eine Antwort: die Mudschaheddin natürlich. Als schließlich die Frage kommt, wer selber einmal ein Mudschahed werden will, wenn er groß ist, schnellen viele Finger nach oben. Zwei im Stil ihrer Vorbilder vermummte und pistolenschwingende Jungs im Alter von vielleicht fünf oder sechs Jahren beschließen den Reigen. »Wir kämpfen um den Boden des Islam«, rufen sie in die Kamera. Das Lied »im Namen Allahs ziehen wir in den Krieg« ertönt. Damit endet das Programm der Löwen aus Ramadi.

Allein auf Kinder ist die Seite www.awladnaa. net ausgerichtet (Unsere Kinder). Sie stellt mit farbigen Comicfiguren dar, wie die »richtige« Erziehung von Kindern aussieht. Sie lobt den Dschihad und weist dessen Kämpfer als Helden aus, deren Geschichten sich die Kinder in Comicstrips ansehen können. Die Juden, lernen die Kinder, seien »für den Tod von 25 von Allahs Propheten verantwortlich« so wie für eigentlich jedes Übel in der Welt, habituelle Kindermörder seien sie sowieso. Wohin der Dschihad zu führen habe, wird auch gelehrt. Zunächst seien die muslimischen Regionen in Spanien, das ehemalige Al Andalus, zurückzuerobern. Unter muslimischem Recht, heißt es bei awladnaa.net, sei es den Menschen dort viel besser gegangen als heute.

Gefragt sind in der »virtuellen Umma« jedoch nicht nur Kämpfer und Kinder, aus denen Kämpfer werden, sondern auch Mütter und Kämpferinnen. Eigens für sie ist in zwei

Ausgaben ein Pamphlet unter dem Titel *Al Khansa* erschienen – eine Internetzeitschrift und Vorläufer der jetzigen Vollnachrichtenprogramme, die in Saudi-Arabien gegründet wurde. Sie wurde inzwischen wie einige andere Adressen, die mehr oder weniger direkt mit Al Qaida in Verbindung gebracht wurden, von den saudischen Behörden lahm gelegt, ist in Kopien aber weiter erhältlich. Sie führt vor Augen, dass falsch liegt, wer glaubt, Frauen spielten im islamischen Terrorismus nur eine untergeordnete Rolle. Für den »Kampf« sind nicht mehr nur die Männer zuständig, das hat sich mit dem Massaker an mehreren hundert Kindern und Eltern in Beslan grausam bestätigt. Die Prediger des Dschihad werden bei ihren Attentaten in Zukunft sogar noch mehr auf Frauen setzen; heißt es bei *Al Khansa*. Als Namenspatronin für diese Terrorfibel muss eine berühmte arabische Poetin herhalten: Al Khansa lebte im siebten Jahrhundert in der Nähe von Mekka und Medina. Ihre beiden Brüder waren im Krieg gestorben, von ihnen handeln viele ihrer Gedichte. Sie konvertierte zum Islam und soll – so heißt es in der Internetzeitschrift – Folgendes bekundet haben: »Früher weinte ich über den Tod meiner Brüder; doch jetzt weine ich, weil sie im Feuer brennen.« Denn ihre Brüder waren vor ihrem Tod nicht zum Islam konvertiert. Al Khansa selbst soll vier ihrer fünf Söhne im Dschihad verloren haben. Vor allem das – und nicht ihre zahlreichen Gedichte – dürfte der Grund dafür sein, dass sie als Namensgeberin gewählt wurde.

Die Titelseite von *Al Khansa* leuchtet in rosa, eine Straße ist zu sehen, auf der rot-weiß gestreifte Hütchen aufgestellt sind, darunter steht zu lesen: »Die Schwierigkeiten auf dem Weg der Mudschahida« (die weibliche Form des Mudschahed). Im Inhaltsverzeichnis werden die Ziele derselben formuliert: »Wir müssen die Ungläubigen von der Arabischen

Halbinsel vertreiben«, heißt es. Die »Ungläubigen« hätten bereits zahlreiche muslimische Jungfrauen vergewaltigt, viele Muslime hätten vergessen, was ihnen bereits alles angetan wurde. Doch damit sei es nun vorbei, weil die muslimischen Frauen selbst in den Kampf zögen und eine regelrechte »Frauenarmee« bildeten. Die Frauen müssten sich darauf vorbereiten, den Glauben und den heiligen Boden zu verteidigen wie ihre Männer: »Gott hat uns auch erlaubt zu kämpfen, und wenn wir kämpfen und sterben, ist das der beste Tod.«

Bevor die Kriegerinnen in den Kampf ziehen, müssen sie zunächst ein Training absolvieren. Es beginnt mit einem »Programm für die Arme«, damit »wir im Krieg nicht schwach werden«. Liegestütze werden empfohlen, mindestens zehn hintereinander, davor soll fünf bis zehn Minuten gejoggt werden, um die Muskeln zu lockern. Seilspringen geht auch, sogar die richtige Atmung wird erläutert. Und schließlich geht es um »die Erziehung der Kinder nach dem Dschihad«: »Wenn in der Familie, zwischen dem Mann und seiner Frau alles in Ordnung ist, dann sind es die Kinder auch«, heißt es ganz harmlos. Selbstredend soll die Frau einen Mann heiraten, der über eine gute, also streng islamische Erziehung verfügt und gegen die Ungerechtigkeit kämpft. Bereits im Bauch der Mutter stehe fest, welches Leben die Kinder führen würden. »Unser erster Dschihad ist die Erziehung unserer Kinder«, schreiben die Autoren von *Al Khansa*.

Damit stehen die Frauen den Männern nur in der Anzahl der für sie eingerichteten Foren nach. Mit der Kampfausbildung der Männer befassen sich die beiden populären und langlebigeren Seiten »Sawt Al Jihad« (Die Stimme des Dschihad) und »Mu'askar Al Battar« (Die Battar-Armee).

Auch sie stammen von der »Arabischen Halbinsel« und es ist angesichts der Ähnlichkeiten in Aufbau und Texten anzunehmen, dass es einen redaktionellen Zusammenhang mit *Al Khansa* gibt. Die saudischen Behörden waren auch bei ihrer Bekämpfung erfolgreich, sodass die beiden Textstellen im Jahr 2005 nicht mehr zu erreichen waren, im Frühjahr 2006 sind sie jedoch mit wechselnden Adressen wieder aufgetaucht.

Bei Sawt Al Jihad finden sich Dutzende Schreiben, die mit »Stimme der Mudschaheddin auf der Arabischen Halbinsel« unterzeichnet sind. Es sind Aufrufe oder Bekennerschreiben. Die meisten Artikel beschäftigen sich mit Geschehnissen in Saudi-Arabien, im Irak und in Palästina und werden aktuell auf dem Laufenden gehalten. Da die Adresse zu den bekanntesten zählt, wird, wer nach ihr in einschlägigen Suchmaschinen recherchiert, zunächst auf andere Seiten geleitet. Vor allem Institutionen aus Amerika und Israel haben die Ausgaben der »heiligen Krieger« veröffentlicht und archiviert, um »die Bevölkerung aufzuklären«.

Dasselbe geschieht mit der Publikation Mu'askar Al Battar. Sie ist eine echte Fibel des Terrortrainings, ein praktisches Handbuch. Hier wird den »Kämpfern des heiligen Krieges« erklärt, wie sie sich fit halten sollen, durch möglichst viele »sit-ups« oder auch »chin-ups«. Mu'askar Al Battar erinnert an die Handbücher der Al Qaida, wie sie in den Camps in Afghanistan gefunden wurden. In diesen online verfügbaren Schriften gibt es Waffenkunde und Schulungen in konspirativem Verhalten und es wird erklärt, wie man Menschen entführt. Eine Ausgabe von Mu'askar Al Battar hat sich ganz allein dem Terror in Großstädten gewidmet. Dort heißt es ausdrücklich: »Treffe Investitionen von Juden und Christen in muslimischen Ländern.« Es gibt auch eine Rangliste, nach der gemordet und entführt werden soll,

Christen sind primär das Ziel, die Nationen folgen an zweiter Stelle: »Amerikaner, Briten, Spanier usw.«

Der Zusammenhang zwischen diesen Schriften und den Entführungen und Morden im Irak und in Saudi-Arabien und den Anschlägen in Madrid und London liegt nahe. Entführungen, so hieß es bei Mu'askar Al Battar, seien »ein besonders wirksames Mittel im Dschihad: Bring die Regierung in eine schwierige Situation, die politische Störungen zwischen der Regierung und den Ländern der Entführten hervorrufen könnte.«

Rita Katz, die Direktorin des Site-Instituts, glaubt, dass nach solchen Anweisungen Verbrechen gezielt verübt wurden und werden. Das in Washington ansässige Site-Institut ist eine der besten Adressen für die Erforschung islamistischer und extremistischer Websites. Es hat sich zur Aufgabe gemacht, über islamistische Bewegungen und den Terrorismus zu berichten und einschlägige Publikationen zu übersetzen und zu veröffentlichen. »Site« steht für »Search for International Terrorist Entities«.

Weil die bekannteren, ursprünglichen Terrorseiten, obwohl sie im Internet ständig umherwandern, immer wieder von Hackern geknackt und von staatlichen Verfolgern dingfest gemacht wurden, hat das Hin und Her von Aufklärung und Gegenpropaganda sogleich Verschwörungstheoretiker auf den Plan gerufen. In nicht wenigen Chat-Foren wird diskutiert, ob nicht »CIA oder Mossad« hinter all dem steckten – und die Aufrufe zu Mord und Entführung nicht gänzlich erfunden seien. Doch selbst Araber, die nicht im Verdacht stehen, mit »CIA und Mossad« irgendetwas zu tun zu haben, sind davon überzeugt, dass sich mit Sawt Al Jihad und Mu'askar Al Battar originäre Plattformen des islamistischen Terrors gezeigt haben. Der in London ansässige saudi-

sche Oppositionelle Muhammad Al-Massari betreibt selbst
eine Internetseite, auf der häufig über den Dschihad debattiert wird. Seiner Auffassung nach gab es bei Sawt Al Jihad
»hochrangige Mitglieder von Al Qaida, die dort publiziert
haben«.

Der Chefredakteur der in London ansässigen Zeitung *Al-Quds Al-Arabi* (Das arabische Jerusalem), Abdel Barri
Atwan, findet im Internet ebenfalls die Handschrift des
Netzwerks von Bin Laden. Atwan hat Bin Laden mehrmals
interviewt, in der Arabischen Welt gilt er als einer der wichtigsten Terrorismus-Experten. Eine der Ausgaben von Sawt
Al Jihad hat über die Entführung eines amerikanischen Ingenieurs Johnson berichtet, da sei die Verbindung ganz eindeutig, meint Atwan.

»Al Qaida hat einen militärischen Arm und einen medialen. Sie denken, dass sie für die Medien vor allem das Internet brauchen, um ihre Botschaft zu verbreiten«, sagt Atwan.
Und damit seien die Terroristen sehr erfolgreich. Es vergeht
kaum ein Tag, an dem nicht über den Terror mit Verweis auf
die Al-Qaida-Quellen im Netz berichtet wird. Oft unterbleibt die Quellenangabe auch, sich in den internationalen
Informationsfluss zu drängen ist den Terroristen jedoch genauso gelungen, wie sie durch ihre Attentate die politische
Agenda der Welt beherrschen.

Man müsse, meint der saudische Dissident und Betreiber
eines Forums Saad Al Fagih, davon ausgehen, dass allein aus
Neugierde zehntausende von Muslimen die Seiten jeden Tag
besuchen. Da nütze es auch gar nichts, dass die Seiten relativ
schnell von den Providern gesperrt würden. Die Urheber
kennen das Einmaleins des Internet. »Sie nutzen extra die
kostenlosen ›freien‹ Seiten«, sagt Saad Al Fagih. Seiten, die
es ermöglichen, Botschaften ins Internet zu stellen, ohne
dass der Absender erkennbar ist. »Für diese Seiten zahlen

diese Leute nichts, müssen also auch keine Kreditkarten-
nummer eingeben, und deshalb bleiben sie anonym.« »Sawt
Al Jihad liefert die Ideologie und Mu'askar Al Battar das
militärische Gedankengut Al Qaidas«, meint Rita Katz.

Die saudischen Behörden glaubten im Dezember 2003,
dass ihnen ein großer Schlag gegen die Macher von Sawt Al
Jihad gelungen sei. Mehrere saudi-arabische Zeitungen berichteten, bei einer Razzia im El-Suweidi-Viertel der Hauptstadt Riad hätten Sicherheitskräfte festgestellt, dass die Isla-
mistenseite von dort aus betrieben wurde. Verfasst worden
seien die Texte von zwei Männern, deren Namen auf der
Fahndungsliste von 26 mutmaßlichen Al-Qaida-Terroristen
im Königreich standen. Auf der Liste fand sich unter anderen der Name Abdelasis El Mukrin. Er galt als der Anführer
der saudischen Al-Qaida-Zellen und hatte regelmäßig in
Sawt Al Jihad und Mu'askar Al Battar veröffentlicht. Sein
Name tauchte dann nicht mehr auf: Die saudische Polizei
tötete ihn bei einem Schusswechsel. Zuvor war es nicht gelungen, die Ermordung des in Riad entführten amerikanischen Ingenieurs zu verhindern.

Was man mit dem Internet und mit der Videokamera für
den »Dschihad« erreichen kann, hatte Abu Musab Al Zarqawi als einer der Ersten erkannt. Die Wirkung seines Terrors hat er um ein Vielfaches dadurch verstärkt, dass er die
Aufnahmen der grausamen Hinrichtungen, die seine Gruppe an Geiseln verübte, an Fernsehsender geschickt und über
das Internet verfügbar gemacht hat. »Zarqawi hatte in den
vergangenen Jahren viel Erfolg gehabt«, sagt Rita Katz, die
Direktorin des Site-Instituts. »Und ich glaube, dass das
Internet sehr viel zu seinem Ansehen beitrug.« Das erste
Video, das mit Zarqawi in Verbindung gebracht wird,
stammte aus dem April 2004. Der Film »The Heroes of Fal-

ludjah« zeigte maskierte Kämpfer, die einen Bombenan-
schlag vorbereiten. Sie vergruben die Bombe an einer Straße, beteten und warteten auf ein amerikanisches Fahrzeug,
das sie schließlich in die Luft sprengten. Im selben Monat
zeichnete das Site-Institut die erste Bekennerbotschaft Zarqawis auf, in der er sich mit einem Anschlag im Süden des
Irak brüstet. Am 11. Mai 2004 erschien das Video, das die
Enthauptung der amerikanischen Geisel Nicholas Berg
zeigt. Diejenigen, die sich die Bilder angesehen haben, sprechen von einem Zeugnis bestialischer Gewalt, das sie ihr
Leben lang nicht vergessen können. Seither waren die Botschaften und Filme von Zarqawis Gruppe immer umfassen-
der geworden. Die öffentlichkeitswirksame Ermordung von
Nicholas Berg war gewissermaßen Zarqawis propagandisti-
scher Durchbruch, er verkündete im Oktober 2004 über das
Internet, dass er sich mit Osama Bin Laden verbünden wolle, der ihn wiederum als Statthalter im Irak via Internet zum
Jahreswechsel 2005 anerkannte. Im Frühjahr 2005 ging das
monatliche Online-Magazin *Thurwat Al-Sinam* auf Sen-
dung, es folgte im Sommer 2005 der Propagandafilm »All
Religion will be for Allah«. Mit seinem spektakulären Video
vom März 2006 gab Zarqawi, der sich in der Zwischenzeit
immer wieder mit Tonbandaufnahmen gemeldet hatte, das
von seinen Anhängern sehnlich erwartete optische Lebenszeichen. Er nahm nicht direkt Bezug auf die vorangegangene
Botschaft Osama Bin Ladens, demonstrierte aber seine
scheinbar unangetastete Stellung als Führer des Dschihad
im Irak. Er zeigte sich bei Kampfübungen und im Gespräch
mit Anhängern und beschimpfte die sich gerade formie-
rende neue Regierung des Irak als »Handlanger« Amerikas.
Er nannte sie einen »vergifteten Dolch« im Herzen der Muslime, die des Teufels sei, einerlei ob ihr Sunniten, Schiiten
oder Kurden angehörten. Osama Bin Laden bezeichnete

Zarqawi als den »Emir« des Kampfes gegen die Ungläubigen. Und er kündigte weitere Anschläge an, die noch »schmerzhafter« würden.

Von solchen Attentaten spricht auch ein Pamphlet, das kurz zuvor, am 10. März 2006, im Internet auftaucht. Zwei große Terroranschläge in den Vereinigten Staaten werde es in diesem Jahr noch geben, heißt es in der Botschaft. Ins Netz gestellt hat sie eine Organisation namens »Global Islamic Media Front« (GIMF), die, wie ihr Sprecher Saif Al Din Al Kinani behauptet, nichts mit Al Qaida zu tun hat. Nach Ansicht der in London erscheinenden Zeitung *Al-Sharq Al-Awsat* ist jedoch das Gegenteil der Fall. Die Global Islamic Media Front präsentiert jedenfalls »eine letzte Warnung an das amerikanische Volk«, formuliert von einem »Undercover-Soldaten« von Al Qaida namens Rakan Ben Williams, der ein zum Islam konvertierter weißer Amerikaner sein soll. Rakan Ben Williams droht seinen Landsleuten zwei Anschläge an, die verheerender als diejenigen vom 11. September, in London und Madrid sein würden. »Der eine wird groß, der andere noch größer sein.« Nach dem ersten werde man eine Weile verstreichen lassen, um zu sehen, ob die Amerikaner die Botschaft verstanden hätten, sich den Wünschen der Muslime zu unterwerfen. Geschehe dies nicht, folge unweigerlich der zweite Angriff. Man warte nur noch auf die Anweisungen des Führers Osama Bin Laden.

Nach dem Fall Bagdads hat sich das Angebot im Internet rasant vergrößert und verändert. Die Seiten sind professioneller und brutaler geworden, Hinrichtungen werden aus nächster Nähe gezeigt, die Schreie der Opfer in voller Lautstärke wiedergegeben. In den meisten Fällen müssen die Opfer vorher noch eine Erklärung abgeben, ihren Namen, ihr Alter und ihre Herkunft schildern. Bis heute werden im

Irak Menschen von Islamisten hingerichtet, was in den internationalen Medien jedoch kaum Beachtung findet, weil es sich meistens nicht um Personen aus dem Westen handelt, die Opfer sind in der Mehrzahl Iraker und Muslime aus anderen Ländern. Ihre »Verbrechen« werden am Anfang der Szene mitgeteilt; die Anklage ihrer Mörder lautet oftmals »Spionage für den Feind« oder »Unterstützung der Besatzer«. Darunter fällt auch, dass man als Koch oder Putzkraft für die amerikanische Armee gearbeitet hat oder Mitglied der irakischen Armee oder Polizei war. Die Opfer müssen ihre »Untaten« vor laufender Kamera bekennen, es soll wie ein Schuldeingeständnis wirken. »Es dient zur Rechtfertigung gegenüber den anderen Muslimen, nach dem Motto, wir bringen niemanden ohne Grund um«, erklärt ein Angehöriger eines arabischen Sicherheitsdienstes.

Um sich wenigstens annähernd einen Überblick über das Internet als Rekrutierungsplatz der Islamisten zu verschaffen, tauschen sich die Geheimdienste in Europa und im Nahen Osten rege aus. »Die Anzahl der Seiten wächst und es ist nicht einfach, mit dieser Menge fertig zu werden, denn die Inhalte sind meistens in arabischer Sprache«, sagt ein Vertreter eines deutschen Nachrichtendienstes. Mehr als 500 Internetseiten stünden ständig unter Beobachtung. Manchmal vagabundierten die gleichen Inhalte über Server auf der ganzen Welt und würden über mehrere Anbieter umgeleitet. Das führe dazu, dass man unerwünschte Seiten nicht immer stilllegen könne. »Ich kann etwas dagegen tun, wenn einer dieser Provider in Deutschland oder Europa sitzt, aber nicht, wenn er sich in Süd-Pakistan aufhält«, sagt der deutsche Geheimdienstler.

Schwierig ist auch die Überwachung von Chatrooms. Dort werden Trainingsanweisungen und vor allem Reiserouten zu Lagern im Irak, in Afghanistan und Tschetschenien durchgegeben. Wenn die Chatter in Internetcafes sitzen, von dort aus miteinander kommunizieren und dann in einen »privaten Chat« wechseln, haben die Nachrichtendienste kaum eine Möglichkeit mitzubekommen, was in diesen privaten »Räumen« besprochen wird. Doch alleine die Inhalte und Äußerungen, die für alle offen zugänglich sind, spiegeln wider, wie sich gerade die jüngere Generation von Muslimen weltweit radikalisiert, meinen die Beobachter der Geheimdienste. Sie werden angestiftet, den Koran-Auslegungen ihrer Eltern oder der Shaikhs in ihren Heimatländern nicht zu vertrauen. »Wir haben schon Listen mit Namen von Geistlichen gefunden, die als verwestlicht oder als Marionetten der arabischen Machthaber bezeichnet werden«, sagt der Vertreter eines arabischen Geheimdienstes.

Die Situation ist in Europa nicht anders. In den Niederlanden wurde der Fall eines jungen Mannes bekannt, der sich durch das Internet radikalisiert und von seiner Familie getrennt hat. Solche Fälle nehmen laut den Analysen europäischer Geheimdienste zu. Wie groß die Zahl der durch das Internet den Islamisten zugeneigten jungen Muslime ist, können die Beobachter nicht einschätzen, denn in vielen Fällen wird die Veränderung nicht sichtbar. »Sie werden in den Foren angehalten, ihre Tarnung zu wahren und möglichst nicht aufzufallen«, erzählt ein Geheimdienstagent. Das Interesse der Werber für den Dschihad gilt aber eindeutig im Westen geborenen, hier aufgewachsenen Jugendlichen, die angehalten werden, lokale Terrorzellen zu bilden. »Man kann heute allein durch die Informationen im Internet zum Terroristen werden«, lautet die Einschätzung eines europäischen Dienstes.

Für einige islamistische Internetforen reicht eine Registrierung mit einem Alias-Namen und einer E-Mail-Adresse nicht aus. Die Bewerber durchlaufen einen regelrechten Test.

Der Betreiber fragt nach dem vollständigen Namen und dem Grund für das Interesse an seinem Forum. Bei manchen Seiten wird man aufgefordert zu bestätigen, dass man die Ansichten der Mudschaheddin und von Al Qaida teilt, deren Interessen vertritt und sie in ihrem Kampf unterstützt. Andere fordern das »Empfehlungsschreiben« eines Bürgen. Nach einigen Tagen der »Überprüfung« erhält der Bewerber die Antwort per E-Mail. Wird er akzeptiert, bekommt er Benutzernamen und Kennwort geliefert. Vor allem Foren, in denen verschiedene Terrorgruppen täglich Nachrichten, Bekennerschreiben, Ansprachen, Trainings- und Hinrichtungsvideos veröffentlichen, gehen in dieser Weise vor.

Der Krieg wird auch medial ausgetragen

Ein Forum, das seit längerem das Augenmerk internationaler Sicherheitsdienste auf sich lenkt, ist »www.tajdeed.net«. Der saudische Dissident und Führer einer islamistischen Oppositionsgruppe, Dr. Muhammad Al-Massari, betreibt dieses Forum. Der Sechzigjährige lebt seit zwölf Jahren in Großbritannien und gilt bei vielen Sicherheitsdiensten als Unterstützer radikal-islamistischer Gruppen. Er schildert seine Motive und Ziele im folgenden Interview.

Nach den Anschlägen von London gab es Diskussionen, Ihr Forum zu schließen.

Das geht immer noch weiter und die Behörden versuchen etwas zu finden, das sie als »Verherrlichung des Terrorismus« bezeichnen können. Aus meiner Sicht versuchte Tony Blair nach den Anschlägen von der Tatsache abzulenken, dass diese etwas mit dem Einsatz der Soldaten im Irak zu tun hatten, deswegen musste er einen »schwarzen Peter« finden, um die Schuld auf andere zu lenken. Unglücklicherweise gibt es keine Institution, die ihn davon abhält. Selbst die britischen Medien sind unkritischer geworden. Die Menschen haben bis heute nicht verstanden, in welche Schwierigkeiten der Premierminister Großbritannien gebracht hat, er hat das Land zu einem Hauptfeind des Islam gemacht und das Land ist – neben Amerika – zu einem Hauptanschlagsziel aus Sicht der Mudschaheddin geworden.

Aber Ihr Forum ist ins Kreuzfeuer geraten, weil dort viele Videos und Statements verschiedener radikaler Gruppen veröffentlicht wurden, man wirft Ihnen vor, bei der Rekrutierung behilflich zu sein.

Unsere Web-Seite ist ein offenes Forum. Man muss kein Mitglied sein, um Dinge herunterladen zu können. Aber wenn man etwas veröffentlichen will, muss man registriert sein. Jeder kann dort einfügen und kopieren, was er will, Nachrichten, Bilder, Videos, es ist ein offenes Forum und das war es von Anfang an. Damit grenzen wir uns von vielen anderen Foren ab, für die man normalerweise auch Passwörter braucht.

Wann haben Sie mit dieser Seite angefangen?

Vor langer Zeit, das war etwa 1999, aber die Seite wurde nach dem 11. September noch populärer. Und seit dem Beginn des Kriegs im Irak kommen die meisten Nachrichten von dort. Wir sehen uns als Basis für Nachrichten, die hauptsächlich aus dem Irak und aus Afghanistan kommen. Hier werden Bilder gezeigt und Nachrichten erwähnt, die in anderen Medien nicht gezeigt werden.

Welche Ziele verfolgen Sie?

Unser Ziel ist es, ein oder mehrere politische Systeme in der muslimischen Welt zum Sturz zu bringen und unser eigenes Regierungssystem zu errichten, von dem wir eine klare Vorstellung haben. Jeder Weg und jedes Thema, das dazu

177

beiträgt, werden angesprochen, ob es dabei um die Politik der arabischen Machthaber geht, die Umma oder den Irak.

Wie würde dieses Regierungssystem aussehen?

Es wäre ein islamisches System …

Das Kalifat?

Ja. Man führt es in einem Land ein und von dort aus sieht man dann weiter. Vielleicht ist der Irak das erste Land, wo es eingeführt wird, vielleicht Saudi-Arabien oder Pakistan. Auch dort gibt es viele Kämpfe.

Sie haben in Ihrem Forum auch viele Nachrichten, die direkt von den Mudschaheddin kommen.

Die meisten Informationen stammen direkt von den Mudschaheddin. Es gibt gute Kontakte dorthin. Das Interesse der Mudschaheddin ist zu zeigen, wie viele amerikanische Soldaten wirklich sterben, weil das nicht im Interesse der amerikanischen Armee ist. Der Krieg wird auch medial ausgetragen. Medien werden auch als Waffe eingesetzt. Es ist Teil der amerikanischen Strategie, die Wahrheit zu unterdrücken, so auch die zahlreichen Massengräber amerikanischer Soldaten, die es im Irak schon gibt.

Es gibt Stimmen, die sagen, dass Sie so mitwirken, Kämpfer zu rekrutieren.

Das hat nichts mit rekrutieren zu tun und auch nicht mit der Verherrlichung von Terrorismus. Nein. Wir wollen, dass die Menschen die Wahrheit kennen, dass sie das Gesamtbild sehen.

Was ist dann Ihrer Meinung nach die Motivation von Muslimen, in den Kampf zu ziehen, wenn nicht solche Bilder?

Dass sich jemand entschließt, in diese Länder zu gehen und zu kämpfen, hat etwas mit seinem Glauben zu tun, es ist eine Pflicht für Muslime, anderen Muslimen zu helfen, wenn sie sehen, dass diese unterdrückt werden. Als die jungen Menschen sich entschlossen haben, in Tschetschenien zu kämpfen, gab es solche Videos noch nicht, jedenfalls nicht in dem Umfang. Muslimen zu helfen, das gehört zum islamischen Glauben und weder Herr Bush noch Herr Blair können den muslimischen Glauben verändern.

Es gibt aber religiöse Gelehrte, die sagen, dass der Dschihad nicht nur Kampf bedeutet.

Das sind Gelehrte, die vom Westen oder den arabischen Machthabern unterstützt werden, damit sie sagen, dass Dschihad nicht Kampf bedeutet. Aber solche Leute werden heute durch unsere Foren aufgedeckt. Von dem Augenblick an, in dem der Verdacht entsteht, dass bestimmte Gelehrte vom Westen bezahlt werden, sinkt ihr Ansehen in den Augen der Muslime. Die Muslime erkennen heute ganz genau, wer Gefälligkeitsreden für Bush und Blair oder für Saudi-Arabien hält.

Wir haben gesehen, dass die Mitglieder Ihres Forums auf die Nachrichten vielfach reagieren.

O ja, die Leser sind sehr kritisch. Sie kritisieren und stellen auch in Frage, ob etwas laut Sharia wirklich erlaubt ist oder nicht. Sie diskutierten auch darüber, ob die Köpfung von Nicholas Berg erlaubt war oder nicht, ob sie in der Art und Weise rechtens war oder nicht, über alles wird diskutiert.

Wie viele Mitglieder hat Ihr Forum?

Ich kann Ihnen nicht die genaue Anzahl sagen, aber es sind mehrere tausend.

Sind es von Beginn an so viele gewesen?

Es fing an mit einigen hundert und es wurde über die klassischen Salafi-Themen diskutiert, also über die verschiedenen Denkschulen des Islam und die Interpretation des Korans. Dann kam der 11. September und die Zahl der Mitglieder wuchs ständig. Mit dem Krieg in Afghanistan begannen die Mitglieder, über den Dschihad zu sprechen. Mit dem Krieg im Irak ist unser Forum schlagartig gewachsen, die Anzahl der Mitglieder ist gestiegen, aber auch die Anzahl derjenigen, die Dinge herunterladen oder unsere Seite besuchen. Davor waren es wirklich nicht viele.

Haben Sie so etwas wie ein Profil über die Mitglieder Ihres Forums, sind es eher junge Menschen oder ältere?

Wir haben kein Profil. Aber ich kann sagen, dass die meisten unserer Mitglieder jung sind, zwischen 20 und 30, ich merke das an der Sprache, die sie benutzen. Wir fragen unsere Nutzer nicht nach ihrem reellen Namen oder Geburtsdatum, zu ihrem eigenen Schutz. Wir fordern sie auch auf, bloß nicht ihre eigene E-Mail-Adresse für die Kommunikation zu benutzen, sondern eine andere. Damit sie nicht irgendwann von einem Agenten oder der Polizei angeschrieben und dann verhaftet werden.

Gab es schon Fälle, in denen Mitglieder Ihres Forums verhaftet wurden?

Nein, soweit ich weiß nicht bei uns. Aber es gab schon Fälle bei einem anderen Forum. Das war von internationalen Geheimdiensten infiltriert worden und der saudische Geheimdienst hat vor einigen Wochen verschiedene junge Al-Qaida-Mitglieder in Saudi-Arabien verhaftet. Der Geheimdienst hat ihnen nach einiger Zeit private E-Mails geschickt und ihr Vertrauen gewonnen und sie dann verhaftet.

Es sind hauptsächlich Jüngere, die Ihr Forum nutzen, warum ist das so?

Das ist normal, weil es um einen Krieg geht, der gegen den Islam geführt wird. Und dieser Krieg findet jetzt statt. Und die jungen Leute wollen sehen und mitverfolgen, wie dieser Krieg verläuft, ob zu unseren Gunsten oder nicht. Im Augenblick verläuft er – Allah sei gepriesen – zu unseren Gunsten.

Gibt es auch Dinge, die in Ihrem Forum nicht platziert werden dürfen?

Wir können nichts verbieten, aber es gibt Dinge, die wir, wenn wir sie sehen, entfernen. So etwa pornografische Bilder oder Bänder, oder wenn jemand auf andere muslimische Gruppen schimpft, etwa gegen Schiiten, oder wenn jemand die Mutter von anderen beschimpft.

Aber Videos von Köpfungen sind erlaubt?

Ich sehe nicht, wo das Problem liegt. Der Mann ist bereits getötet worden. Also: Wo ist das Problem, diese Aktion zu zeigen? Wenn es die Realität zeigt, warum sollten wir es nicht zeigen? Es ist eine Nachricht.

Welchen nachrichtlichen Wert hat es denn, wenn eine Hinrichtung gezeigt wird?

Es hat einen enormen militärischen Effekt. Wenn amerikanische Soldaten oder Leute, die sie unterstützen, das sehen, dann überlegen sie sich mehr als ein Mal, ob sie in den Irak gehen. Für denjenigen, der das sieht, ist das ein großer Schock, weil man das ganze Blut sieht und den abgetrennten Kopf, der hochgehalten wird. Es sind die Bilder, welche die amerikanische und britische Armee natürlich nicht gerne zeigen würden.

Kann man heute durch das Internet zum Terroristen oder Dschihadi werden?

Es gibt heute viel mehr Seiten, die berichten, wo es Trainingsmöglichkeiten gibt, oder auch Lektionen erteilen, wie man trainieren oder kämpfen muss. Aber um ein Dschihadi zu werden, muss man erst einmal die Spiritualität haben. Aber eines ist klar, das Internet bietet heute viele Seiten, die über militärische Aktivitäten berichten, es gibt auch Seiten der amerikanischen Armee, auf denen man Informationen über Waffen und deren Nutzung bekommen kann.

Sehen Sie heute besondere Gefahren von Anschlägen in Europa, etwa wegen der Karikaturen?

Ich glaube nicht, dass es zu einer militärischen Aktion wie am 11. September oder am 7. Juli kommt. Allerdings besteht immer die Möglichkeit von Einzelaktionen. Diese Gefahr besteht tatsächlich.

Denken Sie, dass sich so etwas wie die Anschläge von London wiederholen wird?

In Großbritannien und in den Vereinigten Staaten: Ja. Ich denke, dass auch alle, die sich an dem Feldzug in Afghanistan beteiligen, gut beraten wären, ihre Koffer zu packen und zu gehen, egal zu welcher Nation sie gehören. Das Gleiche gilt für den Irak.

Also auch Deutschland?

Die Deutschen sind zwar nicht direkt an militärischen Aktionen beteiligt, doch für die Taliban und die Mudschaheddin gehören sie zu den Unterstützern des Kriegs gegen die Muslime.

Es gibt Untersuchungen, die besagen, dass die Attentäter von London keine Verbindung zu Al Qaida hatten, sondern eine eigenständige, in England gewachsene Gruppe waren.

Es gab ja dieses Videoband von Aiman Al Zawahiri, dem engsten Vertrauten von Osama Bin Laden, auf dem einer der Attentäter zu sehen war. Also gibt es eine Verbindung. Das Video mit Sidique Khan (einer der Attentäter) muss irgendwo aufgenommen und an Zawahiri gesendet worden sein. Also gibt es eine Verbindung.

Ist die Planung von Anschlägen wie in London möglich, nur durch Informationen aus dem Internet?

Nein, das glaube ich nicht. Es muss eine Art von Training für diese Männer gegeben haben. Es gab zwar schon Fälle, in denen Einzeltäter durch Informationen aus dem Internet Anschläge verübt haben, doch bei vier Personen, die synchron handeln, da bedarf es eines besonderen Trainings.

Es war für viele Menschen in Europa ein Schock, dass die vier Attentäter von London entweder in Großbritannien geboren waren oder dort schon seit längerem gelebt hatten.

Ich kann nicht verstehen, dass die Menschen einen solch großen Unterschied daraus machen, ob jemand in Großbritannien, in Saudi-Arabien oder in China geboren ist. Es gibt keinen Unterschied mehr. Die Menschen haben eine bestimmte Ideologie und einen bestimmten Glauben. Es gibt ja auch zahlreiche Konvertiten, da gibt es den so genannten amerikanischen Taliban oder den »Turnschuhbomber«, sie kommen noch nicht mal aus muslimischen Haushalten. Es ist eine Frage des Glaubens. Und wenn sie den Eindruck haben, dass gegen sie oder ihren Glauben ein Krieg geführt wird, dann reicht das bei vielen. Es ist nicht wichtig, wo sie geboren wurden oder aufgewachsen sind.

Waren die Anschläge in London aus Ihrer Sicht ein Terroranschlag oder ein Akt, um die »Rechte von Muslimen« zu verteidigen?

Ich denke, es war die Rache für das Mitwirken der Briten in Afghanistan und im Irak. Die Verbündeten im Krieg werden genauso behandelt wie die eigentliche Kriegspartei auch. Wenn man mit jemandem eine Allianz eingeht, der Zivilisten tötet, dann werden die Zivilisten des eigenen Landes auch zu Zielen. Das heißt, auch wenn die Briten nicht selbst an Kriegsverbrechen wie Abu Ghraib direkt beteiligt waren, so tragen sie doch eine Mitschuld nach islamischem Recht.

Glauben Sie, dass das Gefühl, es gibt einen Krieg gegen den Islam, bei jungen Muslimen wächst?

Es ist schon sehr gewachsen in den letzten Jahren, durch die Aktionen westlicher Länder in der islamischen Welt. Es wird noch ideologischer werden und wahrscheinlich von mehr militärischen Aktionen dieser Generation begleitet werden. Die Anzahl der Mitglieder in islamischen Gruppen ist in den letzten Monaten angestiegen und sie wird weiter wachsen.

Was muss geschehen, um die Probleme zu lösen?

Nichts, es kann nichts getan werden. Die einzige Möglichkeit ist, Amerika und Großbritannien in den besetzten Ländern zu bekämpfen und sie von ihrem hohen Ross herunterzuholen, und das kostet Blut und Zeit. Westliche Länder sind in den letzten Jahren mit Muslimen sehr arrogant umgegangen. Sie haben bestimmt gesehen, wie der dänische Premierminister während des Karikaturenstreits mit den Muslimen umgesprungen ist. Das ist eine sehr arrogante Haltung. Das Tragische ist, dass die Bevölkerungen intellektuell immer mehr verflachen und nicht mehr gegen Aktionen ihrer Regierungen protestieren.

Kapitel 5
Die geistigen Väter und Vorbilder der Dschihadisten

Sayyid Qutb

Für den 42 Jahre alten Sayyid Qutb war Amerika ein Kulturschock. Die Frauen hatten »durstige Lippen, hervorquellende Brüste, glatte Beine«. Und dann diese »einladenden Blicke«, das »provokative Lachen«. Der Junggeselle erlebte die amerikanischen Frauen als erotische Provokation, der er sich nicht gewachsen fühlte.

Qutb kam aus einer armen, aber gebildeten Familie in Musha, einem kleinen Dorf in Oberägypten. Sein Vater war Mitglied in der säkularen ägyptischen Nationalpartei und ein Widerstandskämpfer gegen die britische Kolonialherrschaft. Sayyid lernte schon mit zehn Jahren den Koran auswendig, er war ein begabtes und sensibles, aber kränkelndes Kind. Weil die Familie nicht genug Geld hatte, wurde er nach Kairo zu einem Onkel geschickt, der für seine Ausbildung aufkam. Sayyid ging auf die Universität Dar Al Ulum und verließ sie mit einem Lehrerdiplom. Schon in Kairo missfielen ihm die städtischen, unverschleierten Frauen. Sie entsprachen nicht seinen moralischen Maßstäben. Nach der Ausbildung veröffentlichte er Gedichte, Kurzgeschichten, Zeitungsartikel, Literaturkritiken und Essays und er war der Erste, dem Nagib Mahfuz auffiel, der Jahrzehnte später den Literaturnobelpreis erhalten sollte. Schließlich wurde das Erziehungsministerium auf Qutb aufmerksam und bot ihm eine Stelle als Schulinspektor an.

Während des Zweiten Weltkriegs protestierte er gegen den Einfluss der Briten auf die ägyptische Politik und vor allem gegen die wachsende jüdische Immigration nach Palästina. Die Behörden glaubten sich seiner zu entledigen, als sie ihn in die Vereinigten Staaten zu einem Aufbaustudium schickten. Dieser dreijährige Aufenthalt wurde zum Wendepunkt in seinem Leben.

Schon die Stadt Greeley, wo er am Colorado State College of Education eingeschrieben war, fand er abstoßend. Die gepflegten Rasen in den Parks und vor den Häusern waren für ihn Symbol der »von außen bestimmten, materiellen und selbstsüchtigen individuellen Dimension des Lebens«. Zwar überraschte ihn die Vielzahl der Kirchen, doch dort wurde nicht nur gebetet, sondern auch getanzt und gefeiert, und es gab keine Geschlechtertrennung. Er fand das schamlos. Die Tanzsäle beschrieb er später als ein einziges Gewirbel »aus Schenkeln und hohen Absätzen, aus Hüften und Brüsten, die Luft von Lust getränkt«. Qutb hasste auch Jazz, American Football und amerikanische Friseure. Vor allem der gerade veröffentlichte »Kinsey Report« über das Sexualverhalten war für ihn ein Beispiel amerikanischer Verkommenheit und Dekadenz. Dieser Aufenthalt in den USA verstärkte nur seine sexuelle Verklemmtheit.

In seinem Gastland herrschte damals noch strenge Rassentrennung. Weil er dunkelhäutig war, konnte er sich in die alltägliche Diskriminierung der Schwarzen besser einfühlen als andere, und er wurde auch selbst Opfer rassistischer Bemerkungen.

1951 kehrte er mit einer tiefen Verachtung für die amerikanische Kultur nach Ägypten zurück. Für ihn stand fest, dass diese Kultur auch die muslimische Welt korrumpiert hatte. Jetzt suchte er eine politische Heimat und fand sie bei den Muslimbrüdern.

Diese waren 1928 von Hassan Al Banna als eine soziale und religiöse Reformbewegung gegründet worden. Auch Al Banna war Lehrer. Für ihn war der Islam ein perfektes und jeden Bereich des Lebens regulierendes System. Er glaubte, dass der Koran, die Hadithen (die Aussprüche des Propheten) und das Leben Mohammeds klare Handlungsanweisungen für jeden gläubigen Muslim boten. Die gravierenden sozialen Probleme Ägyptens waren für Banna der Beweis, dass die Muslime und allen voran die »Ulema« vom richtigen Weg abgekommen waren. Für die Rückkehr auf diesen richtigen Weg musste man kämpfen. Und dieser Kampf war Dschihad, heiliger Krieg gegen die Kolonialmächte, Dschihad für Ausbildung und Gerechtigkeit, Dschihad gegen Analphabetismus und für den Dienst an der Gemeinschaft. Zu diesem Zweck gründete er die Muslimbrüderschaft, sie sollte die reine islamische Botschaft verbreiten. Die Bruderschaft war in seinen Augen eine »politische Organisation, eine Sportgruppe, ein Wirtschaftsunternehmen, eine wissenschaftliche und kulturelle Vereinigung und eine soziale Idee«. Sie bauten Schulen für Arme, gründeten Kliniken und Hospitäler und hatten bereits 20 Jahre nach ihrer Entstehung Millionen Mitglieder innerhalb und außerhalb Ägyptens. Hassan Al Banna wurde 1949 von der ägyptischen Geheimpolizei ermordet, wohl als Vergeltung für den Mord am damaligen Ministerpräsidenten, den man den Muslimbrüdern zuschrieb.

Sayyid Qutb kehrte aus den USA in ein Land zurück, dessen Selbstbewusstsein durch die militärische Niederlage gegen den drei Jahre zuvor gegründeten Staat Israel schwer angeschlagen war. Eine Folge davon war der Putsch der Freien Offiziere um Gamal Abdel Nasser. Kurze Zeit gehörte

Die Schriften, die Sayyid Qutb während seiner Haft verfasste, prägen bis heute die internationale Islamisten-Szene.

auch Qutb dem Revolutionsrat an und nahm an Verhandlungen über die Neufassung des englisch-ägyptischen Vertrags teil. Aber schon bald zeigte sich, dass Qutb und der Revolutionsrat verschiedene Ziele verfolgten. Er wollte einen islamischen Staat auf der Grundlage des Korans und der Sharia, die Freien Offiziere hingegen ein sozialistisches Ägypten. Nach einem Mordanschlag auf Nasser im Oktober 1954, in den auch Muslimbrüder verwickelt waren, wurde Qutb zusammen mit vielen anderen verhaftet und nach schweren Folterungen zu 25 Jahren Arbeitslager verurteilt. Im Gefängnis schrieb er sein später einflussreichstes Buch *Ma'alim fittariq* (Wegzeichen). Es beginnt mit einer dramatischen Feststellung: »Die Menschheit steht heute am Abgrund und vor ihrer Auslöschung.« Es sind aber nicht die atomaren Massenvernichtungswaffen, auf die sich Qutb bezieht. Er sieht die Menschheit am Abgrund, weil weder Kapitalismus noch Sozialismus noch der Panarabismus Nasserscher Prägung Ordnung und Orientierung böten. Westliche Ideologien sind für Qutb »Jahiliyya«, die heidnische Welt der Götzenanbetung vor dem Islam. Auch das Ägypten der 50er Jahre ist für ihn Jahiliyya. Sie, schreibt Qutb, sei die Rebellion gegen die Herrschaft Allahs auf Erden. Nur weil Unglauben herrsche, würden die Kreaturen Gottes unterdrückt und gedemütigt, in Ägypten wie auch in der westlichen Welt. Und nur unter dem wahren Islam werde die Herrschaft des Menschen über den Menschen aufgehoben. Das war die revolutionäre Botschaft in den Tagen des Propheten und es war auch Qutbs Botschaft. Kein Zufall, dass sein Buch *Wegzeichen* später als das islamische kommunistische Manifest bezeichnet wurde.

Nach Qutb ist es die Pflicht eines jeden rechtgläubigen Muslims, gegen die Jahiliyya zu kämpfen. Aber auch ein Muslim kann ein »Jahili«, ein Götzenanbeter sein, wenn er nicht bereit ist, ein »Sklave Gottes« zu werden und damit ein williger Märtyrer des Dschihad. Am Ende wird Allah für den Sieg der Gerechten sorgen. Bis heute prägen die Schriften Qutbs die Ideologie gewaltbereiter Islamisten auf der ganzen Welt. Als sein Gesundheitszustand immer schlechter wurde, ließ man ihn 1964 frei. Aber bereits ein Jahr darauf wurde er wieder verhaftet und wegen Hochverrats am 29. August 1966 gehenkt.

Osama Bin Laden

Sehr erhellend war es nicht, was Interpol im März 2000 über Osama Bin Laden im Fahndungsblatt für die internationalen Polizeieinheiten zusammengestellt hatte. Größe: 195,6 cm. Gewicht: 76,5 kg. Haarfarbe: schwarz. Augenfarbe: braun. Beruf: Prediger und Waffenhändler. Geburtsdatum: unbekannt. Name der Mutter: ebenfalls unbekannt. Die Person könnte bewaffnet und gefährlich sein, warnte Interpol. Mögliche Höchststrafe: lebenslange Haft. Geheimdienste wussten zu diesem Zeitpunkt längst mehr über Bin Laden und auch die Zuschauer von *CNN* und *Al Dschazira*. Das erste Mal hörte die amerikanische Regierung das Wort Al Qaida 1992, als das FBI am J. F. Kennedy-Flughafen in New York einen jungen Araber verhaftete, der ein Handbuch mit sich trug, auf dessen Titel Al Qaida stand. Man konnte damals allerdings nichts damit anfangen und erst recht keine Verbindung zu Osama Bin Laden herstellen. Erst ab 1994 tauchte sein Name immer häufiger in den aktuellen Geheimdienstberichten auf, wenngleich nicht im Zusammenhang mit einer global agierenden Terrororganisation. In den Analysen war von einem radikalisierten wohlhabenden saudischen Mann die Rede, der mit dem Terrorismus liebäugelte, indem er Terrorgruppen Schecks zukommen ließ. 1995, nachdem Bin Laden einen offenen Brief an den saudischen König Fahd geschrieben hatte, in dem er die amerikanische Truppenpräsenz im Land der beiden heiligsten Stätten des Islam heftig kritisierte, fing die CIA an, Pläne gegen ein »Netzwerk Bin Laden« zu entwickeln. Ab 1996 wurden diese Pläne ganz konkret. Ein afghanisches Kommando sollte ihn aufspüren, überwältigen und zu einem Platz bringen, auf dem ein Flugzeug der CIA landen konnte,

Die mediale Selbst-
inszenierung des
meistgesuchten
Terroristen der
Welt: Militärische
Kampfjacke über
traditionell islami-
scher Kleidung.

um ihn dann sofort aus Afghanistan auszufliegen. Das Flug-
zeug ohne Kennzeichen wurde in einem benachbarten Land
in Position gebracht. Zu der geplanten Entführung kam es
jedoch nicht. 1996 begannen sich auch die internationalen
Medien für Osama Bin Laden zu interessieren. Denn am
23. August 1996 erreichte mehrere arabische Zeitungen ein
Fax aus Afghanistan mit der Unterschrift: »Botschaft von
Osama Bin Laden an seine muslimischen Brüder in aller
Welt und ganz besonders auf der Arabischen Halbinsel.«
Der Titel lautete: »Vertreibt die Juden und die Christen von
der Arabischen Halbinsel.« In diesem Fax beschrieb er, in
welchen Ländern die Muslime Opfer von Aggressionen
»von Seiten des Bündnisses der Juden und Kreuzfahrer und
seiner Lakaien« würden. Es waren Palästina, der Irak, Libanon, Tadschikistan, Birma, Kaschmir, die Philippinen, Somalia, Eritrea, Tschetschenien und Bosnien-Herzegowina.
Die wichtigste Aufgabe der Muslime sei, den amerikanischen Feind zu vertreiben, der Saudi-Arabien besetzt halte.

In diesem Fax stand auch zum ersten Mal der Satz, der nach den Anschlägen vom 11. September häufig in den Medien als Beweis für den abgrundtiefen Nihilismus islamistischer Terroristen angeführt wurde. Bin Laden schrieb, »dass diese jungen Leute den Tod genauso lieben, wie ihr das Leben liebt«.

Kein Wunder, dass der amerikanische Nachrichtensender *CNN* und sein arabisches Pendant *Al Dschazira* sich um Interviews mit Bin Laden bemühten. *CNN* kam als Erster zum Zug. Den US-Journalisten Peter Arnett und Peter Bergen, die ihn in Afghanistan aufgesucht hatten, sagte er: »Die Muslime verabscheuen die Vereinigten Staaten und den amerikanischen Präsidenten (…) und unser Volk auf der Arabischen Halbinsel wird ihm eine Botschaft schicken ohne Worte, denn Worte versteht er nicht.« Profiler identifizierten dies später als Leitmotiv in seinen Äußerungen: Die Tat, so etwas wie Lernen am Beispiel, ist nötig, weil die Mächtigen in Amerika sonst nicht zuhören. *CNN* strahlte das Interview am 12. Mai 1997 aus. Ein Jahr später, im Dezember 1998, fragte ihn ein Journalist von *Al Dschazira:* »Wer ist Osama Bin Laden?« Die Zuschauer erfuhren, »dass Gott ihm gewährt habe, als Kind muslimischer Eltern auf der Arabischen Halbinsel am 10. März 1957 in Riad im Viertel Al Malazz zur Welt zu kommen«.

Das Viertel stand in dem Ruf, viel liberaler zu sein als andere in Riad, weil viele der arabischen Immigranten dort nicht nach den strengen wahabitischen Regeln des Islam lebten. Osamas Mutter trug nicht den Schleier, sie bevorzugte Hosenanzüge von Chanel. Hamida Alia Ghanoum war die schöne, weltgewandte und gebildete 22 Jahre alte Tochter eines syrischen Händlers, als sie den Multimillionär und Analphabeten Mohammed Bin Laden heiratete. Sie wurde seine zehnte oder elfte Frau. Zahlreiche Autoren haben den Vater

Osamas als ungehobelten Mann beschrieben, groß, hager, hässlich, einäugig, mit pockennarbigem Gesicht und dominantem Auftreten. Er war in den 30er Jahren aus dem Jemen nach Saudi-Arabien ausgewandert und hatte dort als Bauunternehmer in wenigen Jahrzehnten ein gigantisches Vermögen angehäuft. Seine guten Verbindungen zum Königshof der Al Saud halfen ihm dabei. Die Beziehung zwischen den Al Saud und Mohammed Bin Laden war so eng, dass er einmal aus seiner Privatschatulle ein halbes Jahr lang die Gehälter der Staatsangestellten zahlte, als König Feisal in Finanznöten war. Diese Nähe zur Königsfamilie änderte sich auch nach dem Tod des Bauunternehmers nicht. Sie ist eine Ursache für die später von Ermittlern beklagte Unfähigkeit der amerikanischen Diplomatie, irgendetwas in Riad zu erreichen, wenn es um die Zerschlagung des Terrornetzes von Osama Bin Laden ging.

Osama Bin Laden hätte also als 17. Sohn des saudischen Multimillionärs ein luxuriöses Leben führen können. Selbst als der Vater sich von seiner syrischen Frau trennte, sorgte er für ihre wirtschaftliche Absicherung. Wie viel er nach dem Tod seines Vaters erbte, ist nicht genau nachvollziehbar. Aber es dürfte sich nicht um sagenhafte 300 Millionen Dollar gehandelt haben, wie in der Presse spekuliert wurde. Der britische Autor Jason Burke schätzt, dass es höchstens einige Millionen waren, da das Vermögen der Familie in Grundbesitz, Immobilien, Aktien und Firmen festgelegt ist und in saudischen Familien der älteste Sohn das Vermögen verwaltet.

Osama hatte 53 Halbgeschwister und er zeigte schon als Jugendlicher kein Interesse am Baugeschäft der Sippe. Anders als einige seiner Brüder studierte er auch nicht an Elite-Hochschulen im Ausland, sondern schrieb sich an der Abdul-Aziz-Universität in Jeddah im Fachbereich Wirtschaftswissenschaften ein. Zuvor hatte er mit gerade 17 Jahren eine Cousine geheiratet. An der Universität geriet der schüchterne, zurückhaltende junge Mann in den Dunstkreis radikaler Prediger. In Jeddah unterrichteten in den 70er Jahren der palästinensisch-jordanische Islamgelehrte Abdallah Azzam und auch Mohammed Qutb, der Bruder des 1966 hingerichteten Vordenkers der ägyptischen Muslimbrüder. Jeddah war damals das Sammelbecken der Theoretiker des modernen radikalen Islam, dort fanden politisch Verfolgte aus vielen arabischen Ländern Asyl und Arbeit. Noch fühlte sich die saudische Königsfamilie von ihren Lehren nicht bedroht. Das sollte sich aber schon 1979 grundlegend ändern.

In diesem Jahr erschütterten mehrere politische Ereignisse die muslimische Welt. Ägypten und Israel schlossen einen Friedensvertrag. Ayatollah Khomeini errichtete im Iran einen Gottesstaat und der Schah ging ins Exil. In Afghanistan fielen sowjetische Truppen ein und in Mekka besetzten 400 junge Männer aus Saudi-Arabien, Ägypten, Kuwait, Bangladesh, dem Jemen und Irak die heiligsten Stätten des Islam. Für das Königshaus, das sich zu den Hütern dieser beiden heiligsten Stätten erklärt hatte, war diese Besetzung eine ungeheure Herausforderung seiner Legitimität.

Denn der Anführer der Gruppe forderte nicht weniger als die Erhebung der Saudis gegen ihre vom Glauben abgefallene königliche Regierung und deren westliche Verbündete. So international wie die Zusammensetzung der Besatzer war auch die Nationalität der Verteidiger. Es bedurfte tausender pakistanischer Soldaten und eines Kontingents französischer Spezialeinheiten, um die Rebellen in Mekka zu überwältigen. Die Franzosen mussten angeblich in einer Blitzaktion konvertieren, ehe sie zum Einsatz in der für Christen verbotenen Stadt kamen. Baupläne der Familie Bin Laden wiesen ihnen den Weg durch die unterirdischen Gänge in der Großen Moschee.

Der damals 22 Jahre alte Osama Bin Laden war tief beeindruckt von Mut und Glaubensstärke der Besetzer. Fünf Jahre danach schilderte er seinen Zuhörern im pakistanischen Peshawar, wie er diese dramatischen Tage im November 1979 beurteilte. Die Männer seien wahre Muslime gewesen, keines Verbrechens schuldig und dennoch brutal getötet worden. König Saud sei kein religiöser Führer, sondern lediglich ein Stammesoberhaupt. Dennoch hatte er nach der Niederschlagung der Rebellion nichts dabei gefunden, der saudischen Herrscherfamilie zu Diensten zu sein. 1980 beauftragte ihn der Chef des saudischen Nachrichtendienstes Turki Al Feisal, Sohn des verstorbenen Königs Feisal und derzeit Botschafter in Washington, die Rekrutierung der »arabischen Afghanen« zu organisieren, die damals zu hunderten in die Hafenstadt Dschidda strömten, um von dort aus ins pakistanische Peshawar geflogen zu werden. Die Freiwilligen kamen aus allen arabischen Ländern, um den Kampf ihrer Glaubensbrüder in Afghanistan gegen die sowjetischen Truppen zu unterstützen. Der Auftrag an Osama Bin Laden, diesen Menschenstrom zu organisieren, war mit einem Hintergedanken verbunden. Das saudische Königshaus wollte mit seiner massiven Unterstützung des Widerstands in Afghanistan die kriminelle Energie islamistischer Gruppen umlenken und gleichzeitig sein lädiertes Ansehen in der Arabischen Welt aufpolieren.

Osama Bin Laden war aus Sicht der Familie Saud der richtige Mann für diese Aufgabe. Er war reich und deshalb unverdächtig, die enormen Geldsummen, die in Saudi-Arabien für den afghanischen Widerstand gesammelt wurden, zu veruntreuen. Inoffiziellen Schätzungen zufolge handelte es sich um mindestens 250 Millionen US-Dollar bis zum

Ende des Kriegs. Außerdem gaben die Saudis lieber einem der ihren Geld als dem pakistanischen Geheimdienst, der ebenfalls den Widerstand der Afghanen organisierte. 1980 flog Bin Laden erstmals in die pakistanische Stadt Peshawar. Er blieb dort einen Monat, sah sich um, knüpfte Kontakte zu religiösen Autoritäten und wusste anschließend, was er zu tun hatte:

In den folgenden vier Jahren machte er sich in Saudi-Arabien zum Herold der afghanischen Freiheitskämpfer, die zu unterstützen die Pflicht jedes guten Moslems sei. Die Botschaft kam an: In seiner Familie, bei Verwandten und ehemaligen Schulkameraden, bei islamischen Hilfsorganisationen und Privatunternehmen im Nahen Osten, in den arabischen Medien und auf Vortragsreisen. Der gut erzogene, schüchterne und streng religiöse junge Mann war der perfekte Lobbyist für diese Aufgabe und er erwarb sich dabei einen glänzenden Ruf in seinem Heimatland. Bis 1984 pendelte er unermüdlich zwischen Saudi-Arabien und Pakistan hin und her. Schließlich ließ er sich ganz in Peshawar nieder. In der Syed Jamal Al-Din Afghani Road Nummer 61 mietete er eine Villa und machte aus ihr ein Gästehaus für arabische Freiwillige, die auf Einsätze in Afghanistan warteten. Er nannte es das »Haus der Unterstützer«. Bin Laden beschränkte sich aber nicht nur auf die Gastgeberrolle. Er finanzierte auch die arabischsprachige Zeitung *Al-Dschihad* mit, die Berichte über den Krieg in Afghanistan druckte und kostenlos verteilt wurde. Schon bald machten in Peshawar Geschichten über einen »guten Samariter« die Runde, der unangemeldet in Hospitälern auftauchte, in denen verwundete afghanische und arabische Kämpfer behandelt wurden. Dieser Unbekannte gehe zu jedem Krankenbett, verteile Cashewnüsse und Schokolade und schreibe sorgfältig Name und Adresse der Verletzten auf. Wochen später hätten die

Angehörigen großzügige Schecks erhalten. Hilfsbereitschaft und Generosität rühmten später alle arabischen Freiwilligen, die mit Osama Bin Laden Kontakt hatten.

In Peshawar machte Bin Laden schließlich auch eine für seine weitere ideologische Entwicklung entscheidende Begegnung: Hier lernte er Abdallah Azzam näher kennen, jenen Prediger und Korankenner, der an der Abdul-Aziz-Universität in Dschidda lehrte, als Osama dort studiert hatte. Auch er scharte seit 1981 Freiwillige um sich und sammelte unermüdlich Spenden für den Dschihad in Afghanistan. Gemeinsam gründeten sie das Maktab Al-Khadamat, ein Dienstleistungsbüro, in dem Azzam als Chefideologe fungierte und Osama als Finanzier. Der Zulauf war so groß, dass allein in Peshawar mehrere Zweigstellen eröffnet wurden. Die »Kunden« kamen aus dem Jemen, Saudi-Arabien, Ägypten, Algerien, aus Indonesien, Malaysia, ja selbst aus Bosnien. Das Maktab Al-Khadamat brachte sie nicht nur unter, sondern sorgte auch für die Verteilung auf die afghanischen Ausbildungslager und stellte schließlich rein arabische Kampfeinheiten zusammen. Sehr bald gab es Niederlassungen im gesamten Nahen Osten und sogar im New Yorker Stadtteil Brooklyn. Die Kundenkartei dieser Büros war der Grundstock der Ende der 80er Jahre von Osama gegründeten Al Qaida.

Azzam war ein wortmächtiger Prediger und Charismatiker, der seine Zuhörer sofort in Bann schlug, auch Osama. Denn Azzam konnte, anders als der reiche junge Bürgersohn aus Riad, handfeste Erfahrungen im bewaffneten Widerstand vorweisen. Er hatte sich wie tausende andere junge Palästinenser in Jordanien am Guerilla-Kampf gegen Israel beteiligt und war Chef einer paramilitärischen Basis gewesen. Anders als Osama besaß er einen Doktortitel in muslimischem Recht von der angesehenen Al-Azhar-Universität in Kairo. Er verkehrte mit den renommiertesten religiösen Autoritäten der islamischen Welt. Und schließlich war Azzam der Cheftheoretiker der Dschihadisten-Internationale. Mit seiner Schrift »Die Verteidigung der muslimischen Gebiete«, in der er den afghanischen Dschihad zur individuellen Pflicht für alle Muslime auf der ganzen Welt erhob – und die auch nicht delegiert werden durfte –, beeinflusste er eine ganze Generation radikaler Islamisten und auch Osama. Denn nach Azzam war der Dschihad nicht auf den Hindukusch beschränkt: Jeder Handbreit muslimischer Erde musste zurückerobert werden, überall dort, wo der Islam einmal geherrscht hatte – in Birma, Spanien, dem Tschad, in Kaschmir, Eritrea und auf den Philippinen, aber vor allem in Palästina. Andernfalls blieben alle Muslime in Sünde. Azzam gab damit dem modernen Dschihad eine neue Perspektive. Nicht Macht und Herrschaft, sondern das Land selbst war das Ziel. Wie stark Osama von Azzam beeinflusst wurde, erhellt sich aus der Lektüre seiner späteren Kriegserklärung an die Amerikaner: Deren Vertreibung aus Saudi-Arabien sei neben dem Glauben erste Pflicht der Muslime.

Schätzungen zufolge kämpften in Afghanistan rund 10 000 arabische Freiwillige an der Seite afghanischer Mudschaheddin. Nicht alle aber wollten sich dem Befehl der Afghanen unterstellen. Der damals 29 Jahre alte Osama erst recht nicht, er bestand auf einem eigenen Kommando. Im Bergdorf Jaji, unweit der pakistanischen Grenze, schlug er sein Lager auf und nannte es »Die Höhle der Gefährten«. Was er dem ägyptischen Filmemacher Issam Diras über seine Zeit im Lager erzählte, erinnert im Tonfall an Landserromantik aus den beiden Weltkriegen: »Diese Zeit war herrlich, wir lagerten nicht weit vom Feind, (…) schliefen alle in einem Zelt (…). Wir beteten gemeinsam, trafen Entscheidungen gemeinsam, aßen am selben Platz. Abwechselnd hielten wir Wache, voller Angst, denn der Ort war furchterregend, für den Feind ebenso wie für uns. Niemand konnte sich weit vom Zelt entfernen, weil der Ort dicht mit Büschen bestanden war, von der Nähe des Feindes ganz zu schweigen.« Aufschlussreicher ist, wie Osama die Schlacht um die Stadt Dschalalabad im Sommer 1989 beschreibt. Sie zog sich über Monate hin und die arabischen Truppen hatten ständig Nachschubprobleme, erst im Feld lernten die Männer den Umgang mit Raketen, Mörsern und Militärkarten. Bei Dschalalabad starben über 1000 arabische Kämpfer, mehr als im gesamten Afghanistankrieg. »Wir flehen Gott an, dass er sie als Märtyrer aufnehmen möge«, wird Osama zitiert.

Die Männer, welche die Kämpfe überlebten, stellten nun eine ernste Gefahr für die Regime ihrer Herkunftsländer dar. Sie waren nicht mehr die unerfahrenen Enthusiasten wie zu Beginn des Kriegs, sondern durchtrainierte und zu allem entschlossene menschliche Zeitbomben, die nach einem neuen Betätigungsfeld suchten. Osama suchte es ebenfalls. Für ihn war der Dschihad in Afghanistan zu Ende.

1989 kam Abdallah Azzam in Peshawar durch eine Autobombe ums Leben. Westliche Geheimdienste schließen nicht aus, dass Osama den Anschlag in Auftrag gegeben hatte, um einen lästigen Konkurrenten loszuwerden. Es gibt keine Beweise, Tatsache ist aber, dass nach dem Rückzug der sowjetischen Truppen Machtkämpfe innerhalb der afghanischen Mudschaheddin ausbrachen wie auch zwischen Arabern und Afghanen. Osama kehrte zusammen mit einigen Getreuen ernüchtert nach Saudi-Arabien zurück. Was nun? Für einen Managerjob in den Firmen der Bin Laden war er gänzlich ungeeignet. Auch als Prediger hätte er sich nicht hervortun können, dafür war er nicht ausgebildet. Osama ließ sich also zunächst in Dschidda nieder und wartete. Da kam ihm im August 1990 unfreiwillig Saddam Hussein mit seiner Invasion Kuweits zu Hilfe. Osama und seinen Veteranenfreunden bot sich ein neues Schlachtfeld, auf dem sie ihre militärischen Erfahrungen aus Afghanistan zur Anwendung bringen konnten: diesmal aber nicht gegen ungläubige russische Invasoren, sondern gegen muslimische Brüder aus dem säkularen Irak. In Saudi-Arabien ging die Furcht um, dass Saddams Truppen auch im Königreich einfallen könnten. Osama machte also dem saudischen Verteidigungsminister den Vorschlag, eine eigene Armee aus Afghanistan-Veteranen zusammenzustellen. Der lehnte umgehend ab und zog stattdessen amerikanische Truppen vor. Es war eine Entscheidung mit weit reichenden Konsequenzen für die Familie Al Saud. Denn die Stationierung hunderttausender amerikanischer »Ungläubiger« im Land der beiden heiligsten Stätten des Islam unterminierte nicht nur die Legitimität des Königshauses als Hüter dieser Stätten. Sie war auch der Humus für die wachsende Kritik am verschwenderischen und ausschweifenden Lebensstil der saudischen Prinzen, den immer mehr Menschen auf der Arabischen Halbinsel als unislamisch empfanden. Selbst in den Moscheen wurde die Präsenz amerikanischer Truppen verurteilt. Der Feind sei nicht der Irak, sondern der Westen und die Ungläubigen im eigenen Land. Auch Osama teilte diese Sichtweise und er brachte sie auf Kassetten unmissverständlich zum Ausdruck. Bald kursierten seine Botschaften in ganz Saudi-Arabien. In einer an die »Mitglieder der Al Qaida« gerichteten Mitteilung hieß es: »Ich bringe euch gute Nachrichten. Die Zeit ist reif für die Aufstellung einer einzigen wahren muslimischen Armee von 10000 Soldaten, die bereit sind, das Land der beiden heiligsten Stätten zu befreien.« Osama hatte nun eine neue Berufung und ein neues Ziel: Die Vertreibung der Familie Saud und die Durchsetzung jener islamischen Werte, die der Prophet gelehrt und vorgelebt hatte, die aber von der Herrschaft der Al Saud pervertiert worden waren. Sein Dschihad sollte nun auf der Arabischen Halbinsel stattfinden. Es begann mit einem Hausarrest in Dschidda. Denn den Behörden war nicht verborgen geblieben, dass Osama immer mehr Anhänger um sich scharte, vor allem aus dem Reservoir jener jungen Saudis, die in Afghanistan gegen die Russen gekämpft hatten und sich in ihrem Heimatland für ihren lebensgefährlichen und entbehrungsreichen Einsatz am Hindukusch nicht ausreichend gewürdigt fühlten. Noch war Osama nicht die Nummer eins der islamistischen Opposition in Saudi-Arabien. Aber die Geheimdienste der Monarchie hatten schon ein Auge auf ihn und schränkten zunächst seine Bewegungsfreiheit ein. Als er dann das Innenministerium um seinen Reisepass bat, weil er in dringenden persönlichen Angelegenheiten nach Pakistan reisen müsse, ließ man ihn mit der Auflage ziehen, schnell nach Saudi-Arabien zurückzukehren. Osama ergriff die Gelegenheit und machte sich ein zweites Mal daran, sein Leben neu zu ordnen.

Im vom Bürgerkrieg zerrissenen Afghanistan sah er zunächst keine Zukunft. Wo aber dann? Der Sudan bot sich an, dort hatte sich ein radikalislamisches Regime etabliert, das dem 34 Jahre alten Saudi ideologisch zusagte und ihm gleichzeitig Sicherheit garantieren konnte. Sein Vermögen öffnete Osama schnell die Türen zur Macht und man erlaubte ihm, ein Lager für Afghanistanveteranen zu eröffnen. Gleichzeitig machte er mit seinen Gastgebern gute Geschäfte: Man gründete ein gemeinsames Bauunternehmen, eine Investmentfirma, eine Lederfabrik, baute neue Ausbildungslager für Terroristen und Unterkünfte für die Afghanistanveteranen. Sein Geschäftspartner war Hassan Al Turabi, Chef der regierenden Nationalen Islamischen Front und der starke Mann des Regimes. Während der vier Jahre seines Exils im Sudan diente das Land als Basis für Kämpfer und Waffen, die zu wechselnden Schauplätzen des Dschihad geschickt wurden: Nach Tschetschenien, Bosnien, Äthiopien und Uganda. Vor allem Bosnien war ein Lehrstück, wie Osamas Al Qaida operierte. Zunächst sickerten ab 1992 Afghanistanveteranen ins Land, um die bosnischen Muslime gegen die serbischen Truppen zu verteidigen. Danach kamen die Geldgeber, Logistiker und »wohltätige« Organisationen, die Scheinfirmen gründeten und ein Netz aus Bankinstituten knüpften, über das die Spenden abgewickelt wurden. Die islamischen Hilfsorganisationen beschafften Gelder, Arbeitsplätze, Ausweise, Visa und Diensträume für die internationale Brigade der arabischen Kämpfer in und um Bosnien. Einige von ihnen tauchten später in anderen Funktionen als Al-Qaida-Aktivisten wieder auf. 1999 wurde in Jordanien ein Bosnien-Veteran verhaftet, der Anschläge auf amerikanische Einrichtungen zum Jahrtausendwechsel plante. 2002 verhinderte der marokkanische Geheimdienst einen Angriff auf US-Schiffe in der Straße von Gibraltar, auch hier war ein ehemaliger Bosnien-Kämpfer involviert. Noch im gleichen Jahr wurden in Bosnien Al-Qaida-Zellen entdeckt und von der Polizei ausgehoben.

1996 musste Osama auch den Sudan verlassen. Der ehemalige Cheforganisator der amerikanischen Antiterrorpolitik in der Regierung Clinton, Richard A. Clarke, vermutet, Bin Laden sei der Boden im Sudan zu heiß geworden, weil der ägyptische Geheimdienst sudanesische Unterstützung hinter einem Attentat auf Präsident Mubarak vermutete. Mubarak entkam 1995 nur knapp dem Tod. Nach diesem Anschlag beantragten Ägypten und die USA beim UN-Sicherheitsrat Sanktionen gegen den Sudan und erreichten sie auch. Im Weißen Haus wurden damals Optionen für Angriffe auf Bin Ladens Haus in der sudanesischen Hauptstadt geprüft. Laut Clarke wollten auch andere Osama beseitigen, er berichtet von zwei gescheiterten Anschlagsversuchen auf Bin Laden. Der französische Islamspezialist Gilles Kepel wiederum glaubt, dass er den Sudan auf Druck der Amerikaner verlassen musste. Tatsache ist, dass die sudanesische Regierung die Anwesenheit der Afghanistanveteranen zunehmend als Problem betrachtete. Sie hielten die internationalen Ölfirmen von Investitionen ab, und Osamas Geldspritzen für die Wirtschaft des Landes wogen die Nachteile seiner Präsenz nicht mehr auf. Die Zeit lief ab.

Nach Saudi-Arabien konnte er nicht mehr zurück, denn die Saudis hatten ihm die Staatsbürgerschaft aberkannt und seine Guthaben eingefroren.

Wohin also jetzt? Afghanistan war eine Option, denn dort kämpften die Taliban um die Macht in Kabul und ihr Anführer war ein ähnlich fanatischer Mann wie Osamas Geschäftspartner im Sudan. Mit seinen drei Ehefrauen, einigen Kindern und einer kleinen Schar treuer Gefolgsleute landete er am 18. Mai 1996 auf einem Flugplatz nahe der Stadt Dschalalabad. Geldsorgen musste er sich keine machen. Auf seine saudischen Konten hatte er zwar keinen Zugriff mehr, aber es kamen immer noch reichlich Spenden wohlhabender Landsleute, die ihm vertrauten. Bin Laden kam mit einer Vision nach Afghanistan: Amerika war der Hauptfeind, Verursacher aller Grundübel der Arabischen Welt, und wer die nach dem Zusammenbruch der Sowjetunion einzige Weltmacht der »Ungläubigen« treffen wollte, war bei ihm an der richtigen Adresse. Jetzt brauchte er nur noch genügend Männer, die seine Pläne in die Tat umsetzten. In den zahlreichen Trainingscamps Afghanistans musste Osama nicht lange suchen. Die dort das Terrorhandwerk übten, waren überwiegend Söhne armer ungebildeter Eltern, die in ihren Herkunftsländern keine Aufstiegschancen hatten. Ein willigeres Kanonenfutter hätte Osama nirgendwo sonst finden können. Und während er sich um die Trainingslager kümmerte, Vorträge hielt und Kontakte zu den Taliban knüpfte, richtete er gleichzeitig sein Augenmerk auf die internationalen Medien. Er brauchte die Journalisten, um sich über Afghanistan hinaus als Nummer eins des Dschihad zu etablieren. Pressekonferenzen wurden von ihm sorgfältig choreografiert, wie jene im Februar 1998, bei der er die »Internationale Islamische Front für den heiligen Krieg gegen die Juden und Kreuzfahrer« vorstellte. Aus Pakistan hatte er ausgewählte Journalisten in sein Lager bringen lassen, und damit ihnen klar wurde, dass nicht irgendein hergelaufener Afghanistanveteran zu ihnen sprechen würde, hatte er eigens junge Männer rekrutiert und bewaffnet, damit sie vor der Pressekonferenz einen minutenlangen Höllenlärm mit ihren Maschinengewehren veranstalteten. Im selben Jahr empfing er John Miller vom US-Fernsehsender *ABC*, dem er in einem Interview erklärte, jeder amerikanische Steuerzahler sei ein Anschlagsziel, weil er die amerikanische Kriegsmaschine gegen die muslimische Nation finanziere. Und wie ernst es ihm war, zeigten die fast zeitgleichen Anschläge auf amerikanische Botschaften in der kenianischen Hauptstadt Nairobi und im tansanischen Daressalam am 7. August 1998. Es war der achte Jahrestag der Stationierung amerikanischer Truppen in Saudi-Arabien.

225 Menschen kamen bei den Anschlägen ums Leben, 5000 wurden verwundet. Der CIA und dem FBI lagen schnell detaillierte Hinweise vor, dass Al Qaida dahintersteckte. Sie glaubten außerdem zu wissen, dass Osama und seine wichtigsten Mitarbeiter am 20. August bei Kandahar zusammen-

treffen würden, um die Ergebnisse der beiden Anschläge in Afrika zu analysieren und die nächste Angriffswelle vorzubereiten. Im Weißen Haus wurde also der Befehl gegeben, Bin Laden und seine Leute an diesem Tag anzugreifen. Die Operation erhielt den Namen »Infinite Reach«. Im nördlichen Arabischen Meer gingen mehrere US-Kriegsschiffe in Stellung und feuerten 75 Cruise-Missile-Raketen in Richtung Afghanistan ab. Die Vergeltungsschläge verfehlten aber ihr Ziel, denn Osama und seine Leute waren vorher – möglicherweise vom pakistanischen Geheimdienst gewarnt – abgetaucht. Der amerikanische Präsident, der zu diesem Zeitpunkt wegen der Affäre mit der Praktikantin Monica Lewinsky schwer angeschlagen war, erntete für diesen Fehlschlag in den US-Medien überwiegend Hohn und Spott. Ganz anders die Reaktion in den Kreisen militanter Islamisten rund um den Globus: Ihnen bewies der amerikanische Raketenangriff auf Osamas Lager überhaupt erst die Bedeutung dieses Mannes für den weltweiten Dschihad. Erst jetzt wurde der Saudi eine Kultfigur und nicht nur in den Kreisen der Militanten. In der Arabischen Welt tauchten Poster und Sticker mit seinem Konterfei auf. Er war nun eine öffentliche Person und eine Ikone. Entsprechend stieg der Spendenfluss an, vor allem aus Saudi-Arabien. Wie schon während des Bosnienkriegs wurden sie über islamische Wohlfahrtsorganisationen transferiert.

Die Taliban sahen dieser Entwicklung durchaus mit gemischten Gefühlen zu. Osama setzte sie nämlich der erhöhten Aufmerksamkeit der Weltöffentlichkeit und vor allem der amerikanischen Regierung aus. Nicht allen war das recht. Ausweisen konnte man den Saudi schlecht, denn es hätte einen Gesichtsverlust zur Folge gehabt, wäre dahingehend gedeutet worden, die Taliban würden vor den Amerikanern kuschen. Also setzte Osama auf eine Charme-Offensive: Er umschmeichelte Mullah Omar, den Anführer der Taliban, gab Geld und weit reichende Versprechen und zog ihn schließlich immer mehr auf seine Seite. Wie der britische Journalist Jason Burke schreibt, war die überzeugendste Liebesgabe Osamas die Ermordung von Ahmad Shah Massoud, dem Hauptfeind der Taliban. Die Handlanger der Al Qaida waren zwei als Journalisten getarnte Nordafrikaner, die Massoud zu einem Interview empfing. Der tunesische »Kameramann« trug einen Sprengstoffgürtel. Der Mord geschah zwei Tage vor den Anschlägen in New York und Washington.

Die Idee, Flugzeuge in amerikanische Gebäude zu lenken, hatte nicht Osama ausgebrütet, sondern der Kuweiter Shaikh Khaled Muhammad. Zumindest hat er die Urheberschaft in einem Interview mit *Al Dschazira* reklamiert. Er habe Bin Laden einen entsprechenden Plan vorgelegt, dem dieser nach anfänglicher Skepsis über die Durchführbarkeit einer solch spektakulären Aktion schließlich zustimmte. In Hamburg, nicht in den Bergen Afghanistans, fand der Chefplaner des 11. September schließlich die Freiwilligen, die zunächst ein Training in Afghanistan absolvierten und später zum Flugunterricht in die USA reisten. Zwischen der Idee und ihrer grausigen Realisierung lagen zwei Jahre. Und als die Türme des World Trade Center einstürzten, begann eine neue Zeitrechnung, deren Uhr in einem Camp in Afghanistan gestellt wurde. Es gibt wohl nur wenige Menschen im Westen, die nicht genau beschreiben können, wo sie am 11. September gewesen sind und wann sie den Fernsehapparat einschalteten, um live Zeuge der Tragödie zu werden. In der Wahrnehmung vieler trat die Welt erst mit den vierfachen Anschlägen in den USA in das 21. Jahrhundert ein, so wie das Jahrhundert zuvor aus Sicht von Historikern erst 1914, mit dem Ausbruch des Ersten Weltkriegs, begonnen hatte.

In Straßeninterviews nach dem 11. September erklärten Marokkaner kategorisch: »Das waren nicht wir. So etwas können Araber gar nicht.« Diese Ansicht hörten wir anfangs in vielen Interviews, bis heute halten sich Verschwörungstheorien, wonach der israelische Geheimdienst den Terrorakt wenn schon nicht geplant, dann zumindest aber Kenntnis davon gehabt haben soll. Als in den Tagen nach dem 11. September aber klar wurde, dass Araber »so etwas« sehr wohl können, wich das Mitgefühl mit den Opfern in den USA dem Triumph über die Kühnheit der Tat, vor allem bei jungen Muslimen. »Jetzt wissen auch die Amerikaner, wie es ist, Opfer zu sein.« Für sie ist Bin Laden kein Terrorist, sondern ein Held und Widerstandskämpfer. Zu seinem Heldenstatus trägt auch die Höhe der Belohnung bei, welche die amerikanische Regierung für Hinweise für seine Ergreifung ausgesetzt hat: es ist die sagenhafte Summe von 25 Millionen Dollar.

Es ist den westlichen Geheimdiensten bis heute nicht gelungen, das Versteck Osamas ausfindig zu machen. Man vermutet ihn in Berghöhlen im Grenzgebiet zwischen Pakistan und Afghanistan, und er meldet sich in unregelmäßigen Abständen mittels Audio- oder Videobotschaften zu Wort, die auf *Al Dschazira* ausgestrahlt werden. Für die nach dem 11. September 2001 wie die Köpfe der Hydra entstandenen autonomen islamistischen Terrorgruppen ist es allerdings weitgehend bedeutungslos, ob Bin Laden lebt. Die Befehle eines Dr. No vom Hindukusch brauchen sie nicht mehr, seine ideologischen Tagesbefehle sind längst angekommen. Dass der Westen Krieg gegen den Islam führt, ist heute Überzeugung nicht nur junger frustrierter Muslime überall auf der Welt. Diese Einschätzung, und dass Amerika der

Hauptfeind der Muslime ist, wird längst auch vom arabischen Mittelstand geteilt.

Abu Musab Al Zarqawi

Am 8. Juni 2006 erschienen in einschlägig bekannten islamistischen Internetforen Danksagungen an Allah: »Unser Shaikh Abu Musab Al Zarqawi ist als Märtyrer ins Paradies eingegangen.« Einen Tag zuvor hatte ein amerikanisches Spezialkommando den Führer der Al Qaida im Zweistromland nach dreijähriger Jagd ausfindig gemacht und mit Hilfe von zwei Raketen zur Strecke gebracht. Sie schlugen am frühen Abend kurz nach 18 Uhr in einem allein stehenden Haus im Palmenhain der irakischen Stadt Hibhib ein. Fünf Personen kamen ums Leben, unter ihnen ein junges Mädchen. Nur Zarqawi starb nicht sofort. Ein Augenzeuge berichtete wenige Tage später, dass der Schwerverletzte noch lebend aus den Trümmern geborgen wurde und erst durch Fußtritte amerikanischer Soldaten gestorben sei. Das Pentagon wies diese Anschuldigungen umgehend zurück und verwies auf seinen Autopsiebericht, wonach der Gesuchte an inneren Blutungen gestorben sei. Bestätigt wurde allerdings, dass Zarqawi noch kurze Zeit gelebt habe. In den Internetforen wurde aber nicht nur dem »Märtyrer« gehuldigt, sondern auch die Fortsetzung des Dschihad im Irak angekündigt. Der Chefstratege von Al Qaida, Aiman Al Zawahiri, schwor auf einem von arabischen Sendern ausgestrahlten Videoband blutige Rache.

Auf einer Webseite tauchte auch ein mit dem Handy aufgenommener Film auf, der die Freudenfeier über den »Märtyrertod« dokumentierte. Das Fest hat offenbar in der jordanischen Geburtsstadt Zarqawis stattgefunden. »Zarqawi hat

Abu Musab Al Zarqawi in seiner letzten Videobotschaft wenige Wochen vor seinem Tod.

den höchsten Platz im Paradies eingenommen«, rief einer der Teilnehmer ekstatisch. Anders die Reaktionen in den Vereinigten Staaten: Auf der Titelseite der *New York Post* sahen die Leser das Gesicht des Toten. Die Zeitung machte daraus eine Karikatur: »Wärmt schon mal die Jungfrauen vor«, legte sie Zarqawi in den Mund. Der amerikanische Präsident war allerdings klug genug, auf triumphalistische Äußerungen zu verzichten. Niemand in Amerika glaubte ernsthaft, dass mit Zarqawis Tod der Aufstand im Irak beendet wäre. Geheimdienste treibt seit dem 7. Juni 2006 vielmehr die Sorge um, wann und wo jene Terroristen zum Einsatz kommen, die Zarqawi im Irak trainiert und in ihre Heimatländer zurückgeschickt hat. Nach jordanischen Schätzungen sollen es 300 Kämpfer sein, die sich bereithalten. Al Qaida verkündete noch im Juni 2006, wer Zarqawis Platz eingenommen hatte: Sein Nachfolger heißt Abu Ayyub Al Masri, alias Abu Hamza Al Muhajer, der, wie die amerikanische Armee glaubt, Ägypter ist und in einem afghanischen Lager der Al Qaida ausgebildet wurde. In diesen Lagern wurde den Kämpfern nicht nur das Handwerk des Tötens beigebracht, sondern auch der Glaube, dass der Märtyrertod das höchste Ziel des Mudschahed sei. Zarqawi wusste das schon seit Kindertagen, wie ein Besuch in seiner Geburtsstadt Zarqa vor seinem Tod gezeigt hatte.

Die Gräber auf dem Friedhof des Stadtteils Hay Maathum sind schmucklos, so wie es bei Muslimen üblich ist. Hier liegen viele Märtyrer der Kriege gegen Israel. »Shahid« steht vor den Namen auf ihren Grabsteinen und für die Menschen in Hay Maathum sind sie Helden. Dieser Friedhof in der jordanischen Stadt Zarqa war der Spielplatz von Ahmed Fadil Al Khalayleh während seiner Kindheit. Die Toten sind fast alle vom Stamm der Bani Hassan, zu dem auch seine Familie gehört.

Ahmeds Vater war ein ehemaliger Freiwilliger aus dem Krieg von 1948 und bis zu seiner Rente Standesbeamter und ein Schlichter in Streitfällen, also eine Respektsperson in Zarqa. Angehörige des Khalayleh-Klans sind zahlreich in der Armee, Polizei und lokalen Institutionen vertreten. Auch seine Mutter Dallah war eine Khalayleh und eine tiefgläubige Frau.

Ahmed Fadil hat neun Geschwister. Der Junge ist ein schlechter Schüler und zeigt wenig Interesse am Unterricht. Mit 16 verlässt er die Schule ohne Abschluss und jobbt als Arbeiter in einer Papierfabrik. Aber schon zwei Monate später wird er entlassen, weil er seine Maschinen unbeaufsichtigt gelassen hat. Daraufhin erhält er eine Stelle beim städtischen Wartungsdienst. Zwei Mal wird er abgemahnt, weil er

Raufereien anzettelt, und wird schließlich 1986, nur sechs Monate nach seiner Einstellung, entlassen. Mit 18 wird Ahmed zum Militärdienst eingezogen. Als er zwei Jahre später nach Zarqa zurückkehrt, weiß er nicht, was er tun soll. Monatelang schlägt er sich mit Gaunereien durch, gerät immer wieder in Konflikt mit der Polizei und ist das Sorgenkind der Familie. Immer wieder müssen der Vater oder einer seiner Onkel ihn auf der Polizeistation abholen. Die Mutter ist verzweifelt und meldet ihn im Religionsunterricht der Moschee Al Hussein Bin Ali im Zentrum von Amman an. Vielleicht würde er dort ein besserer Mensch. In dieser Moschee treffen sich all jene, die sich auf den heiligen Krieg gegen die Sowjets in Afghanistan vorbereiten. Ahmed schließt sich ihnen an. 1989 macht er sich zusammen mit anderen Abenteuerlustigen in die pakistanische Stadt Peshawar auf, die ein Sammelpunkt von Mudschaheddin aus der gesamten Arabischen Welt ist. Für den Vater ist es ein schwerer Schlag, dass sein Lieblingssohn keinen richtigen Beruf hat und Jordanien verlässt.

Aber Mudschahed wird man nicht über Nacht. Zunächst müssen sich die jungen Freiwilligen in Peshawar einer religiösen Schulung unterziehen. Einer von Ahmeds Lehrern ist Dr. Hamdi Murad. »Er kannte den Koran nicht gut und war auch keine besonders auffallende Persönlichkeit«, sagte er uns in einem Interview. Ahmed will an die Front, um für die Mudschaheddin-Zeitschrift *Al Bunian al-Marsus,* »das fest gefügte Gebäude«, zu berichten. Sie ist damals ein Sprachrohr von Al Qaida und beschreibt in vielen Leitartikeln die Aufgaben der Gläubigen: »Pflicht eines jeden Muslim ist es, die Ziele des Dschihad zu verwirklichen, bis wir auch Amerika erreichen und befreien.«

Aber von der Front kann Ahmed nicht mehr berichten, denn im Frühjahr 1989 zieht die Sowjetarmee aus Afghanis-

tan ab. So kann er nur die Kriegsgeschichten anderer auf-
schreiben. Und sie faszinieren ihn so sehr, dass er eine seiner
Schwestern einem ehemaligen Kämpfer als Braut anbietet.
Aus dieser Zeit datiert auch seine Freundschaft mit dem
Palästinenser Mohammed Taher Al Barqawi alias Abu
Mohammed Al Maqdisi. Ahmed bewundert ihn für sein
religiöses Wissen und das Ansehen, das Al Maqdisi unter
den islamistischen Gruppen genießt. Auch bei den persön-
lichen Unterlagen von Mohammed Atta finden Ermittler
Jahre später 18 Artikel und Schriften von Maqdisi.

In Afghanistan besucht Ahmed mehrere militärische Ausbildungslager. Er lernt den Umgang mit Maschinengewehr
und Granatwerfern. Vor allem aber formt er sein geistiges
Rüstzeug: Es sind die drei Topoi des radikalen Islamismus –
Ablehnung der Moderne, Rückkehr zu den Wurzeln des
Islam, Ausrufung des Kalifats. Sein Weltbild ist festgelegt,
als er 1993 nach Jordanien zurückkommt. In Zarqa lässt er
sich künftig Abu Musab al Zarqawi nennen. Der Name
Musab geht auf einen Kämpfer des Propheten Mohammed
zurück, Musab Bin Umeir, der in einer Schlacht beide
Hände verlor und als Schutzpatron der Selbstmordattentäter gilt.

Auch Maqdisi ist inzwischen wieder in Jordanien, zusammen mit 300 weiteren Afghanistanveteranen. Sie gründen
die Terrorzelle »Bayat Al Imam« – Treueeid dem Imam. Ein
Mitglied dieser Gruppe ist auch Mohammed Abu Khalil
Abu Almuntassir. Wir besuchen ihn Ende 2005 in seinem
Haus in der Nähe von Zarqa. Es war nicht einfach, Kontakt
zu ihm aufzunehmen, denn er steht unter strenger Überwachung des jordanischen Geheimdienstes. Bis zum Schluss
war es nicht klar, wo wir uns treffen würden. Als es schließlich klappt, empfängt er uns mit ausgesuchter Höflichkeit
und zunächst spürbarer Vorsicht. »Zarqawi«, erzählt er uns,

»war damals noch nicht der Anführer, ihm fehlte dafür die Persönlichkeit.« Lächelnd zeigt er auf das Sitzpolster neben ihm: »Hier saß er immer und wir tranken Tee und redeten über den Dschihad gegen die israelischen Besatzer in Palästina.« Zarqawi war der Einzige in der Terrorzelle, der nicht aus einer palästinensischen Familie stammte. Im Gefängnis, wo unser Gastgeber zusammen mit Zarqawi wegen Mitgliedschaft in einer terroristischen Gruppe einsaß, war das ein Vorteil. »Er konnte besser mit den jordanischen Gefängniswärtern verhandeln, weil er zum mächtigsten Stamm (den Bani Hassan) gehörte und deshalb bei den Wärtern einen gewissen Vorzug genoss.« Aber gefoltert wurden sie alle ausnahmslos. Man entzog ihnen tagelang den Schlaf, schlug und beschimpfte sie. Immer noch lächelnd erzählt uns Abu Almuntassir die Einzelheiten dieser Haft. Drei Stunden lang sind wir bei ihm und zum Schluss entlässt er uns mit einem starken Satz: »Abu Musab wollte immer in die Geschichte eingehen. Er wollte, dass die ganze Welt von ihm sprach. Jetzt spricht die ganze Welt von ihm.«

Erst im Gefängnis wird Zarqawi zum unumstrittenen Anführer der Gruppe. 15 Jahre soll er dort absitzen, in einer der bestbewachten Haftanstalten Jordaniens, die 75 Kilometer südlich von Amman mitten in der Wüste liegt. Hier lernt er wie besessen Koranverse auswendig. Er trotzt der Gefängnisleitung. Er legt die Regeln in der Gefängniszelle fest. Bald schon genießt der Flügel, in dem Zarqawi und seine Leute untergebracht sind, Privilegien. Sie müssen nicht mehr am Morgenappell im Gefängnishof teilnehmen. »Ein Blick von ihm genügte und jeder wusste, was er wollte. Alle hatten Angst vor ihm«, erzählt uns ein ehemaliger Mithäftling, Abdullah Abu Romman, ein jordanischer Journalist. »Nur wenige hielten überhaupt seinem Blick stand.« Abu Romman schildert Zarqawi als einen diktatorischen Mann, der keinen Widerspruch duldete. Er bestimmte nach Gusto, wer rechtgläubig und wer »kufar« – ungläubig – war. Ein politischer Häftling wie Abu Romman gehörte zu den verachteten Letzteren. Zarqawi hingegen ist ein Afghani, ein Krieger Gottes und unantastbar. Erst im Gefängnis wird er der Dogmatiker, dessen Auslegung des Korans die einzig gültige ist. Der einzige Mensch, von dem er sich überhaupt noch etwas sagen lässt, ist seine Mutter.

Und dann nimmt sein Schicksal eine unerwartete Wende. Anfang Februar 1999 folgt Prinz Abdullah seinem verstorbenen Vater König Hussein von Jordanien auf den Thron. Wie in vielen arabischen Monarchien üblich, werden bei Thronfolgen königliche Amnestien erlassen. Zarqawi ist einer von 3000 Häftlingen, die im März 1999 in den Genuss dieser Begnadigung kommen und aus dem Gefängnis entlassen werden. »Wie konnten wir denn ahnen, dass dieser Mann zu einem der gefährlichsten Terroristen der Welt werden würde«, sagt uns in Amman ein Mitglied des jordanischen Geheimdienstes. Vorsichtshalber verhängen die Sicherheitsdienste ein Reiseverbot für Zarqawi und seine Anhänger. Aber Zarqawi ist nicht zu halten. Was soll er in Jordanien auch tun? Er hat keinen Beruf, keine abgeschlossene Ausbildung. Im Gefängnis war er ein Emir, ein Anführer, aber außerhalb der Mauern ist er nicht gesellschaftsfähig, ein Gescheiterter.

Also macht er sich im Sommer 1999 ein weiteres Mal auf den Weg nach Pakistan. Er besorgt sich gefälschte Papiere und bereitet alles für seinen endgültigen Weggang vor. In Zarqa sieht man ihn in diesen Wochen zum letzten Mal. Jahre später erkennen ihn seine Verwandten wie auch der Geheimdienst an der Stimme auf einem Video, dass die Enthauptung des Amerikaners Nicholas Berg im Irak zeigt. Er ist der Vermummte, welcher der Geisel den Kopf abschneidet.

Noch während er auf dem Weg ist, erfährt der jordanische Geheimdienst, dass Zarqawi das Land unerlaubt verlassen hat. Sie kennen sein Ziel und bitten die pakistanischen Behörden, ihn festzunehmen. Das tun diese auch, lassen ihn aber nach einer Woche wieder frei und erteilen ihm sogar eine Ausreisebewilligung. Der in Jordanien als Top-Terrorist geführte Mann aus Zarqa muss einflussreiche Helfer bei den pakistanischen Geheimdiensten gehabt haben. Aber wohin soll er jetzt noch gehen? Seine einzige Zuflucht ist das von den radikalen Taliban beherrschte Afghanistan. In Herat nahe der iranischen Grenze wird er Leiter eines Trainingslagers für zukünftige Dschihadisten. 18 verschiedene Nationalitäten tummeln sich in diesem Camp. Die Rekruten werden im Umgang mit Feuerwaffen, Sprengstoff und chemischen Waffen unterwiesen. Seine engsten Vertrauten aus der jordanischen Terrorzelle sind auch dort. Jeder im Lager muss ihm die Treue schwören. Einer von ihnen ist Emad Abdelhadie alias Shadi Abdallah, ein Jordanier palästinensischer Abstammung. »Unsere Gruppe wollte aus dem haschemitischen Königreich Jordanien einen Gottesstaat machen«, sagte er deutschen Vernehmern. Ihn schickt Zarqawi nach Deutschland, damit er mit Gleichgesinnten im Ruhrgebiet eine Terrorzelle aufbaut. Emad ist für das Ausspähen von Anschlagszielen und das Besorgen gefälschter Papiere zuständig. Die Mitglieder dieser Zelle bezeichneten sich untereinander als »Brüder« und ihre Organisation war die »Firma«. Die Ausspähung eines Anschlagsziels nannten sie »Heirat«. Handgranaten waren »Äpfel«, eine Pistole mit Schalldämpfer hieß die »Stumme«, die Munition dazu »Eicheln«. Die deutschen Behörden nennen diese Gruppe »Al Tawhid«. Ihre anvisierten Ziele sollten hauptsächlich jüdische Einrichtungen sein. Am 23. April 2002 werden Emad Abdelhadie und seine Gruppe in Düsseldorf und Duisburg verhaftet.

Auch andere Pläne Zarqawis gehen schief. Jordanische Sicherheitsbehörden sind davon überzeugt, dass er ein Drahtzieher der geplanten »Millenniums-Anschläge« ist. Zarqawis Leute wollten unter israelischen und amerikanischen Touristen in Jordanien ein Blutbad anrichten. Zielscheiben sind unter anderem das Hotel Radisson in Amman, die Stelle, an der Jesus am Ufer des Jordan getauft wurde, und die König-Hussein-Brücke, die Jordanien mit Israel verbindet. Aber der Jahrhundert-Plot wird rechtzeitig aufgedeckt und Zarqawi von der jordanischen Justiz am 11. Februar 2002 in Abwesenheit erneut zu 15 Jahren Haft verurteilt.

Und wieder kommt es zu einem unerwarteten Wendepunkt in seinem Leben. Nach den Anschlägen vom 11. September 2001 eröffnen sich für Zarqawi neue Möglichkeiten. Er muss zwar aus Afghanistan in den Iran fliehen und wird dort für kurze Zeit unter Arrest gestellt. Danach hält er sich auch in Syrien auf und plant von dort aus den Anschlag auf den US-Diplomaten Lawrence Foley in Amman. Dieser wird am 28. Oktober 2002 vor seinem Haus erschossen. Jordanische Dienste sind sich sicher, dass Zarqawi die Waffen geliefert hat. Nach ihrer Festnahme erklären die beiden Attentäter, der Mord sei Teil von Zarqawis Terrorprogramm. Es ist der erste Anschlag auf einen ausländischen Diplomaten in Jordanien. Von da an ist Zarqawi in Jordanien Staatsfeind Nummer eins. Was er zu diesem Zeitpunkt noch nicht weiß: Im Pentagon arbeiten die Strategen bereits an Einmarschplänen für den Irak. Erst der Angriff der amerikanischen Truppen auf das Zweistromland im Frühjahr 2003 katapultiert Zarqawi an die Spitze der internationalen Dschihad-Bewegung. Ohne die Amerikaner hätte er diese »Karriere« nicht machen können.

Viele Fachleute sind bis heute überzeugt, dass Zarqawi

schon in Afghanistan Osama Bin Laden die Treue geschworen hat. Auch Collin Powell behauptete in seiner Ansprache vor dem UN-Sicherheitsrat, Zarqawi sei ein Gefährte und Mitstreiter Bin Ladens und Saddam Hussein gewähre ihm Schutz. Es war eine der Rechtfertigungen für den Krieg gegen den Irak. Zeugenaussagen von Zarqawis Anhängern deuten aber in eine andere Richtung. Er war zunächst ein Rivale und kein Verbündeter des Saudi. Erst im Oktober 2004 schwor er Bin Laden die Treue. Diesen Schwur machte er auf einer Internetseite öffentlich.

Auf den Schlachtfeldern des Irak, im Widerstand gegen die amerikanischen Truppen, schreibt Zarqawi endlich »Geschichte«, wie er es immer tun wollte.

Er ist der Nukleus, um den sich die Internationale des Dschihad schart. Über 20 000 junge Muslime aus der gesamten Arabischen Welt und auch Europa haben sich nach Schätzungen arabischer Geheimdienste dem irakischen »Widerstand« angeschlossen. Natürlich stehen nicht alle unter dem direkten Kommando Zarqawis. Aber im Oktober 2004 erklärte der amerikanische Generalstab, dieser trage die Verantwortung für den Tod von 675 Irakern und 40 Ausländern sowie für über 2000 Verletzte seit Beginn des Kriegs. Selbstmordattentate und Geiselnahmen werden seine besondere »Spezialität«.

Am 19. August 2003 greift ein Selbstmordattentäter das Hauptquartier der Vereinten Nationen in Bagdad an. 23 Menschen werden getötet, darunter der UN-Sondergesandte Sergio Vieira di Mello. Die Folge: Die Vereinten Nationen ziehen sich aus dem Irak zurück, da die Sicherheit ihrer Mitarbeiter nicht zu gewährleisten ist. Später bekennt sich Zarqawi im Internet zu diesem und anderen Anschlägen und begründet seine Strategie. Pflicht jedes Muslims sei es, den Dschihad gegen die Feinde des Glaubens und damit die

USA zu führen. In den Folgemonaten veröffentlicht Zarqawis Gruppe Ton- und Videobänder sowie Pamphlete, um von der Front zu berichten und weitere Kämpfer zu rekrutieren.

Die Tonaufnahmen beginnen mit Koranrezitationen und Anrufungen Gottes durch Kämpfer. Eine männliche Stimme kündigt Zarqawi an: »Hört die Worte des Shaikhs der Mudschaheddin, Abu Musab Al Zarqawi, Emir der Al Qaida im Zweistromland.« In seiner Botschaft vom 14. September 2005 verdammt er all jene zum Tod, die mit den Besatzern, den »Kreuzrittern« im Irak zusammenarbeiten, Polizisten, Angehörige von Armee und Nationalgarde, Muslime wie Nicht-Muslime, Männer und Frauen, selbst Mädchen. Er dankt den sunnitischen Stämmen im Irak für ihre Unterstützung und erklärt, dass die Schiiten im gesamten Irak angegriffen werden dürfen. Denn sie hätten der irakischen Verfassung, »dem Pamphlet der Kreuzritter«, zugestimmt und damit ihre »Religion verkauft«. Seine kalte, drohende Stimme hören nicht nur die Muslime im Irak, die online sind, sondern auch hunderttausende Muslime weltweit. 17 Minuten dauert diese Tonbandaufnahme vom September 2005, wir haben sie auf einem passwortgeschützten Forum im Internet entdeckt, auf dem Dschihadisten aus dem Irak und Afghanistan täglich ihre Botschaften kommunizieren.

Seit Winter 2003 ist Zarqawi die Nummer eins auf der »most wanted list« im Irak. 25 Millionen Dollar wird derjenige erhalten, der Hinweise zu seiner Ergreifung gibt. Aber für viele junge Muslime ist er »der Mann, der den Amerikanern im Irak die Stirn bietet«. Sie sehen ihn nicht als blutrünstigen Terroristen, sondern als Widerstandskämpfer. Nach einer Studie des Zentrums für Strategische Studien an der University of Jordan aus dem Jahr 2005 halten nur 18 Prozent der Befragten Angriffe auf amerikanische Truppen und ihrer Verbündeten im Irak für Terrorismus. In

Syrien und den palästinensischen Gebieten sind es sogar nur 9 Prozent.

Allerdings erschien diese Studie vor den Anschlägen von Amman am 9. November 2005. Damals erschütterten zeitgleiche Selbstmordattentate in drei Hotels die jordanische Hauptstadt. Die Mörder kamen aus dem Irak und handelten im Auftrag Zarqawis – drei Männer und eine Frau, die bei dieser Operation allerdings nicht ums Leben kam. Was Zarqawis Leute nicht wussten: Im Hotel Radisson feierte zum Zeitpunkt des Anschlags eine jordanische Hochzeitsgesellschaft. Das hielt das Attentäterehepaar allerdings nicht davon ab, ihre Sprengstoffgürtel zu zünden. Der von Sajida Mubarak Al Rishawi detonierte aber nicht und sie konnte im allgemeinen Chaos fliehen. Mit einem Taxi fuhr sie zu den Schwiegereltern ihrer Schwester in die Stadt Salt und versteckte sich dort drei Tage lang bei der ahnungslosen Familie. Die ganze Zeit trug sie den Sprengstoffgürtel am Leib, bis sie der jordanische Geheimdienst schließlich aufspürte. Den entscheidenden Hinweis für ihre Ergreifung gab Zarqawi unabsichtlich selbst. Denn schon einen Tag nach den Anschlägen veröffentlichte er im Internet ein eitles Bekennerschreiben, in dem er Allah anflehte, »unsere Schwester als Märtyrerin anzunehmen«. Er wusste zu diesem Zeitpunkt offensichtlich nicht, dass Sajida Mubarak Al Rishawi noch am Leben war.

Diese Anschläge, bei denen 67 Menschen getötet und über 300 verletzt wurden, veränderten die Stimmung in Jordanien. Im ganzen Land kam es zu Protestdemonstrationen gegen den Terrorismus. Diejenigen, die den Mann aus Zarqa zuvor als Widerstandskämpfer anerkannt hatten, änderten nun ihre Meinung. Denn diesmal waren die Opfer Jordanier und Muslime. Deshalb fühlte sich Zarqawi bemüßigt, neun Tage nach den Anschlägen eine Rechtfertigungsrede ins

Internet zu stellen: »Für die Muslime, die bei dieser Operation getötet wurden, bitten wir Allah um Gnade und Vergebung für sie. Sie waren nicht das Ziel, auch wenn sie Sünder waren.«

Viele Tageszeitungen druckten Tage nach den Anschlägen Anzeigen ab, in denen sich Mitglieder des Khalayleh-Klans von Zarqawi distanzierten und ihn von der Familie ausschlossen. Diese Anzeigen wurden vom königlichen Hof bezahlt. Unter der Hand gaben aber Mitglieder der Familie uns gegenüber zu, dass sie Zarqawi auch weiterhin unterstützen würden.

Einer seiner Cousins sagte uns ganz offen, wie sehr er ihn bewundert. »Er führt den gerechten Krieg gegen die Ungläubigen in unseren Ländern. Ich bin stolz auf ihn und er ist für viele unseres Stammes ein Vorbild.«

Schlusswort

»Diese Auseinandersetzung ist ein langer Lauf. Sie wird noch Jahre und Jahrzehnte dauern. Sie wird eine ganze Generation beschäftigen. Und solange die Krise im Irak nicht gelöst ist, wird es gar keinen Fortschritt geben. Ich sehe ihn politisch nicht, dafür aber, dass die Vorbereitungen auf Anschläge zunehmen«, sagt einer der führenden Terrorfahnder Europas. Er muss sich keine Sorgen machen, jemals arbeitslos zu sein. Doch er macht sich Sorgen, weil die Zahl der Sympathisanten, die in Osama Bin Laden so etwas wie einen islamischen Che Guevara erkennen, zunimmt und radikale Zellen sich vermehren. Nicht jede Zelle gebiert Attentäter, aber die Basis der Radikalisierung verbreitert sich von Jahr zu Jahr. Es scheint ein unaufhaltsamer Prozess zu sein.

Es ist auf jeden Fall ein rascher Prozess. 2004 zählte der Verfassungsschutzbericht 31 800 Mitglieder von islamistischen Organisationen für das gesamte Bundesgebiet – tausend waren binnen eines Jahres dazugekommen. Der Bericht des hessischen Verfassungsschutzes 2005 nannte für das Bundesland allein 5000 Mitglieder islamistischer Organisationen, 250 von ihnen seien im Lauf des letzten Jahres dazugekommen. Mit insgesamt rund 8300 Personen umfasse die Mitgliedschaft ausländischer extremistischer Organisationen inzwischen mehr Aktivisten als jeweils die rechts-

oder linksradikale Szene. Der Islamismus, darin sind sich sämtliche Dienste einig, stellt die größte Herausforderung an die Sicherheitspolitik dar. Seiner Größe wegen, seines Wachstums wegen und aufgrund seines Gewaltpotenzials. »Niemand mit Sinn und Verstand« könne deshalb garantieren, dass es nicht zu Anschlägen auch in Deutschland komme, sagte der hessische Innenminister Volker Bouffier, als er den Verfassungsschutzbericht vorstellte. Als besonders beunruhigend bewertete er den primitiven Antisemitismus, der die Islamisten mit den Neonazis verbindet.

Dabei wird es für die Geheimdienste immer schwieriger, den islamistischen Terror zu beobachten und in ein Raster zu fügen. Am 11. September waren es junge, finanziell unabhängige Gaststudenten aus der Arabischen Welt, welche die Attentate verübten. In London führten einheimische junge Männer im Alter zwischen 18 und 30 Jahren, deren Familien aus Pakistan und der Karibik stammen, die Attentate auf U-Bahnen und einen Bus aus. Sie waren bis dahin den Terrorfahndern nicht als mögliche Selbstmordattentäter aufgefallen, es verband sie keine gemeinsame Ausbildung in einem Lager in Afghanistan oder dem Irak. In Madrid schlugen junge Nordafrikaner los, von denen die meisten schon seit Jahren in Spanien lebten und hier ihren Lebensunterhalt verdienten. Den vereitelten Anschlag auf den Weihnachtsmarkt in Straßburg im Jahr 2000 bereiteten vier aus Algerien stammende, zum Teil seit längerem in Frankfurt lebende Männer vor, die sich zuvor als Kleinkriminelle betätigt hatten und überhaupt nur auffielen, weil sie in Straßburg wenige Tage vor dem geplanten Anschlag einen Videofilm über ihr Ziel drehten.

Die Attentäter kannten sich nicht persönlich und sie gehörten auch keiner gemeinsamen Organisation an. Was sie verbindet, ist die Ideologie und ein Gefühl der Ausgrenzung. Die Ideologie ist ihr verengtes Verständnis des Islam, sie beziehen sie aus dem Internet und von radikalen Predigern in Moscheen und Jugendclubs. Sie werden weniger durch die Predigten der Imame bekehrt, sondern in Einzelgespräche hineingezogen. Die Werber des Islamismus suchen sich in den Gemeinden gezielt junge Frauen und Männer aus, die erkennbar ihren Platz in der Gesellschaft suchen und sich, wie jeder andere in ihrem Alter auch, fragen, wer sie sind und wohin sie gehören. Die zumeist in Saudi-Arabien geschulten »Brüder« vermitteln ihnen, dass sie ihre wahre Identität verleugnen, wenn sie zunächst Deutsche, Franzosen, Briten, Niederländer oder Türken und dann erst gute Muslime sein wollen. Es fällt ihnen nicht schwer, das zu untermauern, brauchen sie doch bloß darauf hinzuweisen, wie junge Muslime in eine Außenseiterrolle gedrängt werden. Schon ihre Religion, ihre Hautfarbe, ihr sozialer Status – nichts deute darauf hin, dass sie sich in der Mitte der Gesellschaft befänden. Die Islamisten haben auf ihren Werbetouren bei ihrer Zielgruppe wenig konkurrierende Angebote zu fürchten. Der Dschihad ist unter den jungen Männern das Thema Nummer eins.

Hinzu kommt ein grundlegender Konflikt zwischen der ersten und der zweiten oder dritten Generation von muslimischen Einwanderern in Europa. Die Eltern haben den direkten Draht zu ihren Kindern in der Regel verloren, die Familie fällt als Sozialisationsfaktor aus. Die Konflikte in den Familien erinnern an die Radikalisierung der Jugend in Deutschland in den 60er Jahren. Die Jungen lehnen sich gegen die Alten auf, gegen die ihres Erachtens Angepassten, die gar nicht mehr wissen, wer sie sind. So wie die 68er ihren Vätern vorwarfen, sie hätten das Erbe des Dritten Reichs nicht bewältigt, prägt heute eine Auseinandersetzung muslimische Gemeinden, die darauf hinausläuft, dass die Jungen ihren Eltern vorwerfen, sie verrieten ihre Religion.

Der Bayerische Verfassungsschutz hat in einer Studie herausgearbeitet, dass die jungen Dschihadisten alle einen »Vaterkonflikt« hatten. Sie kommen aus einer Gesellschaft, die vorschreibt, den Eltern uneingeschränkten Respekt und Gehorsam zu erweisen. Der Vater ist der unantastbare Patriarch, der Familie, der Sippe, des Dorfes. In der Fremde, die nicht Heimat wird, erscheint dieser Vater schnell als Versager. Er kann seine Familie vielleicht ernähren, erreicht aber kaum einen sozialen Status, der im Einwanderungsland Respekt einflößt. Aber in der Familie muss er seine Stellung als Patriarch behaupten. Der Kampf, den man gegen ihn direkt nicht führen kann, wird umgeleitet auf größere Ziele, auf Israel, die Juden, die »Ungläubigen«, die »Abtrünnigen« aus den eigenen Reihen, gegen den Westen, den Kapitalismus, die Globalisierung, die »Kreuzzügler«. Das beste Beispiel für einen Vater-Sohn-Konflikt stellte in diesem Zusammenhang Mohammed Atta, einer der führenden Köpfe und Attentatsflieger des 11. September, dar. Er hatte es seinem Vater nie recht machen können. Stets musste er sich seine beiden erfolgreichen Schwestern vorhalten lassen, die akademische Karrieren machten. Atta war nie klug, nie stark, nie männlich genug. Obwohl er an der Universität Hamburg-Harburg ein glänzender Student war, wurde er von seinem Vater kaum beachtet. Also nahm er sich vor, eine Tat zu begehen, deren »Größe« die ganze Welt erschüttern würde.

Die Islamisten predigen einen politischen Islam, einen aus dem Unterlegenheitsgefühl gespeisten Traum von einem Weltreich, von einem Eroberungszug wie zu Alexanders Zeiten. Dieses Geschichtsbild zeigt sich in vielen Predigten und

Darstellungen – nicht nur von Al Qaida – im Internet in einem Dreischritt, der zwei Jahrtausende durchmisst und verbindet: Der Blütezeit des Islam folgten die Kreuzzüge, diese dauern bis heute an und nun ist die Zeit gekommen, zurückzuschlagen und die »Kreuzritter« endgültig zu vernichten. Diese historische Weltsicht ist weit verbreitet, wie sich zum Beispiel bei Umfragen von *Al Dschazira* gezeigt hat.

Wo die Familien ausfallen, um die Distanz zur Gesellschaft zu überbrücken, drängt sich keine andere Gruppe auf, die Lücke zu füllen. Die Schule ist restlos überfordert, die Lehrer sind für eine solche Aufgabe gar nicht gerüstet. Und die Politik erschöpfte sich bisher in ideologisierten parteipolitischen Grabenkämpfen, bei denen die Muslime nur Objekt sind – Objekt des immer noch schwelenden Glaubensstreits zwischen Konservativen, die erst jetzt erkennen, dass Deutschland ein Einwanderungsland ist, und Linken, deren Antwort allein in einem Multikulturalismus besteht, der darüber hinwegtäuscht, dass man gar nicht in der Lage ist, positiv zu beschreiben, wofür sich integrationswillige Muslime entscheiden sollen und worauf sie sich verpflichten müssen. Dabei wurde und wird übersehen, dass dies den radikalen Predigern den Boden bereitet, welche die ihnen zur Verfügung stehenden Freiheiten nur dazu nutzen, ihrer Verachtung derselben Ausdruck zu verleihen.

Die Karrieren junger Islamisten, wie wir sie in einigen Fällen exemplarisch schilderten, weisen direkte Parallelen zu jenen junger Rechts- oder Linksradikaler auf. Sie geraten zum richtigen Zeitpunkt an die Falschen, an die radikalen Werber, die ganz gezielt die muslimischen Gemeinden infiltrieren. Diese radikalen Truppenausheber des Islamismus, die den jungen Leuten vom wahren Leben eines echten Muslim erzählen, haben ihr Geschäft viel zu lange unbehelligt betreiben können. Ihnen müssen Staat und Politik mit viel größerer Entschlossenheit entgegentreten.

Die Politik hat sich um dieses Feld bis heute nicht richtig gekümmert und die Sache den Sicherheitsdiensten überlassen. Sie hat kein Konzept von Integration und deswegen nicht unterschieden zwischen radikalen und gemäßigten Muslimen, was dazu führte, dass sie heute von vielen in einen Topf geworfen werden. »Wir haben die Europäer jahrelang davor gewarnt, dass sie die radikalen Prediger und Werber gewähren ließen und zusahen, wie junge Männer für die Kriege in Tschetschenien und Kaschmir rekrutiert wurden«, sagt ein arabischer Geheimdienstmann. Diese gefährliche Ignoranz müssen die europäischen Staaten ablegen. Und zugleich müssen sie der seit den Anschlägen hektischen Integrationsrhetorik Taten folgen lassen. Ein Einbürgerungstest, zumal wenn er sich in einem Abfragekatalog ergeht, an dem die meisten Deutschen scheitern würden, reicht nicht. Er animiert niemanden, sich auf unsere Gesellschaft einzulassen. Und wie kann man ein Bildungsgut verlangen, das die Schulen heute kaum mehr vermitteln? Wir brauchen Imame, die Deutsch können, wir brauchen eine Institution, eine Hochschulfakultät, die Imame ausbildet und anerkennt. Ganz zu schweigen von islamischem Religionsunterricht an den Schulen. Aber wer kann eigentlich verbindlich für die Muslime bei uns sprechen? Wir haben zwar Ansprechpartner in den Gemeinden, aber keine Institution, die verbindlich für alle Muslime eintritt.

Es kann auch nicht sein, dass muslimische Gemeinden so tun, als sei das nicht ihr Problem. Die Auseinandersetzung muss – auch theologisch – in den Familien und Gemeinden beginnen. In Amsterdam hat man das begriffen. Dort haben niederländische Imame drei junge Prediger eingestellt, deren Aufgabe es ist, den jungen Leuten einen komplexeren Zugang

zum Koran zu vermitteln. Diejenigen, die den Islam miss-
brauchen, um den Terror zu rechtfertigen, müssen klipp
und klar als das bezeichnet werden, was sie sind: Seelenver-
käufer im Namen des Propheten, Kriegstreiber, die ganze
Generationen mit aus dem Zusammenhang gerissenen Text-
bausteinen des Korans in eine endzeitliche Auseinandersetzung treiben. Es ist aber nicht nur das: Die radikalen Werber
betrügen auch ihre jugendlichen Opfer in mehrfacher Hinsicht um die Zukunft. Sie sagen, das Leben im Diesseits sei
nicht wichtig. Sie verschwenden keinen Gedanken daran,
was man aus diesem Leben machen könnte. Sie versprechen
das Paradies, weil sie nicht in der Lage sind, mit den Heraus-
forderungen der modernen Welt umzugehen. Sie kennen nur
eine Antwort – die Gewalt, das Attentat und das Selbstopfer.

Für Sicherheitsleute in Amerika war der 11. September eine
Katastrophe, weil sie nicht rechtzeitig in der Lage waren, die
verfügbaren Informationen zu einem Bild zu formen. Seither konzentrieren sich die Amerikaner darauf, den Informationsfluss zu verbreitern und besser zu kanalisieren. Ein
Großteil der 180 000 Mitarbeiter des eigens zur Terrorbe-
kämpfung gegründeten Departments für Homeland Secu-
rity beschäftigt sich mit nichts anderem, als Informationen
über jeden Menschen – und jedes Wirtschaftsgut – zu be-
schaffen, der oder das die Grenzen des Landes passieren will.
Noch bevor ein Reisender die Vereinigten Staaten erreicht,
wollen die Amerikaner wissen, mit wem sie es zu tun haben.
Sie sind der Überzeugung, dass man die islamistische Gefahr
an den Grenzen stoppen kann. Dass aber der Islamismus das
Zeug zu einer sozialen Bewegung hat, das schließen amerikanische Experten für die Vereinigten Staaten aus. In Europa, in den arabischen und muslimischen Ländern, die wir
besucht haben, ist das ganz anders.

Für die Geheimdienste europäischer und arabischer Länder war die Lage vor dem 11. September im Grunde besser als heute. Damals existierten Osama Bin Ladens Lager in Afghanistan. Seine rund 5000 Kämpfer konzentrierten sich in der Region von Tora Bora, man konnte sie lokalisieren. Nach dem 11. September gab Bin Laden seinen Kommandeuren den Auftrag, in ihre jeweiligen Herkunftsländer zurückzukehren und sich dort auf eigene Faust eine Basis zu verschaffen. Eine nicht geringe Zahl ist aus den afghanischen Lagern nach Europa gegangen. Hier rekrutieren sie nun die dritte Generation der Dschihadisten. Diese haben nie eine Ausbildung in einem Lager durchlaufen, aber sie gelten als die gefährlichsten, weil sie nie ins Blickfeld der Geheimdienste geraten sind. »Sie stellen keine Fragen und sind schnell bereit, Selbstmordattentäter zu werden«, sagt ein arabischer Geheimdienstler. Die Verfassungsschützer und Nachrichtendienste sind nicht in der Lage, allein die Zahl der Sympathisanten, Werber und ehemaligen oder künftigen Kämpfer zu nennen. Das liegt an dem konspirativen Handwerk der Dschihadisten, sie verständigen sich häufig nicht einmal mehr per Telefon miteinander, sondern nur noch von Angesicht zu Angesicht, um ihren Kreis klein zu halten und sich vor Informanten zu wappnen. Es sind Strukturen wie bei der Mafia, die nach außen hin auch deshalb kaum zu erkennen sind, weil den Mitgliedern der größeren Organisationen und vor allem der kleinen radikalen Zellen alle Mittel erlaubt sind, sich zu tarnen. Sie sollen nicht erkennbar sein, einen westlichen Lebensstil führen und sogar Alkohol trinken.

An die Stelle des Terrorreservoirs Afghanistan ist seit 2003 das Schlachtfeld Irak getreten. Auf diesem tummelt sich eine heterogene Truppe aus ehemaligen Anhängern der

Baath-Partei, aus Fedajin, den ehemaligen Spezialeinheiten Saddam Husseins, einstigen Geheimdienst- und Militärangehörigen und Afghanistanveteranen. Sie verfügen allesamt über eine militärische Ausbildung, die sie an die Jungen weitergeben. Sie werben junge Muslime aus der ganzen Welt an. Und der Terrorführer Abu Musab Al Zarqawi war dazu übergegangen, einige seiner »Spezialisten« nach Europa zu schicken, wo sie wiederum Kämpfer und Selbstmordattentäter heranziehen sollen, rekrutiert aus der Generation der »Kinder des Dschihad«.

»Wir müssen die Motive der Islamisten durchkreuzen und bearbeiten«, sagt ein Verfassungsschützer. Das ist leicht gesagt und kaum getan. Vor allem, wenn man die Außenpolitik westlicher Staaten – allen voran der Vereinigten Staaten und Großbritanniens – und deren Wirkung betrachtet, muss man sich eingestehen, dass dieses »Bearbeiten« der Motive nicht nur als Vorhaben sehr schwammig ist. Es hat derzeit keine reelle Grundlage. Die amerikanische Regierung hat mit ihren Verbündeten im Irak einen Krieg begonnen, von dem heute jeder weiß, dass dessen Geschäftsgrundlage falsch war. Den Irrtum über das Vorhandensein biologischer, chemischer und atomarer Waffen im Irak hat die Regierung Bush inzwischen selbst eingeräumt. Warum aber wurde der Irak dann angegriffen?

Mit dem zweiten Golfkrieg, dem Einmarsch der Amerikaner im Irak, hat besonders eine der extremsten Interpretationen des Islam, die Salafia Dschihadia, an Zulauf gewonnen. Die Salafis glauben, dass die Gesellschaft allein nach den Regeln des Korans regiert werden soll. Es gibt nur das eine Ziel, alle Muslime unter einem islamischen Gesetz und Staat zu vereinen. Die Salafia Dschihadia sieht ihre Aufgabe darin, dieses Ziel durch den »heiligen Krieg« zu verwirklichen. Die »Ungläubigen« müssen aus den muslimischen

Ländern vertrieben werden, »abtrünnige« Muslime, die etwas anderes wollen, sind ebenfalls Gegner, die man töten darf. Es geht um einen Krieg, in dem sich der Feind angeblich auch alles erlaubt – wofür man die Bilder aus Abu Ghraib zur Illustration leicht heranziehen kann – und es kaum eine Grenze gibt, keine Zivilisten, keine unschuldigen Opfer; das Selbstmordattentat ist gerechtfertigt, der »Emir« entscheidet aus eigenem Recht, wer leben darf und wer sterben soll.

Dieses Gedankengut hat sich seit dem Angriff der Amerikaner im Irak 2003 im Nahen Osten, auch in Ländern wie Syrien, Jordanien und dem Libanon, verbreitet. In Europa hatte es zahlreiche Anhänger der Salafia Dschihadia gegeben, die frei predigen konnten. Sie ermutigten junge Europäer, in Ausbildungslager zu ziehen und gegen die »Besatzer« der muslimischen Welt zu kämpfen. Unter diese »Besatzer« fallen – nach ihrer Interpretation – auch die Machthaber der islamischen Welt. Wie weit dieses Denken inzwischen verbreitet ist, hat eine Untersuchung des Center for Strategic Studies der University of Jordan im Jahr 2005 gezeigt. Für die Studie, die nach politischen und religiösen Überzeugungen fragte, wurden in Jordanien, Syrien, Palästina, Ägypten und im Libanon insgesamt 9700 Gesprächspartner herangezogen. Ein Ergebnis der Umfrage erschreckte die Analysten vor allem: Auf die Frage, ob Al Qaida eine Terror- oder eine Widerstandsorganisation sei, kam heraus, dass Al Qaida als Widerstand gesehen wird, von 67 Prozent der Befragten in Jordanien und von 70 Prozent in den palästinensischen Gebieten, in Ägypten waren es 41 Prozent. Auf die Frage, ob man die Anschläge vom 11. September 2001 als einen »terroristischen« Akt bezeichnen sollte, antworteten in Jordanien nur 35 Prozent der Befragten mit »ja«, in den palästinensischen Gebieten nur 22 Prozent. Überra-

schend war, dass immerhin 71 Prozent der syrischen Befragten den 11. September als terroristischen Akt einstuften.

Diese Fundamentalopposition haben sich die Amerikaner
weitgehend selbst herangezogen. Niemand glaubt, dass es
um die Durchsetzung von Freiheit und Demokratie in dieser
Region geht. Es geht um die Sicherung des Öls, es geht um
geopolitische Interessen. In der islamischen Welt – und
nicht nur dort – wird die Doppelbödigkeit einer solchen
Außenpolitik ganz genau registriert. Sie spült Wassermassen
auf die Mühlen derjenigen, die darstellen wollen, dass vom
Westen eben nichts anderes zu erwarten sei. Und es also keinen anderen Weg gebe, als dagegen einen Dschihad zu führen. »Der Irak ist im Moment der Dreh- und Angelpunkt für
uns«, sagt ein europäischer Geheimdienstler. »Wir haben
zwei Krisenherde, die dafür sorgen, dass sich junge Muslime
weiter radikalisieren. Der eine ist Palästina und der andere
ist der Irak. Solange die Amerikaner nicht mit all ihren
Männern aus dem Land gehen, haben die Islamisten die
beste Begründung, zu rekrutieren.« Die Amerikaner sind
gegenwärtig erkennbar bestrebt, den Terror, so sie ihn nicht
zu besiegen vermögen, jenseits ihrer Grenzen zu konzentrieren. Sie verlegen ihre Außengrenzen förmlich in den Irak.
Was jedoch nichts anderes bedeutet, als dass die Iraker für
die Sicherheit der Amerikaner geopfert und somit alles
andere als befreit, sondern zu Geiseln genommen werden.

Entscheidend ist eine Politik, welche die Werte, in deren
Namen sie antritt, verwirklicht. Doch es gibt noch etwas
anderes. Etwas, das sich besonders im Karikaturenstreit
zeigt. Denn da geht es nicht nur um Meinungsfreiheit und
Selbstzensur, sondern eben auch um den Zusammenprall
zwischen den »diesseitigen« Grundwerten einer freiheitlichen Gesellschaft und der absoluten Sphäre des Sakralen.

In Europa haben wir für das »Heilige«, das Unantastbare keinen Begriff mehr, nur von der katholischen Kirche wird er vertreten. Doch erscheint in unserer Gesellschaft ein Diskurs über das »Paradies« etwa überhaupt denkbar? Wenn es zwingend geboten scheint, dass Ausländer generell die deutsche Sprache erlernen, müsste es uns umgekehrt doch darum gehen, eine Sprache, eine Diskursbasis für den Dialog mit gläubigen Muslimen überhaupt zu finden, um die Köpfe und Herzen junger Muslime zu erreichen. Oder finden wir uns damit ab, dass die muslimischen Einwanderer als geduldete »Fremde« neben uns herleben? Haben wir uns mit der Parallelgesellschaft womöglich angefreundet, weil sie uns der Anstrengung enthebt, Fragen an uns selbst zu stellen? Ob uns etwas heilig ist?

Wir haben in unseren Gesprächen festgestellt, dass die Missverständnisse allerdings schon viel früher beginnen. Wir sehen dieselben Nachrichten und sehen sie nicht. Wir haben dieselben Daten, wir bezeugen dasselbe Geschehen und benennen und bewerten es doch vollkommen anders. Beispiel Irak: Ein Befreier ist ein Besatzer, ein Terrorist ist ein Widerstandskämpfer und ein Selbstmordattentäter ist ein Märtyrer.

Für uns liegt der Irak am anderen Ende der Welt, für viele unserer Gesprächspartner liegt er gleich nebenan. Wo wir Leichen ohne Namen zählen, fühlen sie sich persönlich betroffen – und angegriffen. Dieses Gefühl wird schon dem fünfjährigen Jungen aus Süddeutschland, den wir im Vorwort zitiert haben, eingeimpft. Deshalb will er, wenn er einmal groß ist, ein Mudschahed werden und »Ungläubige töten, wie mein Vater«.

Literatur

Brisard, Jean-Charles/Dasquié, Guillaume, *Die verbotene Wahrheit,* Pendo Verlag, 2002.

Burke, Jason, *Al Qaeda. The true story of radical Islam,* Penguin Books, 2004.

Clarke, Peter B., *New trends and developments in the world of Islam,* Luzac Oriental, 1998.

Clarke, Richard, *Against all enemies,* Hoffmann und Campe, 2004.

Cook, David, *Understanding Jihad,* University of California Press, 2005.

Gujer, Eric, *Kampf an neuen Fronten. Wie sich der BND dem Terrorismus stellt,* Campus, 2006.

Jacquard, Roland, *Die Akte Osama Bin Laden,* List Verlag, 2001.

Al-Qaida, *Texte des Terrors,* herausgegeben von Gilles Kepel und Jean-Pierre Milelli, Piper, 2006.

Miles, Hugh, *Al Jazeera,* Abacus, 2006.

Steinberg, Guido, *Der nahe und der ferne Feind. Die Netzwerke des islamistischen Terrors,* C. H. Beck, 2005.

Bildnachweis

dpa, Picture Alliance GmbH: Seiten 72, 82, 136, 184, 187 und 189.
Hans Albrecht Lusznat: Seite 113
Alle anderen Abbildungen entstammen dem Privatbesitz der Autoren.

PIPER

Al-Qaida – Texte des Terrors

Herausgegeben und kommentiert von Gilles Kepel und
Jean-Pierre Milelli. Mitarbeiter dieses Bandes: Thomas
Hegghammer, Stéphane Lacroix und Omar Saghi. Aus dem
Französischen von Bertold Galli, Enrico Heinemann, Ursel
Schäfer und Thorsten Schmidt. 528 Seiten. Gebunden

Verstehen, was uns bedroht: Der westliche »Krieg gegen den
Terror« ist zum Scheitern verurteilt – auch weil niemand
weiß, was Al-Qaida ist und wirklich will. Um dieses Defizit zu
beheben, versammeln Gilles Kepel und seine Kollegen die
Schlüsseltexte der Vordenker des Terrors von Al-Qaida, der
im Namen des Islams die Welt erschüttert. Die renommier-
ten französischen Islamwissenschaftler führen ein in die Denk-
systeme von Osama Bin Laden, Abdullah Azzam, Ayman
al-Zawahiri und Abu Mus'ab al-Zarqawi und kommentieren
deren Originaltexte. Wer wissen will, was uns wirklich bedroht, sollte die Texte des Terrors kennen und verstehen.

»Die Stärke des Bandes liegt in seiner Authentizität.«
Süddeutsche Zeitung

01/1574/01/R

PIPER

Gilles Kepel
Die neuen Kreuzzüge

Die arabische Welt und die Zukunft des Westens.
Aus dem Französischen von Bertold Galli, Enrico
Heinemann und Ursel Schäfer. 400 Seiten. Gebunden

Terroranschläge, Guerillakriege, offene Feindseligkeit:
Täglich zeigt die wachsende Kluft zwischen der islamischen Welt und »dem Westen« neue erschreckende Aus-
wirkungen. Anderthalb Jahrzehnte nach dem Ende des
Kalten Krieges droht somit ein weiterer, noch gefährlicherer
Ost-West-Konflikt. Gilles Kepel, weltweit als einer der
besten Kenner der islamischen Politik anerkannt, analysiert
die gefährliche Lage in drei Schritten. Beginnend mit dem
Palästina-Konflikt, erweitert er den Fokus auf den gesamten
Mittleren Osten und schließlich auf die Grundfrage: Wie
sieht eine neue Weltordnung aus, die die islamischen Länder
zu echten Partnern werden läßt? Müssen wir im Westen
auf Vorrechte verzichten, Macht abgeben, Wohlstand teilen?

01/1418/01/L

Nahed Selim
Nehmt den Männern den Koran!

Für eine weibliche Interpretation des Islam.
Aus dem Niederländischen von Anna Berger und
Jonathan Krämer. Mit einer Zusammenfassung in
türkischer Sprache. 336 Seiten. Gebunden

Frauen haben zu schweigen, wenn es um den Islam geht. Damit will sich Nahed Selim nicht abfinden: Sie will Muslima sein und trotzdem emanzipiert, will selber bestimmen, was sie glauben will. »Nahed Selim entreißt den Koran den Mullahs«, schrieb das »NRC Handelsblad«. In keiner Sure steht, daß Frauen Schleier tragen müssen, die meisten Regeln zur Unterdrückung der Frauen sind im Lauf der Jahrhunderte von den – ausschließlich männlichen – islamischen Theologen in den Koran hineingeschmuggelt worden. Die muslimischen Frauen werden durch Fehlinterpretationen, angeblich authentische Texte und falsche Übersetzungen unterdrückt. Selim ruft die Frauen auf, selber den Koran zu lesen und zu interpretieren: der längst überfällige Beginn einer weiblichen islamischen Theologie. Der Blick der Frauen auf den Koran ist aufregend und anders.

01/1551/01/R

PIPER

Hans Küng
Der Islam

Geschichte, Gegenwart, Zukunft. 896 Seiten. Gebunden

Seit über zwei Jahrzehnten sind die Weltreligionen zentrales
Thema von Hans Küng. Mit seinen weltweit einflußreichen
Büchern hat er Pionierarbeit für einen Dialog der Kulturen
geleistet. In seinem neuen großen Werk bietet der Autor
eine profunde Gesamtdarstellung des Islam: Er beschreibt die
Paradigmenwechsel im Lauf seiner 1400jährigen Geschichte, zeichnet die unterschiedlichen Strömungen nach und
sichtet die Positionen des Islam zu den drängenden Fragen
der Gegenwart. Eine umfassende Analyse der politischen,
kulturellen und religiösen Bedeutung der zahlenmäßig
größten Weltreligion neben dem Christentum, wie sie unter
den Theologen unserer Zeit nur Hans Küng schreiben
kann. Dieses Buch zeigt: Ohne einen Dialog mit dem Islam
wird es weder einen dauerhaften Weltfrieden noch ein kon-
fliktfreies Miteinander mit den Muslimen in Europa geben.
Wer die heutige Welt verstehen will, sollte Grundkennt-
nisse über den Islam besitzen.

01/1419/01/L

PIPER

Inci Y.

Erstickt an euren Lügen

Eine Türkin in Deutschland erzählt. 304 Seiten.
Klappenbroschur

Nach außen hin sieht es aus, als würde sie ein ganz normales
Leben führen, in Deutschland. Sie lebt in einer Mietwoh-
nung in unserer Nachbarschaft. Ihre Kinder gehen mit unseren zur Schule. Aber Inci Y., 34, ist Türkin, und was ihr
ganz normales Leben zu sein hat, bestimmt die Familie.
Ganz normal ist die erzwungene Heirat mit dem Sohn des
Geliebten der Mutter. Die Vergewaltigung durch den eigenen
Mann vor der Hochzeitsnacht. Der Betrug mit dem Jung-
frauentuch. Ganz normal ist, daß die Familie ihres Mannes
versucht hat, sie in dem anatolischen Dorf zu töten, als sie
nach der Scheidung das Sorgerecht für die Kinder durchsetzen
wollte. Ganz normal ist auch, daß sie bis zu ihrem 29. Ge-
burtstag mit keinem Mann freiwillig geschlafen hat, dafür haben ihr Männer aus dem engsten Umkreis der Familie Gewalt angetan. Ganz normal wäre, daß Inci ihren Mund hält –
aus Gründen der Ehre. Aber sie redet …

01/1467/01/R